Jonah
Berger

Die magischen Worte

AF628116

Jonah Berger

Die magischen Worte

Was man sagen muss, um zu erreichen, was man möchte

REDLINE | VERLAG

Bibliografische Information der Deutschen Nationalbibliothek
Die Deutsche Nationalbibliothek verzeichnet diese Publikation in der Deutschen Nationalbibliografie. Detaillierte bibliografische Daten sind im Internet über http://dnb.d-nb.de abrufbar.

Für Fragen und Anregungen:
info@redline-verlag.de

1. Auflage 2023

© 2023 by Redline Verlag, ein Imprint der Münchner Verlagsgruppe GmbH,
Türkenstraße 89
D-80799 München
Tel.: 089 651285-0
Fax: 089 652096

© der Originalausgabe 2023 by Jonah Berger
Die englische Originalausgabe erschien 2023 bei Harper Business, einem Imprint von HarperCollins Verlag LLC, unter dem Titel *Magic Words.*

Alle Rechte, insbesondere das Recht der Vervielfältigung und Verbreitung sowie der Übersetzung, vorbehalten. Kein Teil des Werkes darf in irgendeiner Form (durch Fotokopie, Mikrofilm oder ein anderes Verfahren) ohne schriftliche Genehmigung des Verlages reproduziert oder unter Verwendung elektronischer Systeme gespeichert, verarbeitet, vervielfältigt oder verbreitet werden.

Übersetzung: Nikolas Bertheau
Redaktion: Christiane Otto
Umschlaggestaltung: Marc Fischer
Umschlagabbildung: Serhii Khanas/ Shutterstock
Satz: Satzwerk Huber, Germering
Druck: GGP Media GmbH, Pößneck
Printed in Germany

ISBN Print 978-3-86881-933-5
ISBN E-Book (PDF) 978-3-96267-509-7
ISBN E-Book (EPUB, Mobi) 978-3-96267-510-3

Wir produzieren nachhaltig
www.m-vg.de

Weitere Informationen zum Verlag finden Sie unter

www.redline-verlag.de

Beachten Sie auch unsere weiteren Verlage unter www.m-vg.de

INHALT

EINFÜHRUNG

Kurz nach seinem ersten Geburtstag begann unser Sohn Jasper, *»please«* – *bitte* – zu sagen. Oder es zumindest zu versuchen. Er konnte das L noch nicht aussprechen, und so klang es mehr wie *»peas«* – *Erbsen* –, aber das war nahe genug dran, um uns zu zeigen, was er sagen wollte.

Dass er das Wort verwendete, war für sich genommen nicht allzu überraschend. Mit sechs Monaten können die meisten Kinder elementare Laute unterscheiden, und mit etwa einem Jahr sprechen sie in der Regel ein bis drei Wörter.

Interessant war jedoch die Art und Weise, wie er es verwendete.

Er sagte etwas, was er wollte, wie zum Beispiel *»up«*, *»yo«* (für *yogurt*) oder *»brow ber«* (für *brown bear*) und wartete dann auf den Effekt. Wenn er bekam, was er wollte, ließ er es damit bewenden. Dann sagte er weiter nichts mehr. Wenn er das Gewünschte jedoch nicht sofort bekam und ihm schien, als hätten wir gerade nicht die Absicht, alles stehen und liegen zu lassen, um ihm das Gewünschte zu bringen, schaute er uns in die Augen, nickte mit dem Kopf und sagte *»peas«*.

Mit der Zeit nahm Jaspers Wortschatz zu. Er begann, über seine Lieblingstiere zu reden (*»dido«* für *dinosaurs*), Dinge, die er sich wünschte (*»wee«* für Dias), und Zahlen. Er ergänzte *»peas«* sogar um das Wort *»yeah«*, um zu zeigen, dass er es ernst meinte, zum Beispiel *»Yo, peas, yeah«* für *Yes, I'd like yogurt … I mean it* in Erwachsenenenglisch.

Aber *»peas«* war besonders. Denn *»peas«* war das erste Mal, dass ihm bewusst wurde, dass Wörter etwas bewirken können. Dass sie eine

Handlung auslösen können. Dass er, wenn er etwas wollte und es nicht bekam, durch Hinzusetzen des Wortes *»peas«* erreichen konnte, dass er es doch bekam. Oder zumindest mit größerer Wahrscheinlichkeit.

Jasper hatte sein erstes magisches Wort entdeckt.

Bei fast allem, was wir tun, sind auch Worte beteiligt. Wir verwenden Worte, um zu kommunizieren, uns auszudrücken und die Nähe zu geliebten Menschen zu pflegen. Führungskräfte nutzen Worte, um ihrer Führungsaufgabe gerecht zu werden, Verkäufer nutzen sie, um Käufer zu gewinnen, und Eltern könnten ohne sie nicht ihre Elternrolle ausfüllen. Lehrer unterrichten mit Worten, Politiker bedienen sich ihrer und Ärzte klären Patienten mit Worten auf. Selbst unsere unausgesprochenen Gedanken setzen Sprache voraus.

Schätzungen zufolge verwenden wir täglich rund 16000 Wörter.[1] Wir verfassen E-Mails, bereiten Präsentationen vor und sprechen mit Freunden, Kollegen und Kunden. Wir entwerfen auf Datingplattformen unser Onlineprofil, führen Zaungespräche mit Nachbarn und tauschen uns mit unseren Partnern aus, wie unser Tag verlief.

Aber wie viel Zeit wir auch mit Sprache verbringen – nur selten machen wir uns bewusst, was genau wir sagen. Vielleicht machen wir uns Gedanken über die Ideen, die wir zum Ausdruck bringen wollen, aber wir beschäftigen uns weniger mit den konkreten Worten, die wir dafür verwenden. Und warum sollten wir auch? Die einzelnen Begriffe scheinen häufig austauschbar.

Nehmen Sie den drittletzten der Sätze, die Sie gerade gelesen haben. Statt von den »konkreten Worten« hätten wir auch von den »speziellen Worten« oder von den »besonderen« oder »individuellen« »Wörtern«, »Begriffen«, »Ausdrücken« oder »Formulierungen« sprechen können. Obwohl es natürlich wichtig ist, dass wir unseren Standpunkt deutlich machen, erscheinen die dafür verwendeten Wörter oft unbedeutend. Es sind zufällige Wendungen von Phrasen oder was immer uns gerade in den Sinn kommt.

Aber wie sich zeigen wird, liegen wir mit unserer Intuition häufig daneben. Weit daneben.

Das Wort, das die Welt veränderte

In den 1940er-Jahren genügte ein Wort, um die Welt zu verändern. Wann immer sich ein Desaster ereignete oder ein Übeltäter das Leben, wie wir es kennen, zu zerstören drohte, sagte Billy Batson, der Junge aus dem Comicheft, »Shazam!« und verwandelte sich in einen Superhelden mit außergewöhnlichen Kräften und blitzschneller Reaktionsgeschwindigkeit.

Solche magischen Formeln hat es immer schon gegeben. Von »Abrakadabra!« über »Hokuspokus!« und »Sesam, öffne dich!« bis zu »Expecto patronum!« verwenden Magier, Zauberer und Helden aller Arten seit jeher Sprache zur Heraufbeschwörung mystischer Kräfte. Strategisch eingesetzt, können bestimmte Worte Zaubersprüchen gleich schier Unglaubliches bewirken. Wer sie zu hören bekommt, kann sich ihnen unmöglich entziehen.

Das gehört klar ins Reich der Märchen, nicht wahr? Nicht unbedingt.

Ende der 1970er-Jahre wandten sich Forschende der Harvard Universität an Personen, die in der Bibliothek der City University of New York gerade einen Kopierer bedienten, und baten sie um einen Gefallen.[2]

Die Stadt New York ist für ihre lebendige Kultur, ihr leckeres Essen und die vielfältige Herkunft ihrer Menschen bekannt. Aber Freundlichkeit? Nicht so sehr. Die New Yorker sind dafür bekannt, dass sie schnell sprechen, hart arbeiten und immer in Eile sind. Sie dazu zu bewegen, sich Umstände zu machen, um einer unbekannten Person zu helfen, würde mit Sicherheit nicht einfach sein, um es gelinde auszudrücken.

Die Forschenden interessierte, wie sich Menschen zu etwas überreden ließen. Einer aus dem Team wartete in der Bibliothek an einem Tisch so lange, bis jemand an den Kopierer herantrat, um sich Kopien zu machen. In dem Augenblick, in dem er die Vorlage auf das Glas legte, mischte sich der Mitarbeiter aus dem Forschungsteam ein. Er ging zu der Person am Kopierer, unterbrach sie in ihrer Tätigkeit und bat darum, sich vordrängeln zu dürfen.

Die Forschenden probierten dabei verschiedene Ansätze aus. In einigen Fällen fragten sie ganz direkt: »Entschuldigung, ich habe nur fünf Seiten. Dürfte ich mal eben den Kopierer benutzen?« In anderen Fällen fügten sie noch ein »denn« an: »Entschuldigung, ich habe nur fünf Seiten. Dürfte ich mal eben den Kopierer benutzen? *Denn* ich bin in Eile!«

Beide Ansätze waren fast identisch. In beiden Fällen folgte auf die höfliche Einleitung »Entschuldigung« die Frage, ob man kurz mal an den Kopierer dürfe und dass es nur fünf Seiten seien. Die Zumutung war ebenfalls in beiden Fällen dieselbe: Die andere Person musste ihre begonnene Tätigkeit unterbrechen, ihre Vorlage vom Kopierer nehmen und Däumchen drehen, solange jemand anderes sich vordrängelte.

Aber so ähnlich die Ansätze waren, so verschieden war der Effekt. Das zusätzliche Wort »denn« erhöhte den Anteil der Personen, die dem Ansinnen stattgaben, um mehr als 50 Prozent.

Eine Steigerung der Überredungskraft um 50 Prozent durch ein einziges Wort ist gewaltig. Geradezu astronomisch. Aber um fair zu sein: Man könnte argumentieren, dass sich die beiden Ansätze durch mehr als nur ein Wort unterschieden. Schließlich kam zu dem Wörtchen »denn« auch noch der Grund für das Ansinnen hinzu (die Person war in Eile).

Vielleicht war es ja gar nicht das Wort »denn«, von dem die Überredungskraft ausging, sondern die Tatsache, dass zugleich ein überzeugender Grund genannt wurde. Der Mitarbeiter des Forscherteams sagte, wer wäre in Eile, und weil die andere Person es nicht eilig hatte, willigte sie ein, weil sie höflich sein oder helfen wollte.

Aber das war nicht der Grund. Die Forschenden testeten nämlich noch einen weiteren Ansatz. Einer dritten Gruppe von Testpersonen nannten sie keinen triftigen Grund, sondern beließen es bei einer Floskel: »Entschuldige, ich habe nur fünf Seiten. Dürfte ich mal eben den Kopierer benutzen? Denn ich muss das hier kopieren.«

Diesmal enthielt der angegebene Grund keine neue Information. Denn mit der Frage, ob die Person mal eben den Kopierer nutzen dürfe, war schon klar, dass sie Kopien benötigte. Das eine Wort »denn«

hätte also eigentlich keine große Rolle spielen dürfen. Wenn der triftige Grund ausschlaggebend für die gesteigerte Überredungskraft war, hätte es wenig bringen dürfen zu sagen, dass man den Kopierer benötige, um Kopien zu machen. Ein offensichtlich bedeutungsloser Grund hätte womöglich sogar die Überredungskraft und damit die Bereitschaft der anderen Person, der Bitte stattzugeben, verringert.

Aber es kam anders. Anstatt die Überredungskraft zu reduzieren, steigerte die Angabe eines bedeutungslosen Grundes sie – ganz so, als hätte es sich um einen triftigen Grund gehandelt. Nicht der Grund als solcher war für die Überredungskraft verantwortlich, sondern das Wort, das als Einleitung diente: »denn«.

Das Kopiererexperiment ist nur ein Beispiel für die Macht magischer Worte. Indem wir sagen, dass wir etwas »empfehlen«, anstatt lediglich, dass es uns »gefällt«, erhöht sich die Wahrscheinlichkeit, dass der Adressat unseren Vorschlag aufgreift, um 32 Prozent. In den Vereinigten Staaten erhöht sich bei Männern, die in ihren Onlinedating-Profilen das Wörtchen *whom* (anstelle von *who*) verwenden, die Wahrscheinlichkeit, ein Date zu bekommen, um 31 Prozent. Der ausgiebigere Gebrauch von Präpositionen im Bewerbungsschreiben erhöht die Wahrscheinlichkeit, einen Job zu bekommen, um 24 Prozent. Und für ein Produkt, in dessen Produktbeschreibung *is not* anstelle von *isn't* verwendet wird, sind die Menschen bereit, 3 US-Dollar mehr zu bezahlen. Die in Earnings Calls verwendete Sprache hat Einfluss auf den Preis der Unternehmensaktie und die von CEOs verwendete Sprache wirkt sich auf Investitionsrenditen aus.

Woher wissen wir das alles? Aus der modernen Sprachwissenschaft. Technische Fortschritte im Bereich von maschinellem Lernen, Computerlinguistik und Natural Language Processing (NLP), kombiniert mit der Digitalisierung von allem und jedem, von Briefen bis zu Gesprächen, haben unsere Fähigkeiten, Sprache zu analysieren, revolutioniert und uns beispiellose Erkenntnisgewinne gebracht.

Der Zufall brachte mich dazu, mich mit der automatischen Textanalyse zu befassen. Anfang des Jahrtausends befand ich mich in meinem ersten Jahr als Professor an der Wharton School, wo uns die Frage interessierte, warum bestimmte Themen das Interesse der Menschen wecken und andere nicht: Warum sprachen sie über bestimmte Dinge und nicht über andere? Wir hatten Tausende von *New-York-Times*-Artikeln gesammelt, von Aufmachern über Weltnachrichten bis zu Sport- und Lifestyle-Themen. Viele Artikel waren höchst interessant zu lesen, aber nur ein kleiner Teil von ihnen schaffte es auf die Liste der von Lesern am häufigsten (per E-Mail an Freunde) weiterempfohlenen Beiträge. Und wir wollten wissen, warum das so war.

Dazu mussten wir verschiedene Gründe messen, weshalb Inhalte viral gehen konnten. Möglicherweise erhielten Artikel auf der Frontseite der *New York Times* mehr Aufmerksamkeit. Also maßen wir das. Vielleicht wurden bestimmte Rubriken oder bestimmte Autoren von mehr Menschen gelesen als andere. Also maßen wir auch das.

Besonders interessierte uns die Frage, ob es auch am Schreibstil liegen könnte, dass Artikel häufiger geteilt wurden. Um das herauszufinden, mussten wir jedoch eine Möglichkeit finden, die Merkmale des Schreibstils zu messen: wie viele Gefühle ein Artikel weckte oder wie viel verwertbare Informationen er enthielt. Wir begannen damit, dass wir Forschungsassistenten anwarben. Interessierte Studierende schickten mir E-Mails, in denen sie fragten, ob es für sie in der Forschung etwas zu tun gäbe. Und hier bot sich nun eine Möglichkeit, wie sie sich einbringen konnten, indem sie Artikel lasen und sie danach bewerteten, welche Emotionen sie hervorriefen.

Dieser Ansatz funktionierte erstaunlich gut – zumindest anfänglich. Unsere Assistenten codierten einige wenige Artikel und schließlich einige Dutzende.

Als es aber in die Tausende ging, funktionierte die Methode schon nicht mehr so gut. Es kostete die Studierenden Zeit, einen Artikel zu lesen, und die Lektüre von zehn, hundert oder tausend Artikeln kostete sie zehn-, hundert- oder tausendmal so viel Zeit.

Wir warben eine kleine Armee von Assistenten an, aber selbst so ging die Arbeit nur schleppend voran. Und je mehr Menschen wir anheuerten, desto weniger konnten wir sicher sein, dass die Ergebnisse

»aus einem Guss« waren. Ein bestimmter Artikel konnte einem Assistenten emotionaler vorkommen als einem anderen, und wir hatten Sorge, dass sich diese Unschärfe negativ auf unserer Ergebnisse auswirken würde.

Wir benötigten eine objektive Methode, die zudem skalierbar war – eine schlüssige Vorgehensweise, wie wir bestimmte Merkmale von Tausenden Artikeln messen konnten, ohne dass unsere Assistenten unter der Last der Arbeit zusammenbrachen.

Ich sprach darüber mit einigen Kollegen und jemand empfahl mir *Linguistic Inquiry and Word Count.* Das Programm war sagenhaft einfach. Man brauchte es lediglich mit einem Textblock (wie beispielsweise einem Zeitungsartikel) zu füttern, woraufhin es Statistiken unterschiedlichster Art ausspuckte. Auf der Grundlage der Zahl der gefühlsbezogenen Wörter eines Artikels stellte es fest, ob dieser mehr oder weniger auf Gefühle fokussiert war.

Im Unterschied zu unseren Assistenten wurde das Programm niemals müde. Und es war absolut konsequent. Es codierte die Dinge stets auf ein und dieselbe Weise.

Linguistic Inquiry and Word Count oder LIWC (wie englisch *Luke* ausgesprochen) wurde mein bevorzugtes Forschungstool.*

Erkenntnisse aus Worten

Mittlerweile sind Hunderte neuer Tools und Ansätze entwickelt worden: Methoden für das Zählen bestimmter Begriffe, für die Ermittlung der zentralen Themen eines Dokuments und die Gewinnung von Erkenntnissen aus den Worten.

Und wie das Mikroskop die Biologie revolutionierte und das Teleskop die Astronomie auf den Kopf stellte, so haben die Werkzeuge der Computerlinguistik die Sozialwissenschaften umgekrempelt und

* Wenn Sie sich für LIWC interessieren, empfehle ich Ihnen James W. Pennebakers exzellentes Buch *The Secret Life of Pronouns – What Our Words Say About Us.*

Einblicke in alle Arten von menschlichen Verhaltensweisen ermöglicht. Wir analysierten Kundenservicetelefonate, um festzustellen, welche Worte zur Kundenzufriedenheit beitragen. Wir zerlegten Gespräche, um zu verstehen, warum manche besser verlaufen als andere, und durchforsteten Onlineartikel, um Schreibstile zu identifizieren, die das Interesse der Leser mehr fesseln als andere. Wir haben Tausende von Filmdrehbüchern untersucht, um herauszufinden, warum manche zu Blockbustern werden. Wir haben Zehntausende akademischer Arbeiten studiert, um zu verstehen, was wirkungsvolle Sprache ist, und Millionen von Onlinerezensionen analysiert, um zu lernen, wie sich Sprache auf die Mundpropaganda auswirkt.

Wir analysierten die Kommunikation zwischen Arzt und Patient, um herauszufinden, welche Art der Ansprache am ehesten dazu geeignet ist, Patienten dazu anzuhalten, ihre Medikationspläne einzuhalten. Wir sezierten Bewährungsanhörungen, um festzustellen, was eine überzeugende Entschuldigung ist, und untersuchten Gerichtsplädoyers, um herauszufinden, womit sich Prozesse gewinnen lassen. Wir haben die Skripte von Tausenden von TV-Shows durchforstet, um zu erkennen, was eine gute Story ist, und über eine Million Songtexte analysiert, um die Merkmale eines Hits zu identifizieren.

Das alles bot mir Gelegenheit, zu erkennen, welche Macht in unseren Worten liegt. Ja, was wir sagen, ist wichtig. Aber manche Worte entfalten eine stärkere Wirkung als andere. Die richtigen Worte, im richtigen Augenblick gesprochen, können Einstellungen verändern, Zuhörer mitreißen und Menschen dazu bringen, sich so oder anders zu verhalten.

Welche also sind diese magischen Worte und wie können wir uns ihrer bemächtigen?

Dieses Buch offenbart die verborgene Wissenschaft von der Art und Weise, wie Sprache funktioniert und wie wir sie effektiver einsetzen können: um andere zu überzeugen, Beziehungen zu vertiefen und privat und beruflich erfolgreicher zu sein.

Wir werden insbesondere über sechs Typen von magischen Worten sprechen: Worte, die (1) uns in unserem Tun oder Sein ansprechen,

(2) von Zuversicht und Selbstüberzeugtheit zeugen, (3) die richtigen Fragen stellen, (4) konkret oder abstrakt sind, (5) Gefühle ansprechen und (6) mit Ähnlichkeit und Verschiedenheit operieren.

1. **Tun oder Sein**
   Worte lassen durchblicken, wer das Sagen hat, wer schuld ist und was es bedeutet, sich an einer bestimmten Handlung zu beteiligen. Kleine Veränderungen in den Worten, die wir verwenden, können folglich große Auswirkungen haben. Entdecken Sie, warum Substantive besser als Verben geeignet sind, andere zu einem bestimmten Verhalten zu überreden, wie wir mit der richtigen Art, Nein zu sagen, unsere Ziele besser erreichen und wie der Wechsel eines einzigen Wortes in der Frage, die wir uns stellen, wenn wir nicht weiterkommen, unsere Kreativität steigert. Erkennen Sie, warum das Sprechen über uns selbst in der dritten Person Ängste abbauen und uns zu besseren Gesprächspartnern machen kann und warum die Verwendung eines Anredepronomens in manchen Interaktionen nützt und in anderen schadet. Lernen Sie, wie Worte Aktivität und Empathie fördern und darauf Einfluss haben können, ob Menschen sich ethisch verhalten, von ihrem Wahlrecht Gebrauch machen oder sich mit ihren Partnern zanken.
2. **Zuversicht vermitteln**
   Worte vermitteln nicht nur Fakten und Meinungen, sondern auch, wie sicher wir uns dieser Fakten und Meinungen sind, wovon wiederum abhängt, wie wir wahrgenommen werden und welchen Einfluss wir haben. Lernen Sie, wie ein Vertriebsleiter, der sich von den falschen Worten trennte, auf einmal Traumergebnisse einfuhr und welche Sprachstile den Menschen ein glaubwürdigeres und verbindlicheres Auftreten ermöglichen. Entdecken Sie, warum die Menschen selbstüberzeugte Finanzberater bevorzugen, selbst wenn diese mit ihren Prognosen häufiger falschliegen, und warum eine Restaurantempfehlung überzeugender wirkt, wenn sie in der Gegenwarts- und nicht in der Vergangenheitsform abgefasst ist. Und während Gewissheit manchmal von Nutzen ist, werde ich Ihnen

zeigen, wann eine ungewisse Sprache effektiver ist, warum geäußerte Zweifel zu einem kontroversen Thema die andere Seite zum Zuhören ermuntern kann und warum einen das Eingeständnis der Schwächen der eigenen Argumentation unter Umständen glaubwürdiger erscheinen lässt.

3. **Die richtigen Fragen stellen**
   In diesem Kapitel erfahren Sie etwas über die Wissenschaft des Fragenstellens: warum andere Sie für intelligenter halten, wenn Sie sie um Rat fragen, und warum Partnersuchende mit größerer Wahrscheinlichkeit ein zweites Date bekommen, wenn sie mehr Fragen stellen; wie Sie schwierige Fragen umschiffen und anderen unangenehme Informationen schmackhaft machen können; wie ein verheiratetes Paar eine narrensichere Methode zur Vertiefung sozialer Beziehungen entdeckte und warum wir anderen zeigen können, dass sie uns wichtig sind, indem wir die richtigen Fragen stellen.
4. **Konkretes Verhalten wirksam einsetzen**
   Dieses Kapitel illustriert die Macht der konkreten Ausdrucksweise: welche Worte deutlich machen, dass wir zuhören, und warum die Kundenzufriedenheit steigt, wenn wir sagen, dass wir ein Problem »beheben« und nicht »lösen«; warum Wissen ein Fluch sein kann und warum es den Umsatz fördert, wenn wir von einem »grauen T-Shirt« statt lediglich von einem »Oberteil« reden. Und damit Sie nicht denken, dass eine konkrete Sprache immer und überall besser ist, werde ich Ihnen zeigen, wann es besser ist, abstrakter zu formulieren: warum eine abstrakte Sprache Macht und Führungsstärke signalisiert und Start-ups hilft, mehr Geld einzuwerben.
5. **Die Rolle der Gefühle**
   Das fünfte Kapitel ergründet, warum eine emotionale Sprache mehr Einsatzbereitschaft weckt und wie wir davon in allen Lebensbereichen profitieren können. Entdecken Sie, wie ein 22-jähriger Praktikant ein Podcast-Imperium errichtete, indem er verstand, was eine gute Geschichte ausmacht; warum positive Dinge noch positiver erscheinen, wenn sich negative Dinge zu ihnen gesellen, und warum eine emotionale Sprache in einigen Produktkategorien umsatzstei-

gernd wirkt und in anderen nicht. Sie werden lernen, wie Sie die Aufmerksamkeit von Menschen selbst für Themen wachhalten, die nicht sonderlich interessant zu sein scheinen, und warum die Menschen häufig weniger aufmerksam zuhören, nachdem wir Ihnen ein Gefühl des Stolzes oder des Glücks vermittelt haben. Wenn Sie dieses Kapitel gelesen haben, werden Sie wissen, wie Sie emotionale Sprache nutzen, wann Sie sie einsetzen und wie Sie mit Ihren Präsentationen, Geschichten und Informationen jedes Publikum fesseln können.

6. **Ähnlichkeiten (und Unterschiede) nutzen**
Dieses Kapitel führt Sie in die Sprache der Ähnlichkeit ein: was sprachliche Ähnlichkeit bedeutet und warum sie hilft, alles Mögliche zu erklären – von der Frage, wer befördert wird oder wer sich anfreundet, bis zu der Frage, wer entlassen wird oder wer zu einem zweiten Date geht. Entdecken Sie, warum Songs, die vom typischen Muster abweichen, am Ende populärer sind und wie die künstliche Intelligenz hinter Siri und Alexa genutzt wird, um zu quantifizieren, wie rasch sich Geschichten verbreiten und wie viel Boden sie gewinnen. Am Ende des Kapitels werden Sie wissen, wie Sie den Sprachstil anderer aufgreifen, wann Sie eine Sprache verwenden sollten, die der Sprache anderer ähnelt oder sich von ihr unterscheidet, und wie Sie Ihre Ideen so präsentieren, dass sie leichter zu verstehen sind und mit höherer Wahrscheinlichkeit eine positive Reaktion hervorrufen.
7. **Was Sprache verrät**
Die ersten sechs Kapitel handelten von der Wirkung der Sprache: wie Sie sie einsetzen können, um glücklicher, gesünder und erfolgreicher zu sein. Im letzten Kapitel werde ich Ihnen einiges von dem zeigen, was Sprache verrät. Erfahren Sie, wie Forschende feststellten, ob ein Theaterstück von Shakespeare stammte, ohne es je gelesen zu haben, und wie Sie anhand der in einem Kreditantrag verwendeten Worte vorhersagen können, bei wem ein Kreditausfall droht (Tipp: Seien Sie vorsichtig mit Extrovertierten). Sie werden außerdem entdecken, was Sprache allgemeiner über die Gesellschaft verrät; wie die Analyse einer Viertelmillion Lieder die ur-

alte Frage beantwortete, ob Musik frauenfeindlich ist (oder ob sich die Situation mit der Zeit verbessert hat), und wie Aufzeichnungen von Körperkameras die subtilen Vorurteile belegten, die in der Art und Weise zum Ausdruck kommen, wie Polizisten zu Schwarzen und zu Weißen sprechen. Nach der Lektüre dieses Kapitels werden Sie die Welt um sich herum anhand der verwendeten Sprache besser decodieren können: was Sprache über andere Menschen und ihre Motive verrät und wie Sprache gesellschaftliche Stereotype und Vorurteile widerspiegelt.

Jedes Kapitel fokussiert sich auf einen bestimmten Typ magischer Worte und wie er sich nutzen lässt. Manche Erkenntnisse betreffen den Austausch eines einzelnen Wortes durch ein anderes; andere sind komplexer und hängen stärker vom Kontext ab.

Der Schwerpunkt des Buches liegt auf der effektiveren Verwendung von Sprache. Wenn Sie sich für die Tools interessieren, mit denen wir diese Erkenntnisse gewonnen haben, empfehle ich Ihnen den Leitfaden im Anhang. Er zählt einige der wichtigsten Herangehensweisen auf und beschreibt, wie diverse Unternehmen, Organisationen und Branchen sie einsetzen können und eingesetzt haben.

Ob wir uns dessen bewusst sind oder nicht: Wir sind alle Schreiber. Wir verfassen vielleicht keine Bücher oder Nachrichtenartikel und nennen uns auch nicht alle Autoren oder Journalisten, aber wir schreiben. Wir schreiben E-Mails an Kollegen und Texte für Freunde. Wir verfassen Berichte für Vorgesetzte und entwerfen Präsentationsfolien für Kunden.

Wir alle sind zugleich auch Redner. Wir treten vielleicht nicht auf Bühnen vor Tausenden von Zuhörern auf, aber wir sprechen zu anderen Menschen. Vielleicht halten wir in unserem Unternehmen eine Präsentation oder wir plaudern während eines Dates. Wir bitten potenzielle Geldgeber um eine Spende oder bitten die Kinder, ihre Zimmer aufzuräumen.

Aber um bessere Schreiber und Redner zu werden – und mit Absicht und Sorgfalt zu kommunizieren –, müssen wir wissen, welche

Worte die richtigen sind. Es ist hart, Menschen dazu zu bewegen, uns zuzuhören und uns ihre Aufmerksamkeit zu schenken, und es ist hart, sie zu überreden, das zu tun, was wir uns von ihnen wünschen. Es ist hart, andere zu motivieren, Kreativität zu fördern und soziale Kontakte zu knüpfen.

Aber die richtigen Worte können helfen.

Häufig heißt es, bestimmte Menschen hätten eine besondere Sprachbegabung. Sie besitzen Überzeugungskraft und Charisma und es scheint, als wüssten sie immer die richtigen Worte zu finden. Aber heißt das zugleich, dass wir übrigen, die ohne diese Begabung geboren wurden, schlicht Pech gehabt haben?

Nicht wirklich.

Denn man muss nicht als großartiger Schreiber oder Redner geboren worden sein. Sie können sich diese Fähigkeiten auch aneignen. Worte haben eine erstaunliche Wirkungskraft, und indem wir verstehen, wann, warum und wie sie funktionieren, können wir mit ihrer Hilfe auch selbst mehr Einfluss gewinnen.

Ganz gleich, ob Sie Sprache effektiver einsetzen oder lediglich verstehen wollen, wie sie funktioniert – dieses Buch wird Ihnen zeigen, wie es geht.

1

Tun oder Sein

Nicht weit von den umtriebigen Risikokapitalunternehmen, die das Silicon Valley bevölkern, liegt in einer unauffälligen Seitenstraße eine der besten Vorschulen der Vereinigten Staaten. Die Bing Nursery School ist der Traum jedes Kindes. Jeder Gruppenraum verfügt über eine Freifläche von einem halben Hektar mit Hügeln und Senken, Brücken, Sandplätzen, Hühner- und Kaninchenställen. Die großen, lichtdurchfluteten Räume sind reichlich ausgestattet mit Kunstzubehör, Bausteinen und anderen kreativitätsanregenden Materialien. Sogar das Gebäude selbst ist auf die Kinder abgestimmt – mit Fenstern, die bis auf die Höhe der kleinsten von ihnen hinunterreichen.

Entsprechend umkämpft sind die verfügbaren Plätze. Auf einige Hundert von ihnen kommen Tausende von besorgten Eltern, die alles tun, um es auf die Wartelisten zu schaffen. Andere versuchen, die Zulassungsbeauftragten vom Genie ihres Kindes zu überzeugen, indem sie auf seine frühe musikalische Begabung hinweisen oder darauf, dass es schon in mehreren Sprachen zählen kann.

Aber die Vorschule interessiert sich nicht für außergewöhnliche Kinder. Sie zieht im Gegenteil gemischte Kindergruppen vor, die die

Gesamtgesellschaft widerspiegeln. Denn Bing ist nicht nur eine Vorschule, sondern ein Labor.

Anfang der 1960er-Jahre wollte die Stanford University eine neue Laborschule einrichten. Die Universitätsangehörigen benötigten eine Kinderbetreuung, und die fortgeschrittenen Studenten der Erziehungswissenschaften und der Psychologie benötigten praktische Lernerfahrungen. Also errichtete Stanford mit Mitteln der National Science Foundation eine moderne Forschungseinrichtung. Neben den einladenden Räumen innerhalb und außerhalb des Gebäudes, die Bing zu einem vorbildlichen Kindergarten machen, machen Einwegspiegel in den Gruppenräumen und separate Beobachtungsräume die Einrichtung für die Forschenden zu einem idealen Ort, um die Entwicklung der Kinder zu beobachten.

Seither wurden an der Bing Nursery School Hunderte von Studien durchgeführt. Bing war beispielsweise der Schauplatz des sogenannten Marshmallow-Tests, der die Fähigkeit der Kinder untersuchte, Belohnungen hinauszuschieben (den vor ihnen liegenden Marshmallow vorerst nicht zu essen, um später einen zweiten zu bekommen). Und Untersuchungen zur intrinsischen Motivation offenbarten, dass es kontraproduktiv war, Kinder für eine Tätigkeit zu belohnen, die ihnen ohnehin Spaß bereitete, senkte es doch ihre Bereitschaft, sich später erneut damit zu befassen.

In jüngerer Zeit untersuchte eine Gruppe von Wissenschaftlern an der Bing Nursery School, wie es möglich war, die Bereitschaft der Kinder, einander zu helfen, zu steigern.[3] Dass Hilfsbereitschaft ein Wert ist, steht außer Frage. Eltern bitten ihre Kinder, beim Abwasch zu helfen, Lehrer bitten die Kinder, beim Aufräumen des Spielzeugs mitzuhelfen, und Kinder bitten einander, sich auf der Schaukel anzuschubsen.

Aber wie jeder bezeugen kann, der schon einmal versucht hat, Kinder dazu zu überreden, etwas zu tun, hat diese Hilfsbereitschaft ihre Grenzen. Ähnlich Klienten, Kollegen und Kunden sind auch Kinder nicht immer daran interessiert, das zu tun, was wir uns von ihnen wünschen. Lieber würden sie mit Lego-Steinen spielen, auf dem Sofa herumspringen oder aus allen Schuhen im Flurschrank die Schnürsenkel herausziehen.

Um zu verstehen, wie sich Kinder und andere vielleicht überreden lassen, etwas Bestimmtes zu tun, baten die Wissenschaftler eine Gruppe Vier- und Fünfjähriger, etwas zu tun, was Kinder besonders ungern tun: beim Aufräumen zu helfen. Bausteine mussten vom Boden aufgesammelt und in eine Box gelegt, Spielzeug weggeräumt und ein umgekippter Becher mit Kreidestiften wieder aufgerichtet und gefüllt werden. Um die Überredungsaufgabe noch schwerer zu machen, warteten die Wissenschaftler, bis die Kinder bereits mit etwas anderem beschäftigt waren – mit dem Spielzeug spielten oder mit den Kreidestiften malten –, bevor sie ihre Bitte formulierten. Die Kinder waren also besonders wenig daran interessiert, sich helfend zu beteiligen.

Einige der Kinder wurden einfach nur um Hilfe gebeten. Sie wurden daran erinnert, dass Helfen gut ist und dass es vieles bedeuten kann: Dinge vom Boden aufzuheben oder immer dann mit anzupacken, wenn andere in Not sind.

Bei einer weiteren Gruppe von Kindern aber unternahmen die Wissenschaftler einen interessanten Versuch. Die Kinder erhielten fast dieselbe Ansprache. Auch sie handelte davon, wie man anderen hilft und welche verschiedenen Formen der Hilfe es gibt. Aber ein Detail war anders. Sie baten die Kinder nicht zu »helfen«, sondern sie baten sie, »Helfer« zu sein.

Dieser Unterschied erscheint vernachlässigbar – so klein, dass Sie ihn vielleicht gar nicht bemerkt hätten. Und in vielerlei Hinsicht ist er es auch. Beide Bitten beziehen sich auf die gleiche Tätigkeit (Dinge aufheben) und in beiden kommt das Wort »Hilfe« in der einen oder anderen Form vor. Der Unterschied besteht sogar nur aus einem Buchstaben (»Helfer« statt »helfen«).

Aber so klein die Veränderung auch gewesen war, so groß waren die Folgen. Verglichen mit der einfachen Bitte an die Kinder, »zu helfen«, steigerte die Bitte, »ein Helfer zu sein«, die Hilfsbereitschaft der Kinder um fast ein Drittel.

Warum? Warum hatte ein Buchstabe eine so große Wirkung?

Die Antwort hat, wie sich zeigt, mit dem Unterschied zwischen einem Verb und einem Substantiv zu tun.

Aktionen in Identitäten verwandeln

Stellen Sie sich vor, ich würde Ihnen von zwei Menschen berichten, Rebecca und Fred. Rebecca geht joggen, und Fred ist ein Jogger. Wer, würden Sie denken, joggt mit mehr Leidenschaft?

Menschen lassen sich auf unterschiedliche Art beschreiben. Peter ist alt, und Scott ist jung. Susan ist eine Frau, und Tom ist ein Mann. Charlie liebt Baseball, Kristen ist ein Linksliberaler und Mike isst viel Schokolade. Jessica ist ein Morgenmensch, Danny mag Hunde und Jill ist Kaffeetrinkerin. Von demografischen Merkmalen wie Alter und Geschlecht bis zu Meinungen, Eigenheiten und Vorlieben geben Beschreibungen wie diese einen Eindruck davon, wer jemand ist und was er mag.

Es gibt jedoch viele Möglichkeiten, ein und dasselbe zu sagen. Wer politisch eher links eingestellt ist, könnte beispielsweise als »links« oder als »ein Linker« beschrieben werden. Von jemandem, der Hunde mag, könnten wir sagen, dass er »Hunde liebt« oder dass er »ein Hundeliebhaber« ist. Diese Unterschiede mögen klein erscheinen, aber die zweite Variante beschreibt jeweils eine Kategorie. Wenn wir jemanden als »links« beschreiben, suggerieren wir damit, dass er linke Überzeugungen teilt. Indem wir ihn jedoch als »einen Linken« bezeichnen, deuten wir an, dass er einer bestimmten Gruppe zuzurechnen ist. Er ist Mitglied einer konkreten Gruppe von Menschen.

Kategorienetiketten implizieren häufig einen Grad von Beständigkeit oder Stabilität. Anstatt zu sagen, was jemand tat oder tut, fühlt oder fühlte, verweisen solche Etiketten auf eine tiefere Essenz: darauf, wer jemand ist. Unabhängig von Zeit oder Situation ist dieser Mensch von diesem Typ. Und er wird das immer bleiben.

Wenn wir sagen, dass jemand links ist, deuten wir damit an, dass er gegenwärtig linke Überzeugungen vertritt. Indem wir aber jemanden als einen Linken bezeichnen, suggerieren wir, dass es sich um etwas Dauerhafteres handelt. Wenn wir von jemandem sagen, dass er Hunde liebt, meinen wir damit, dass er gegenwärtig solche Gefühle hat. Indem wir ihn jedoch als Hundenarr bezeichnen, stellen wir ihn als einen bestimmten Typ von Menschen dar, der er für immer bleiben wird. Dinge, die sich als vorübergehende Zustände sehen ließen (»Sally hat das Geschirr nicht weggeräumt«), erscheinen häufig beständiger oder fundamentaler, wenn wir sie mit einem Kategorienetikett belegen (»Sally ist eine Chaotin«). Zu verlieren, ist schlecht. Aber ein Verlierer zu sein, ist noch schlechter.

In der Tat hielten Beobachter, denen erzählt wurde, dass eine gewisse Rosalie »eine Karottenesserin« wäre, diese Eigenschaft für stabiler als andere Beobachter, denen gesagt wurde, dass Rosalie »viele Karotten isst«. Sie dachten, dass Rosalie mehr Karotten aß, als sie jünger war, dass sie vermutlich auch in Zukunft mehr Karotten essen wird und dass sie das auch dann tun wird, falls andere versuchen, sie davon abzubringen. Unabhängig vom Zeitpunkt und unabhängig davon, ob es auf Widerstand traf – dieses Verhalten würde andauern.[4]

Die Suggestivkraft von Etiketten kann so groß sein, dass häufig versucht wird, Etiketten von dem Verhalten, das sie beschreiben, zu trennen. Ein Anwalt könnte im Bemühen um ein mildes Urteil für seinen Mandanten sagen: »Er ist kein Verbrecher; er hat nur eine schlechte Entscheidung getroffen.« Und ein Sportbegeisterter könnte sagen: »Ich schaue mir gelegentlich Spiele an, aber ich bin kein Fan.«

In all diesen Fällen verwenden die Etiketten eine bestimmte grammatikalische Form: Substantive. Die Eigenschaft »links« ist ein Adjektiv, aber die Kategorie »ein Liberaler« ist ein Substantiv. In der Aussage »joggt häufig« ist »joggt« ein Verb, aber wenn wir sagen, dass jemand »ein Jogger« ist, wird aus dem Tun (Verb) ein Sein (Substantiv).

In einer Vielzahl von Bereichen stellen Forschende fest, dass der Übergang vom Tun zum Sein Auswirkungen darauf haben kann, wie jemand wahrgenommen wird.[5] Als Beobachter beispielsweise hörten, dass jemand ein Kaffeetrinker ist (und nicht, dass er viel Kaffee trinkt), oder dass er ein Computermensch ist (und nicht, dass er häufig den

Computer nutzt), schlossen sie daraus, dass diese Personen eine stärkere Affinität zum Kaffee (beziehungsweise zum Computer) haben und diese Affinität mit größerer Wahrscheinlichkeit auch in Zukunft beibehalten und selbst dann an ihr festhalten würden, wenn andere um sie herum sie nicht teilten.

Der Wechsel von einer verbbasierten Beschreibung (»trinkt Kaffee«) zu einer substantivischen (»ist Kaffeetrinker«) erzeugte den Eindruck, dass die Eigenheiten und Vorlieben dieser Person stärker in seiner Veranlagung wurzelten und folglich stärker und stabiler waren – dass sie untrennbar zu ihr gehörten und nicht nur einer vorübergehenden Laune entsprachen.

Dass der Wechsel vom Tun zum Sein Einfluss darauf hat, wie jemand wahrgenommen wird, hat eine Reihe nützlicher Anwendungen. Wer sich beispielsweise in seinem Lebenslauf als »harter Arbeiter« statt als »hart arbeitend« beschreibt, wird damit in der Regel einen günstigeren Eindruck erzeugen. Und wenn wir unsere Kollegen als »Innovatoren« und nicht als »innovativ« beschreiben, hat auch das positive Auswirkungen darauf, wie sie wahrgenommen werden.

Aber die Effekte reichen noch weiter, denn es lassen sich so nicht nur Wahrnehmungen beeinflussen, sondern auch *Verhaltensweisen*. Indem wir ein Verhalten als Möglichkeit darstellen, sich eine ersehnte Identität zuzulegen, können wir damit, dass wir den Fokus vom Tun auf das Sein verlagern, andere dazu verleiten, ihr Verhalten zu verändern.

Jeder möchte sich selbst positiv sehen: als intelligent, kompetent, attraktiv und wirksam. Einer sieht sich vielleicht gern als sportlich, ein anderer als geübten Rätselrater und ein Dritter als jemanden, der es versteht, jederzeit aus dem, was sich zufällig gerade im Kühlschrank befindet, ein köstliches Mahl zuzubereiten, aber im Allgemeinen wollen wir uns alle in einem positiven Licht sehen. Folglich versuchen wir uns so zu verhalten, wie es mit unserem (positiven) Selbstbild im Einklang steht. Möchten Sie sich sportlich fühlen? Dann tun Sie gut daran, von Zeit zu Zeit eine Runde zu joggen. Legen Sie Wert auf Status und darauf, sich als vermögend wahrzunehmen? Dann kaufen Sie sich doch dieses schicke Auto oder unternehmen jene exotische Reise. Indem wir uns passend zu unserem Selbstbild verhalten, signalisieren wir uns selbst gegenüber, dass wir in der Tat der Mensch sind, der wir sein wollen.

Aber hier wird es interessant, denn wenn jemand ein bestimmtes Bild von sich hat, das er bestätigen will, können wir ihn damit, dass wir bestimmte Verhaltensweisen als Möglichkeiten darstellen, dieses Bild zu bestätigen, dazu verleiten, sich entsprechend zu verhalten. Und hier kommt nun die Bing Nursery School ins Spiel.

Wenn wir andere um Hilfe bitten, tun wir das häufig mit Verben: »Kannst du mir helfen, die Bauklötze aufzuräumen?«, oder: »Kannst du mir beim Abwasch helfen?« In beiden Fällen formulieren wir unsere Bitte mithilfe des Verbs »helfen«. Wir können aber anstelle des Verbs auch ein Substantiv verwenden, um unsere Bitte zu formulieren. Anstatt um Hilfe beim Aufräumen der Bauklötze zu bitten, könnten wir sagen: »Könntest du ein Helfer sein und die Bauklötze aufräumen?« Mit dieser kleinen Änderung verwandeln wir die ursprüngliche Aktion (das Helfen) in etwas Tiefgreifenderes. Aus der simplen Einmalaktion des Helfens wird eine Chance: die Chance, Anspruch auf die ersehnte Identität als Helfer erheben zu können.

Was manchen Eltern vielleicht schwerfällt zu glauben: Die meisten Kinder möchten sich selbst als Helfer sehen. Vielleicht können sie nicht den Müll entsorgen oder ein Essen kochen, aber ein Helfer zu sein, der seinen Beitrag zur Gruppe leistet, ist eine positive Identität, die ihnen erstrebenswert erscheint. Indem wir also aus dem Verb ein Substantiv machen, können wir das, was sonst nur eine Aktion (helfen) wäre, in eine Chance verwandeln, sich eine positive Identität (ein Helfer zu sein) zuzulegen. Jetzt wird aus dem Aufräumen der Bauklötze eine Gelegenheit, mein wahres Ich zu zeigen und mir selbst und vielleicht auch anderen zu beweisen, dass ich ein guter Mensch und ein Mitglied dieser erstrebenswerten Gruppe bin.

Helfen? Ist immer gut. Aber die Chance zu bekommen, sich als einen Helfer zu sehen – eine Identität, die ich mir nur zu gerne zulegen würde? Dafür lohnt es sogar, die Wachskreiden niederzulegen und beim Aufräumen mit anzupacken. Und genau das taten die Kinder der Bing Nursery School.

Die Wirkung der Verwandlung von Verben in Substantive geht über Kinder und Aufräumen hinaus. Im Jahr 2008 beispielsweise nutzten Forschende dasselbe Prinzip, um die Wahlbeteiligung zu steigern. Wahlen sind ein zentrales Element funktionierender Demokratien und eine Chance, Einfluss darauf zu nehmen, wie ein Land regiert wird. Dennoch machen viele Menschen nicht von ihrem Wahlrecht Gebrauch. Wie Helfen ist auch zur Wahl zu gehen etwas, von dem die Menschen wissen, dass sie es tun sollten, auch wenn sie sich nicht immer daran halten. Sie sind zu beschäftigt, vergessen es oder interessieren sich schlicht nicht genug für die Kandidaten, um sich die Mühe zu machen, wählen zu gehen.

Forschende fragten sich, ob die Sprache hier helfen könnte. Statt die Menschen aufzufordern, wählen zu gehen, wählten sie einen leicht veränderten Ansatz: Sie sprachen darüber, ein Wähler zu sein. Auch dieser Unterschied – der Austausch eines Buchstabens von »wählen« zu »Wähler« – scheint winzig zu sein. Aber der Trick funktionierte. Er steigerte die Wahlbeteiligung um mehr als 15 Prozent.[6]

Die Verwandlung einer Verhaltensweise – wählen – in eine Gelegenheit, sich eine positive Identität – Wähler – zuzulegen, verleitete mehr Menschen dazu, diese Verhaltensweise zu zeigen. Indem aus dem bloßen Akt des Wählens die Chance wurde, etwas Positives über sich selbst zum Ausdruck zu bringen, fühlten sich mehr Menschen bemüßigt, diesen Weg zu gehen.

Möchten Sie, dass jemand zuhört? Bitten Sie ihn, ein Zuhörer zu sein. Möchten Sie, dass jemand die Leitung übernimmt? Bitten Sie ihn, der Leiter zu sein. Möchten Sie, dass jemand härter arbeitet? Ermutigen Sie ihn, ein Spitzenleister zu sein.*

---

* Wie bei jedem nützlichen Ansatz gibt es auch hier Situationen, in denen ein solches Vorgehen nach hinten losgeht. Von einem Spiel mit wissenschaftlichem Bezug wurde einer Gruppe von Kindern erzählt, es ginge in diesem Spiel darum, »Wissenschaft zu betreiben«, während einer anderen Gruppe erzählt wurde, es gehe darum,

Dieselbe Idee kann sogar genutzt werden, um Menschen zu ermutigen, negative Verhaltensweisen zu vermeiden. Unehrlichkeit ist teuer. Fehlverhalten am Arbeitsplatz beispielsweise kostet US-Unternehmen jährlich mehr als 50 Milliarden US-Dollar.

Aber obwohl Menschen häufig ermutigt werden, sich moralisch zu verhalten oder das Richtige zu tun, kann eine Sprache der Identität noch effektiver sein. In der Tat stellt die Forschung fest, dass sich das Betrugsverhalten um mehr als die Hälfte reduziert, wenn die Aufforderung nicht lautet: »Betrüge nicht!«, sondern: »Sei kein Betrüger!«[7] Die Versuchspersonen betrogen seltener, wenn sie mit ihrem Betrugsverhalten signalisiert hätten, dass sie ein nicht erstrebenswertes Bild von sich selbst hatten.

Möchten Sie, dass die Menschen ihren Müll nicht überall liegen lassen? Sagen Sie nicht: »Verschmutzen Sie bitte nicht die Umwelt«, sondern: »Seien Sie bitte kein Umweltverschmutzer.« Versuchen Sie, Kinder dazu zu bringen, dass sie die Wahrheit erzählen? Dann erreichen Sie mehr, wenn Sie nicht sagen: »Lüge nicht!«, sondern: »Sei kein Lügner!«

Diese Ideen funktionieren sogar uns selbst gegenüber. Möchten Sie sich angewöhnen, häufiger Sport zu treiben oder zu joggen? Indem Sie anderen erzählen, dass Sie »ein Jogger« sind, und nicht, dass Sie »joggen«, erscheint das Joggen wie ein stabiler, konstanter Teil von Ihnen, und das wiederum vergrößert die Wahrscheinlichkeit, dass Sie am Ball bleiben.

»Wissenschaftler zu sein«. In der zweiten Gruppe zeigten die Mädchen ein deutlich geringeres Interesse. Die Autoren spekulieren, dass eine auf Identitäten fokussierte »Sprache zu problematischen Konsequenzen führen könnte, wenn die Kinder Gründe haben, daran zu zweifeln, dass sie in die Wissenschaftlerkategorie gehören (nachdem sie beispielsweise Misserfolge im wissenschaftlichen Kontext erlebt oder ein stereotypes Bild vom Wissenschaftler entwickelt haben), weil sie das Interesse verlieren, wenn sie nicht länger einen Zusammenhang zwischen der Wissenschaft und ihren eigenen Selbstbildern herstellen können.« Siehe Marjorie Rhodes u. a., »Subtle Linguistic Cues Increase Girls' Engagement in Science«, *Psychological Science* 30, Nr. 3 (2019), S. 455–466, https://doi.org/10.1177/0956797618823670.

Den Fokus vom Tun auf das Sein zu verlagern, ist nur ein Beispiel für die Anwendung einer größeren Sprachkategorie – der Sprache des Tuns und Seins.

Hier sind vier weitere Anwendungen: (1) auf die richtige Art »nein« sagen, (2) kreativer werden, (3) mit sich selbst sprechen und (4) wissen, wann es besser ist, in der zweiten Person zu sprechen.

»Nicht können« zu »nicht machen« ändern

Dass Sprache helfen kann, andere zu einem erstrebenswerten Verhalten zu ermutigen, ist interessant. Sprache appelliert aber nicht nur an unser Selbstbild, sondern leistet noch etwas anderes: Sie zeigt, wer am Hebel sitzt.

Jeder hat Ziele, die er erreichen will: Sport zu treiben und abzunehmen, die eigenen Schulden zu verringern und die Finanzen in Ordnung zu bringen, strukturierter zu werden, etwas Neues zu lernen oder mehr Zeit mit Freunden und Familienangehörigen zu verbringen.

Aber während wir alle Ziele haben und hart arbeiten, um sie zu erreichen, gelingt uns das nicht immer. Wir wollen mehr Sport treiben oder jene Finanzen in Ordnung bringen, aber es geschieht nicht.

Und ein wichtiger Grund sind Versuchungen. Wir wollen gesünder essen, aber unsere Kollegen gehen eine Pizza essen, und das sieht zu verlockend aus, um sich nicht anzuschließen. Wir wollen strukturierter werden, lassen uns aber von Social-Media-Feeds eines Freundes ablenken und haben zwei Stunden später keine Idee, wo die Zeit geblieben ist. Trotz unserer besten Neujahrsvorsätze und trotz aller Versuche, eine neue Seite aufzuschlagen, erliegen wir immer wieder den Versuchungen.

Könnten Worte hier helfen?

Wenn wir vor einer Versuchung stehen, sagen wir häufig: »Wir können nicht ...« Diese Pizza sieht fantastisch aus, aber wir können sie nicht essen, weil wir uns vorgenommen haben, uns gesünder zu ernähren. Ich würde gern mit dir die Ferien verbringen, aber ich kann nicht, weil ich versuche, Geld zu sparen. Wir ziehen uns auf das Nichtkönnen zurück, weil es eine einfache Art ist zu beschreiben, warum wir nicht in der Lage sind, etwas zu tun.

Im Jahr 2010 baten jedoch zwei Verbraucherpsychologen Menschen, die an einer gesünderen Ernährung interessiert waren, an einem Experiment teilzunehmen, in dem es darum ging, wie das besser gelingen könnte.[8] Den Teilnehmern wurde erzählt, dass sie jedes Mal, wenn sie sich mit einer Versuchung konfrontiert sähen, eine konkrete Strategie ausprobieren sollten, um dieser Versuchung zu widerstehen. Die Hälfte der Teilnehmer wurde gebeten, einen normalen Ansatz zu wählen und sich zu sagen: »Ich kann nicht …« Als sie beispielsweise vor der Versuchung standen, Schokoladenkuchen zu essen, sollten Sie – entweder zu sich selbst oder zu anderen – sagen: »Ich kann keinen Schokokuchen essen.«

Andere Teilnehmer wurden stattdessen gebeten, einen leicht anderen Weg zu gehen, um die Versuchung abzuwehren, und nicht zu sagen: »Ich kann nicht …«, sondern: »Ich mache das nicht.« Als sie beispielsweise vor der Versuchung standen, Schokoladenkuchen zu essen, sagten sie – zu sich oder zu anderen: »Ich esse keinen Schokokuchen.«

Wie der Unterschied zwischen »helfen« und »Helfer« mag auch der Unterschied zwischen »Ich kann das nicht machen« und »Ich mache das nicht« winzig erscheinen. Und er ist es auch. Beides lässt sich einfach sagen, und beides nutzen wir häufig.

Aber es stellte sich heraus, dass die zweite Variante sehr viel effektiver war als die erste. Nachdem die Teilnehmer ein paar Fragen beantwortet und ein damit nicht weiter in Zusammenhang stehendes Experiment durchgeführt hatten, standen sie auf, um den Raum zu verlassen. Als sie ihre Umfragebögen abgaben, wurden ihnen als Dank für ihre Mitwirkung zwei Snacks zur Auswahl angeboten: ein Schokoriegel und ein gesünderer Müsliriegel.

Der Schokoriegel sah köstlich aus. Und von den Teilnehmern, die geübt hatten, »Ich kann nicht …« zu sagen, wählten 75 Prozent den Schokoriegel. Aber von den Teilnehmern, die trainiert hatten, »Ich mache das nicht« zu sagen, griffen nur halb so viele zum Schokoriegel. »Ich mache das nicht« statt »Ich kann das nicht« zu sagen, verdoppelte die Fähigkeit der Teilnehmer, Versuchungen zu widerstehen und ihren Zielen treu zu bleiben.

Als die Wissenschaftler weiterbohrten, stellten sie fest, dass der Grund, warum »Ich mache das nicht« effektiver war, in den Gefühlen zu suchen war, die es in den Teilnehmern erzeugte.

»Ich kann nicht« bedeutet nicht nur, dass wir etwas nicht zu tun in der Lage sind, sondern es suggeriert auch einen bestimmten Typ von Grund. Um dafür ein Gespür zu entwickeln, könnten Sie versuchen, folgende Sätze zu vervollständigen:

Ich kann nicht ____________ essen, weil ____________.
Ich kann nicht ____________ kaufen, weil ____________.
Ich kann nicht ____________ machen, weil ____________.

Unabhängig davon, was Sie jeweils links eingesetzt haben, haben Sie vermutlich rechts eine Form der externen Beschränkung notiert. Ich kann keine Pizza essen, weil mein Arzt mir aufgetragen hat, mich gesünder zu ernähren. Ich kann keinen neuen Fernseher kaufen, weil meine Frau will, dass ich Geld spare.

Wer »Ich kann nicht …« sagt, deutet damit häufig an, dass er etwas gern täte, darin aber von etwas oder jemandem gehindert wird. Ein äußerer Umstand (Arzt, Ehepartner oder etwas anderes) hält uns davon ab, das zu tun, was wir gern täten.

»Ich mache das nicht« suggeriert aber etwas völlig anderes. Wenn Versuchspersonen gebeten werden, »Ich mache das nicht«-Aussagen zu vervollständigen, zählen sie ganz andere Gründe auf. Versuchen Sie, folgende Aussagen zu vervollständigen:

Ich esse kein(e/n) ____________, weil ____________.
Ich kaufe kein(e/n) ____________, weil ____________.
Ich mache keine(e/n) ____________, weil ____________.

Hier ist der Grund, warum wir Nein sagen, nicht mehr ein vorübergehender Umstand, sondern etwas Permanenteres, eine Einstellung, die bereits ein fester Teil von uns geworden ist.

Und was uns daran hindert, das zu tun, was wir gerne täten, ist jetzt nicht mehr etwas außerhalb von uns – eine andere Person, eine Sache oder ein Umstand –, sondern etwas in uns. Ich esse keine Pizza, weil sie mir nicht so schmeckt. Ich überprüfe mein E-Mail-Postfach nicht alle fünf Minuten, weil ich lieber Zeit habe, um mir gründlicher Gedanken über etwas zu machen.

Die Versuchsteilnehmer, die »Ich mache das nicht« sagten, konnten den Versuchungen also deshalb besser widerstehen, weil sie das Gefühl hatten, selbst am Hebel zu sitzen, anstatt dass sie sich durch etwas Äußeres daran gehindert sahen, zu tun und lassen, was sie wollten. Die Entscheidung lag bei ihnen selbst. Natürlich kann ich bis zum Abwinken fernsehen, Geld zum Fenster hinauswerfen oder Zeit vertrödeln, aber ich tue es nicht. Ich ziehe es vor, meine Zeit und mein Geld anders zu nutzen.

Und dieses Gefühl, am Hebel zu sitzen, erleichterte es ihnen, der Versuchung zu widerstehen. Schließlich ging es um ihre ureigenen Ziele.

Tun Sie sich schwer damit, Ihre Neujahrsvorsätze umzusetzen? Haben Sie Mühe, einem Ziel treu zu bleiben? Versuchen Sie, »Ich mache nicht …« statt »Ich kann nicht …« zu sagen.

Versuchen Sie zu notieren, warum Sie nicht tun, was Sie zu vermeiden versuchen, und achten Sie dabei auf die Gründe, die Ihnen das Gefühl geben, am Hebel zu sitzen. Wenn Sie Sorge haben, es zu vergessen, können Sie die »Ich mache nicht …«-Aussage als Haftnotiz auf Ihrem Kühlschrank oder Computer anbringen, damit Sie sie erblicken, sobald eine Versuchung zuschlägt. Oder richten Sie eine Kalendernachricht ein, die ungefähr zu der Zeit aufpoppt, von der Sie wissen, dass Ihre Entschlossenheit auf die Probe gestellt wird. Der Anblick dieser Erinnerung wird Sie ermutigen, sich daran zu erinnern, dass Sie am Hebel sitzen, und wird es Ihnen erleichtern, Ihren Zielen treu zu bleiben.

Dieselbe Taktik können Sie auch auf andere Typen der Weigerung anwenden. Manchmal werden wir gebeten, Dinge zu tun, zu denen wir lieber Nein sagen würden, aber es fällt uns schwer, eine höfliche Art zu finden, wie wir das tun können. Es ist gut, hilfsbereit zu sein und andere zu unterstützen, aber wir können nicht alles tun. Wenn ein Kollege uns bittet, an einem Projekt mitzuwirken, das in keiner Beziehung zu unserer Haupttätigkeit steht, oder ein Vorgesetzter von uns will, dass wir etwas machen, was nicht in unseren vereinbarten Zuständigkeitsbereich fällt, kann es hart sein, einen Ausweg zu finden.

Fachleute raten hier häufig dazu, sich einen »No-Buddy« zu suchen – einen Kollegen, Vorgesetzten oder anderen, der als externe Quelle für die Weigerung dienen kann.

Aber Sprache kann uns denselben Dienst leisten.

In Situationen wie diesen kann »Ich kann nicht …« besonders nützlich sein. So wenig effektiv »Ich kann nicht …« ist, wenn es darum geht, Versuchungen zu widerstehen, weil es suggeriert, dass das Verhalten von äußeren Faktoren abhängt, so nützlich kann es sein, um Anfragen, die uns ungelegen kommen, abzuwehren.

Indem Sie sagen, dass Sie sich nicht am Projekt beteiligen können, weil Ihr Vorgesetzter Sie gebeten hat, einen neuen Mitarbeiter unter Ihre Fittiche zu nehmen, oder dass Sie nicht über den vereinbarten Zuständigkeitsbereich hinausgehen können, weil das den Zeitplan der Produkteinführung in Gefahr bringen würde, distanzieren Sie sich von der Weigerung. Nicht Sie sagen Nein, weil Sie nicht helfen wollen, sondern ein anderer, äußerer Faktor hindert Sie daran. Sie selbst würden gern helfen, aber etwas anderes stellt sich Ihnen in den Weg.

In Fällen, in denen die andere Seite Einfluss auf die äußeren Faktoren hat, nützt es sogar Ihnen beiden, wenn Sie deutlich machen, dass die äußeren Faktoren das eigentliche Hindernis sind. Sie beide können etwas tun, aber indem Sie klarstellen, worin das äußere Hindernis besteht, geben Sie der anderen Person die Gelegenheit zu entscheiden, was ihr wichtiger ist. Sie kann sich mit ihrer Bitte um Hilfe an jemand anderen wenden oder mit Ihnen gemeinsam das äußere Hindernis aus dem Weg räumen.

»Sollte« in »könnte« verwandeln

Es ist hart, kreativ zu sein. Obwohl 60 Prozent aller CEOs in einer Studie Kreativität als die wichtigste Führungsqualität bezeichneten, haben 75 Prozent der Menschen den Eindruck, dass sie ihr kreatives Potenzial nicht ausschöpfen.

Besonders wichtig ist Kreativität immer dann, wenn es um das Lösen von Problemen geht.

Stellen Sie sich vor, Ihr Haustier leidet unter einer seltenen Art von Krebs. Sie holen verschiedene Meinungen ein und es scheint, dass es nur ein Medikament gibt, das Ihrem Haustier das Leben retten könnte. Zum Glück ist das Unternehmen, welches das Medikament herstellt, in Ihrer Nähe angesiedelt. Aber leider ist das Medikament sehr teuer.

Sie erwägen, Kredite aufzunehmen, sich weitere Kreditkarten zuzulegen und sich von Freunden und Familienangehörigen Geld zu borgen, aber auch so bekommen Sie nur die Hälfte der Behandlungskosten zusammen. Sie sind verzweifelt und denken schon daran, in die Fabrik einzubrechen und das Medikament zu stehlen.

Moralische Dilemmata wie das, ob Sie für ein krankes Haustier ein Medikament stehlen sollten, lassen sich häufig als ethische Herausforderungen zwischen richtig und falsch charakterisieren. Sollten Sie beispielsweise schummeln, um weiterzukommen, selbst wenn es niemand merken wird, oder lügen, um Geld zu sparen, selbst wenn keine Gefahr besteht, dass Sie erwischt werden?

In Situationen wie diesen gibt es eine klare korrekte Antwort. Schummeln ist auch dann schlecht, wenn es keiner merkt. Lügen ist auch dann falsch, wenn die Chance, dass wir ertappt werden, gleich null ist. Natürlich existiert hier ein Konflikt zwischen unserem Eigeninteresse und etwas anderem, aber was das »richtige« Verhalten ist, steht außer Frage.

In anderen Situationen jedoch ist die »richtige« Antwort, sofern es eine gibt, weniger offensichtlich. Im Fall eines von Krebs geplagten

Haustiers beispielsweise ist keine Option ideal. Stehlen ist sicherlich falsch, aber das Haustier einfach verenden zu lassen, scheint uns auch nicht richtig zu sein.

In Situationen wie diesen sprechen wir häufig von einem Konflikt zwischen »richtig und richtig«, weil wir hier eine Entscheidung zwischen zwei moralischen Imperativen treffen müssen. Wir stecken in einem Dilemma, das von uns verlangt, dass wir ein Prinzip (zum Beispiel fair und moralisch handeln) zugunsten eines anderen (zum Beispiel unserer Pflicht gegenüber einem geliebten Menschen gerecht werden) opfern. Mit der Entscheidung für die eine Option verraten wir die andere, und so fühlt sich die Situation nicht wie win-win, sondern wie lose-lose an.

Mit Blick auf solche Herausforderungen stellen wir uns häufig die klassische Frage »Was *sollte* ich tun?«. Sollte ich meinem Haustier helfen (aber den Imperativ verletzen, nicht zu stehlen) oder sollte ich die Gesetze einhalten (aber nicht den geschätzten Gefährten retten)?

Wir denken ständig »sollte«. Bedienungsanleitungen erzählen uns, wie wir Produkte verwenden »sollten«, Mitarbeiterhandbücher sagen uns, was wir im Büro tun »sollten«, und Verhaltenskodizes stellen klar, was ein Unternehmen in Sachen Diversität und Umwelt tun »sollte«.

Da überrascht es nicht, wenn wir, vor moralische und andere Herausforderungen gestellt, häufig überlegen, was wir tun »sollten«. Und in der Tat nannten Studienteilnehmer, die gebeten wurden, das Wort oder die Formulierung zu nennen, die am besten beschrieb, was sie dachten, als sie sich Gedanken über ihre Reaktion auf verschiedene Dilemmata machten, in fast zwei Dritteln der Fälle etwas, das sie tun »sollten«.

Aber mag es auch üblich sein, »sollte« zu denken, so führt es uns doch häufig in die Irre. »Sollte« eignet sich gut dazu, Fragen von richtig und falsch zu lösen: ob wir lügen, schummeln oder stehlen sollten, selbst wenn es keine große Sache zu sein scheint und keine Gefahr besteht, dass wir erwischt werden. Unsere Überlegungen, was in diesen Situationen zu tun ist, erinnern uns an unseren moralischen Kompass. Es führt uns dazu, uns klarzumachen, was von uns erwartet wird, und das hilft uns, den moralisch richtigen Pfad zu wählen.

In vielen anderen Situationen jedoch ist »sollte« weniger hilfreich. Wenn wir überlegen, ob es besser ist, das Medikament zu stehlen, um unser krankes Haustier zu retten, bringt uns ein »sollte«-Denken nicht weiter, weil es keine »richtige« Antwort gibt. Indem wir »sollte« denken, geraten wir nur immer tiefer in den Konflikt zwischen zwei Dingen, die sich alles andere als ideal anfühlen. Diese Denkweise zwingt uns, verschiedene Werte gegeneinander abzuwägen und uns für das geringere von zwei Übeln zu entscheiden.

Aber es gibt einen besseren Weg.

Ob wir versuchen, ein moralisches Dilemma zu lösen oder genereller kreativ zu denken, wir suchen häufig nach einer plötzlichen Eingebung, einem Heureka-Moment, in dem wir auf einmal erkennen, wie wir ein Problem lösen oder zumindest eine klare Sicht auf das Problem gewinnen können. Solche Einsichten treten in der Regel weder unmittelbar noch als Ergebnis tiefer Analyse und Überlegung ein, sondern wie ein Geistesblitz, wenn wir sie am wenigsten erwarten.

Wenn wir beispielsweise unsere Kreativität spielen lassen, sind solche Einsichten dann am wahrscheinlichsten, wenn wir ein Problem von einer anderen Seite betrachten. Denken Sie an die Befestigung einer brennenden Kerze an einer Wand nur mit einer Schachtel Streichhölzer und einer Schachtel Reißzwecken. Denken Sie einen Augenblick über dieses Problem nach. Wie würden Sie es lösen?

Auf der Suche nach einer Antwort springen viele Menschen sofort zur Schachtel mit den Reißzwecken und versuchen, die Kerze mithilfe der Reißzwecken an der Wand zu befestigen.

Leider aber funktioniert das nicht. Die Reißzwecken sind nicht groß genug, und es gibt keine Möglichkeit, die Kerze mit ihrer Hilfe an der Wand zu befestigen. Die Menschen versuchen es immer weiter und probieren dabei verschiedene Konfigurationen aus, jedoch ohne Erfolg.

Bei einer anderen Betrachtungsweise können die Reißzwecken jedoch sehr nützlich sein. Anstatt zu versuchen, die Kerze unmittelbar an der Wand zu befestigen, können Sie die Schachtel verwenden. Leeren Sie sie aus und befestigen Sie sie an der Wand, um sie anschließend als Kerzenhalter zu nutzen.

Problem gelöst!

Lösungen wie diese erfordern jedoch, sich von seinen eigenen Annahmen zu lösen. Anstatt den Gegenständen feste Verwendungsweisen zuzuordnen (die Aufgabe der Schachtel ist es, als Behälter für die Reißzwecken zu dienen), könnte die Lösung darin bestehen, eine breitere Perspektive einzunehmen und zu überlegen, wie sie sich noch anders verwenden ließen.

Um zu untersuchen, wie wir Einsichten gewinnen, führten einige Forschende von der Harvard University ein Experiment durch.[9] Sie kombinierten mehrere moralische Dilemmata ähnlich dem mit dem kranken Haustier und beobachteten, wie die Versuchsteilnehmer sie lösten.

Und um zu sehen, ob sie den kreativen Problemlösungsprozess verstärken konnten, ließen sie eine weitere Gruppe von Versuchspersonen das Problem auf leicht andere Weise angehen. Anstatt nach dem Standardverfahren vorzugehen oder zu überlegen, was man tun »sollte«, baten die Forschenden sie, sich stattdessen zu überlegen, was sie tun »könnten«.

Diese kleine Änderung zeigte große Wirkung. Die Teilnehmer, die überlegten, was sie tun »könnten«, entwickelten viel bessere Lösungen. Sie waren von hoher Qualität und dreimal so kreativ.

Indem die Teilnehmer gebeten wurden, sich zu überlegen, was sie tun »könnten«, anstatt sich darüber den Kopf zu zerbrechen, welche von zwei suboptimalen Optionen die beste wäre, sahen sie sich ermutigt, das Problem auf ganz andere Weise anzugehen – einen Schritt zurückzutreten, Abstand von der Situation zu gewinnen und breiter darüber nachzudenken, verschiedene Ziele, Alternativen und Ergebnisse in Betracht zu ziehen und zu sehen, dass es immer noch andere Möglichkeiten geben könnte.

»Könnte« ermutigte die Teilnehmer, nicht schwarz-weiß beziehungsweise entweder-oder zu denken, sondern sich bewusst zu machen, dass es alternative Pfade geben könnte. Neben den einander ausschließenden Optionen, das Haustier zu retten oder sich moralisch zu verhalten (nicht zu stehlen), gab es womöglich noch andere, potenziell bessere Richtungen – wie das Angebot, gratis für einen Medikamentenhersteller (oder Tierarzt) zu arbeiten, um für das Medikament zu bezahlen, oder zu versuchen, über eine GoFundMe-Kampagne Geld für die Behandlung zu sammeln.

»Könnte« führte zu mehr innovativen Lösungen, weil es zu divergentem Denken ermutigte – dazu, unkonventionelle Denkansätze zu verfolgen und dabei keine Grenzen zuzulassen, mehrere Ansätze parallel zu verfolgen, neue Verbindungen zuzulassen und die Wahrscheinlichkeit zu reduzieren, sich mit offensichtlichen Antworten zufriedenzugeben. Das Denken in »könnte«-Begriffen ermutigt uns, die Dinge nicht nur als das zu sehen, was sie oberflächlich betrachtet zu sein scheinen, sondern als das, was sie sein »könnten« – hinter das Offensichtliche zu blicken und verschiedene Wege zu ergründen, wie man Dinge tun könnte.

Konfrontiert beispielsweise mit der Notwendigkeit, einen Bleistiftstrich zu entfernen, fielen Teilnehmern, die sich überlegten, wozu die Gegenstände gut sein »könnten«, sehr viel häufiger kluge Verwendungsweisen für gewöhnliche Dinge ein.[10] Unter der Annahme, dass sie keinen Radiergummi zur Hand hatten, machten sie sich klar, dass Gummibänder dieselbe Funktion erfüllen könnten. Und als sie eine Maske benötigten, um keinen giftigen Staub einzuatmen, kamen Teilnehmer, die in »könnte«-Begriffen dachten, viel eher auf die Idee, dass sie dafür genauso gut auch Socken verwenden konnten.

Hängen Sie an einem Problem fest? Wollen Sie kreativer sein oder die Kreativität in anderen fördern?

Pflegen Sie eine »könnte«-Denkweise. Denken Sie nicht daran, was getan werden »sollte«, sondern fragen Sie stattdessen, was getan werden »könnte«. So machen Sie sich und anderen Mut, aktiv zu werden, neue Pfade zu ergründen und aus Hindernissen Chancen zu machen.

Dasselbe gilt für die Bitte um Rat. Wenn wir andere um Hilfe bitten, tun wir das häufig auf eine bestimmte Weise: Wir fragen sie, was sie glauben, was wir tun »sollten«.

Obwohl das in gewisser Hinsicht Sinn ergibt, ist es nicht immer der beste Ansatz. Indem wir sie fragen, was sie glauben, dass wir tun

»könnten«, ermutigen wir sie, breiter zu denken und uns bessere und kreativere Tipps zu geben.

Sprechen Sie mit sich selbst

Bislang haben wir mehrere Möglichkeiten beschrieben, wie Sprache dazu dienen kann, bewusst darauf anzuspielen, was jemand tut oder wer jemand ist – wie wir andere überreden können, etwas zu tun, indem wir es als Chance darstellen, eine angestrebte Identität anzunehmen oder eine unerwünschte abzulegen; wie wir Versuchungen widerstehen, indem wir mit unserer Wortwahl deutlich machen, dass wir am Hebel sitzen; und wie wir kreativer werden, indem wir uns auf das fokussieren, was wir tun können, und nicht auf die äußeren Umstände, die uns in unserer Handlungsfreiheit einschränken.

In manchen Fällen jedoch kann es der bessere Ansatz sein, sich von etwas zu distanzieren.

Es ist der Abend vor einer großen Präsentation, und Sie finden keinen Schlaf. Sie haben den Eindruck, dass Ihnen die Materie hinreichend vertraut ist, aber weil so vieles vom morgigen Tag abhängt, wollen Sie sichergehen, dass alles stimmt. Sie sind die Folien mindestens ein halbes Dutzend Mal durchgegangen, haben hier noch einen Aufzählungspunkt hinzugefügt und dort eine Formulierung geändert, sind aber noch immer nicht restlos überzeugt.

Wie können wir in Situationen wie diesen unsere Angst verringern und unserer Bestes geben?

Vor einer großen Präsentation, einem ersten Date oder einem schwierigen Gespräch liegen unsere Nerven häufig blank. Wir fürchten, Fehler zu machen, das Falsche zu sagen oder einen schlechten Eindruck zu hinterlassen. Die Angst macht es nur schlimmer. Wir machen uns so viele Gedanken über alles, was schiefgehen könnte, und fokussieren uns so sehr auf die negativen Möglichkeiten, dass unsere Leistung darunter am Ende leidet.

Glücklicherweise kommen uns häufig andere zu Hilfe. Freunde, Partner oder enge Kollegen spüren unsere Sorge und tun, was sie können, um uns zu beruhigen. »Du wirst das großartig machen«, sagen sie, oder: »Sei unbesorgt, du bist immer so überzeugend als Redner, und du bist bestens vorbereitet.« Sie helfen uns, die helle Seite zu sehen, sagen uns, dass alles okay sein wird, oder erinnern uns daran, wie gut wir das letzte Mal waren. Sie lenken unsere Aufmerksamkeit auf positive Aspekte und auf Dinge, die in unserer Macht stehen.

Die Frage lautet also: Warum sind wir nicht auch selbst dazu in der Lage? Wenn es genügt, dass andere uns sagen, wie toll wir sind, damit wir ruhiger werden, warum können wir uns dasselbe nicht auch selbst sagen?

Eine Möglichkeit ist, dass unsere Probleme einfach nur größer sind als die anderer Menschen. Unsere Präsentationen, ersten Dates oder schwierigen Situationen sind wichtiger, nervenaufreibender oder schwieriger als die, mit denen sich andere herumschlagen.

Möglich. Aber solange wir nicht im Weißen Haus vortragen oder über ein Atomwaffenabkommen verhandeln, übersteigen unsere Schwierigkeiten vermutlich nicht die aller anderen.

Das Problem ist in Wahrheit sehr viel subtiler. Denn selbst wenn die Situation exakt die gleiche ist, fühlt sie sich anders an, wenn wir selbst betroffen sind.

Wenn jemand anderes ängstlich oder nervös ist, fällt es uns nicht schwer, nützliche Ratschläge zu erteilen, Abstand zu gewinnen, den Blick zu weiten und die Dinge rational zu durchdenken. Wir können die Situation objektiver einschätzen.

Sollte diese Präsentation wirklich so angsteinflößend sein? Vermutlich nicht. Wird sie das Ende der Welt sein? Unwahrscheinlich. Im großen Zusammenhang betrachtet ist sie wirklich nicht so erschreckend, wie man meinen könnte.

Aber wenn es uns selbst widerfährt, haben wir Mühe, Abstand zu gewinnen. Wir sind so sehr in der Situation gefangen, dass wir nicht geradeaus denken können. Unsere Gefühle gehen mit uns durch und überwältigen uns. Unser Fokus verengt sich, wir grübeln über lauter negative Dinge nach und können uns nicht davon freimachen.

Auf der Suche nach Möglichkeiten, Menschen zu beruhigen, setzten Forschende von der University of Michigan Testpersonen Stresssituationen aus.[11] Sie baten sie, an ihren Traumjob zu denken – die Stelle, die sie sich immer schon gewünscht hatten in dem Unternehmen, für das sie schon immer arbeiten wollten.

Dann baten sie die Teilnehmer, eine Rede darüber zu halten, warum sie für diese Rolle qualifiziert waren. Es galt, sich vor eine Gruppe von Gutachtern zu stellen und zu erklären, warum unter Hunderten, wenn nicht gar Tausenden von Anwärtern ausgerechnet sie die richtigen Kandidaten für diese Stelle waren.

Und als wäre das nicht Herausforderung genug gewesen, wurden ihnen für diese Aufgabe nur fünf Minuten Vorbereitungszeit gegeben.

Klingt nach Stress? War es auch. Der Puls der Teilnehmer ging in die Höhe, ihr Blutdruck stieg und ihr Cortisol – das wichtigste Stresshormon des Körpers – erreichte einen Spitzenwert. Eine Rede vor einem Publikum zu halten, das Sie bewerten soll, ist eine der wirksamsten Methoden, wie Wissenschaftler künstlich Stress erzeugen können.

Die Forschenden brachten die Teilnehmer in diese Situation, weil sie sich für die Wirkung von Selbstgesprächen interessierten. Wir nutzen Sprache, um mit anderen zu kommunizieren, aber wir nutzen sie auch, um mit uns selbst zu sprechen. Wir fordern uns auf, uns ordentlich anzustrengen, wenn wir einen harten Lauf absolvieren, oder wir beklagen uns über die grauen Haare, die neu hinzugekommen sind, wann immer wir genauer in den Spiegel schauen.

Selbstgespräche sind unser natürlicher innerer Dialog, eine innere Stimme, die bewusste Gedanken mit unbewussten Überzeugungen und Vorurteilen verbindet. Diese Worte können aufmunternd und unterstützend sein (»Streng dich an!«) oder negativ und hinderlich (»Noch ein graues Haar? Du wirst alt!«).

Die Wissenschaftler fragten sich, ob eine Verlagerung der Herangehensweise in Richtung Selbstgespräch hilfreich sein könnte, um den Stress besser zu beherrschen. Sie gaben den Teilnehmern also fünf Minuten zur Vorbereitung ihrer Rede, sowie eine von zwei Arten, wie sie mithilfe der Sprache, ihre Angst meistern können.

Wir Menschen sprechen mit uns selber in der Regel in der ersten Person. Im Versuch, die eigenen Gefühle zu verstehen oder uns darüber klar zu werden, warum wir Angst haben, stellen wir uns Fragen wie: »Warum bin ich so aufgeregt?«, oder: »Was verursacht in mir solche Gefühle?« Wir verwenden Wörter wie »ich«, »mich« oder »mein« (alles Pronomen der ersten Person), um auf uns selbst zu verweisen.

Einer Gruppe von Testpersonen wurde aufgetragen, sich an diese Standardvorgehensweise zu halten. Sie wurden gebeten, Pronomen der ersten Person zu verwenden, um sich der eigenen Gefühle bewusst zu werden, und sich Fragen zu stellen wie: »Warum habe ich dieses Gefühl?«, oder: »Was sind die eigentlichen Gründe für meine Gefühle?«

Eine weitere Gruppe von Testpersonen sollte sprachlich einen leicht veränderten Standpunkt einnehmen. Anstatt ihre Angst vom eigenen Standpunkt aus zu verstehen, wurden sie gebeten, sich in einen äußeren Beobachter hineinzuversetzen. Statt von sich in Begriffen wie »ich« und »mich« zu reden, wurden sie ermutigt, so mit sich zu sprechen, wie ein anderer es täte, indem sie Wörter wie »du«, ihren Namen oder auch »er« oder »sie« verwendeten.

Wenn die Person beispielsweise Jane hieß, stellte sie sich Fragen wie: »Warum fühlt sich *Jane* so? Warum sorgt *sie* sich wegen der Rede? Was sind die Gründe für *Janes* Gefühle?«

Die Teilnehmer lasen die Anweisungen, dachten eine Minute lang über ihre Gefühle nach und gingen dann in einen anderen Raum, um ihre Rede zu halten. Die Gutachter beobachteten sie beim Sprechen und bewerteten ihre Rede unter mehreren Gesichtspunkten.

Die Ergebnisse waren erstaunlich. Beide Gruppen von Sprechern mussten dieselbe schwierige Situation meistern (eine Rede vor Publikum halten), beide erhielten dieselben fünf Minuten, um sich über ihre Gefühle klar zu werden, bevor sie ihre Rede hielten. Der einzige Unterschied war, ob sie mit sich selbst in der zweiten oder dritten Person sprachen oder aber in der ersten Person – ob sie sich Fragen stellten wie »Warum bist *du* so aufgeregt?« oder »Warum bin *ich* so aufgeregt?«.

Aber die Verwendung unterschiedlicher Wörter hatte einen großen Effekt auf ihre Leistung. Verglichen mit einem normalen Selbstgespräch mit Wörtern wie »ich« oder »mich« half der Wechsel zu einem äußeren Standpunkt den Teilnehmern, bessere Reden zu halten. Sie traten selbstsicherer auf, waren weniger nervös und zeigten insgesamt eine bessere Leistung.

Dieser sprachliche Trick half den Menschen, sich von der schwierigen Situation zu distanzieren und sie mehr in der Art zu sehen, wie ein externer Beobachter sie sehen würde. Diejenigen, die weiter in der ersten Person dachten, sagten Dinge wie: »Oh mein Gott, wie kann ich das schaffen? Ich kann doch nicht in fünf Minuten eine frei zu haltende Rede vorbereiten? Ich brauche Tage für die Vorbereitung einer Rede!«

Aber die Verwendung ihrer Vornamen und der Gebrauch von Wörtern wie »du«, »er« oder »sie« ermutigte sie, wie ein externer Beobachter zu denken und die Situation positiver zu sehen. Anstatt sich zu bemitleiden oder noch zusätzlich zu stressen, gaben sie sich Unterstützung und Rat: »Jane, du kannst das. Du hast schon unzählige Reden gehalten.«

Die Sprache des äußeren Beobachters half den Rednern, die Dinge objektiver zu sehen, und machte die Situation weniger angsteinflößend. Die Testpersonen empfanden weniger negative Emotionen und bewerteten die Situationen positiver – mehr als eine Herausforderung, die sie meistern konnten, und weniger als eine Bedrohung, auf die sie nicht ausreichend vorbereitet waren und von der sie sich überwältigt fühlten.

Und ähnliche Effekte wurden auch in anderen Bereichen beobachtet. Ob es um Ernährungsfragen oder Gesundheitsprobleme ging, der Verzicht auf die erste Person im Selbstgespräch ermöglichte es den Testpersonen, Abstand zur Situation zu gewinnen und auf diese Weise bessere Ergebnisse zu erzielen.[12] Sie entschieden sich dann für gesünderes Essen oder fokussierten sich auf die Fakten. Indem die veränderte Sprache die Menschen dazu brachte, auf sich selbst aus dem Blickwinkel eines externen Beobachters zu schauen, half sie ihnen, ihre Lage zu verbessern.

Dasselbe Prinzip lässt sich auf eine Vielzahl von Situationen anwenden. Sportler beispielsweise, die positive Selbstgespräche führen, trainieren besser.[13] Profisportler stellen sich häufig Erfolg vor, üben verschiedene Szenarios oder wiederholen sogar während des Trainings ein Mantra.

Wenn sich Sportler beispielsweise auf einen Wettbewerb vorbereiten, sagen Sie sich häufig: »Du kannst das schaffen!« »Ich kann das schaffen!« klingt vielleicht ein wenig zwanghaft, aber wenn wir es vom Standpunkt eines äußeren Beobachters aus formulieren, klingt es natürlicher und lässt sich leichter anwenden.

Wissen, wann es besser ist, in der zweiten Person zu sprechen

Generell zeigt die Forschung zum Thema Selbstgespräch, wann Pronomen wie »du« (oder im Deutschen auch »Sie«) nützlich sind und wann sie nach hinten losgehen können.

Vor einigen Jahren bat mich ein multinationales Unternehmen, seine Social-Media-Beiträge daraufhin zu untersuchen, was funktionierte und was nicht. Nachdem wir Tausende von Posts analysiert hatten, stellten wir fest, dass die Verwendung von *you* (»Sie« oder »du«) das Engagement der Leser steigerte. Beiträge, die das Wort *you* oder andere Pronomen der zweiten Person wie *your* oder *yourself* verwendeten, ernteten in der Regel mehr Likes und mehr Kommentare.

Das Unternehmen begann, seine Social-Media-Strategie entsprechend anzupassen. Es verwendete fortan mehr dieser Wörter in seinen Posts und erfreute sich über eine nette Zunahme des Leserengagements.

Das Unternehmen bat mich außerdem, seinen Onlinekundensupport einer ähnlichen Analyse zu unterziehen: jene Webseiten, auf denen die Einrichtung eines neuen Laptops und die Fehlersuche bei einem Gerät erklärt wurde und die Besucher angeben konnten, ob sie diese Supportseiten hilfreich fanden oder nicht.

Anders als in Social-Media-Posts hatten Wörter wie *you* auf den Kundensupportseiten jedoch einen negativen Effekt. Während Wörter wie *you* in den sozialen Medien das Engagement steigerten, führten sie auf den Kundensupportseiten dazu, dass die Kunden sie als weniger hilfreich empfanden.

Neugierig geworden, begannen wir, diesen Unterschied genauer unter die Lupe zu nehmen.

Social-Media-Posts unterscheiden sich von Kundensupportseiten in vielerlei Hinsicht. Sie sind kürzer, gehen weniger ins Detail und werden häufiger von Menschen besucht, die aktuell keine Nutzer der beworbenen Produkte sind.

Aber um wirklich zu verstehen, warum *you* unterschiedlich wirkte, mussten wir verstehen, was *you* und andere Pronomen in der zweiten Person in dem einen oder anderen Kontext tun.

In den sozialen Medien sind die Zeitleisten der Nutzer voll von immer neuen Beiträgen, und kaum einer hat die Ruhe, sich tiefer mit einem Thema zu befassen. Bilder helfen, aber auch die richtigen Worte. In Situationen wie diesen können Wörter wie *you* wie ein Stoppschild wirken, das unsere Aufmerksamkeit vorübergehend auf etwas Bestimmtes lenkt.

Wenn jemand einen Post mit der Überschrift »5 Geldspartipps« sieht, weiß er nicht, ob das für ihn relevant ist oder nicht. Wenn wir aber ein Anredepronomen hinzufügen und sagen: »5 Tipps, wie Sie Geld sparen können«, erscheint der Beitrag auf einmal sehr viel relevanter für uns persönlich. Das ist nicht nur irgendeine Information, sondern etwas, das »Sie« nützlich finden werden – sogar dann, wenn die Information selbst dieselbe geblieben ist.

Das »Sie« zieht Aufmerksamkeit auf sich, steigert die Relevanz und vermittelt dem Leser ein Gefühl, als würde jemand unmittelbar zu ihm sprechen.[14]

Kundensupportseiten hingegen brauchen nicht erst um die Aufmerksamkeit der Kunden zu buhlen, sind diese doch schon da. Sie haben die Supportseite aufgerufen, weil sie eine Frage oder ein Problem haben, auf das sie eine Lösung suchen, und ihre Aufmerksamkeit ist bereits auf den Inhalt der Seite gerichtet.

Während *you* signalisieren kann, dass die präsentierten Informationen für den Leser relevant sind, kann es diesen auch in die Pflicht nehmen und ihn für seine Probleme selbst verantwortlich machen: »Wenn Sie den Drucker nicht einschalten können« anstelle von »Wenn sich der Drucker nicht einschalten lässt« suggeriert, dass es möglicherweise am Anwender liegt, wenn der Drucker kein Lebenszeichen von sich gibt. Das Problem liegt dann nicht beim Drucker, sondern beim Anwender, der es nicht schafft, den Drucker so zu bedienen, dass er tut, was er soll.[15]

Eine aktive Form (»Sie können Platz freimachen, indem Sie …«) anstelle der passiven Form (»Platz lässt sich freimachen durch …«) suggeriert ebenso, dass der Anwender die Arbeit leisten muss. Und je häufiger Sie ein Anredepronomen verwenden, desto mehr Arbeit muss der Anwender leisten.

Während *you* also in den sozialen Medien hilft, Aufmerksamkeit zu wecken, schadet es auf Kundensupportseiten, wo es suggerieren kann, dass der Anwender für das Problem verantwortlich ist, dessenthalben er die Seite aufgesucht hat.

Fragen wie »Hast du den Hund gefüttert?« oder »Hast du überprüft, wann die Dokumente fällig sind?« können sich anfühlen wie Schuldzuweisungen. Die Absicht mag gutartig sein, eine bloße Bitte um Auskunft, aber die Fragen können leicht negativ verstanden werden. Wer hat gesagt, dass es am mir liegt, und wie kommst du darauf, dass ich mich vielleicht nicht darum gekümmert hätte?

Eine geringfügig andere Formulierung (»Hat der Hund schon zu essen bekommen?«) geht nicht so leicht nach hinten los. Indem sie sich auf die Aktion statt auf den Akteur fokussiert, vermeidet sie jede Schuldzuweisung. Ich sage damit nicht, dass es deine Aufgabe ist. Ich will nur wissen, ob es geschehen ist, damit ich es andernfalls selbst tun kann.

Dasselbe gilt für Aussagen wie »Ich wollte sprechen, aber du hattest keine Zeit«. Die Aussage mag der Wahrheit entsprechen. Wir wollten reden, aber die andere Person war mit etwas anderem beschäftigt. Mit dieser Formulierung suggerieren wir jedoch, dass die andere Person die Schuld trägt. Nicht nur ist es schlecht, dass die Zeit nicht passte, sondern es ist die Schuld des anderen, dass das Gespräch nicht zustande kam.

Indem wir das »du« weglassen und stattdessen etwas sagen wie »Ich wollte sprechen, aber es schien nicht der beste Augenblick zu sein«, vermeiden wir die Schuldzuweisung. Jetzt ist klar, dass es nicht als Vorwurf gemeint ist, und wir scheinen mehr am gemeinsamen Wohl interessiert zu sein als daran, Forderungen zu stellen. Indem wir auf Anredepronomen verzichten, vermeiden wir unbeabsichtigte Schuldzuweisungen.

Dasselbe gilt für »ich«, »mich« und andere Pronomina in der ersten Person. Der Dreijährige eines Freundes beklagte sich nach dem ersten Bissen der Mahlzeit: »Das Essen schmeckt nicht.«

Seine Eltern, die Stunden mit der Planung, dem Einkauf und der Zubereitung des Essens verbracht hatten, waren sichtlich enttäuscht. Sie wollten, dass das Essen ihrem Sohn schmeckte. Aber sie nutzten die Situation auch als Gelegenheit, ihm etwas Wichtiges beizubringen. Sie erklärten ihm, dass ein Unterschied darin besteht, ob etwas nicht gut ist oder ob jemand es nicht mag, und sie sagten, dass daraus, dass einer etwas nicht mag, noch lange nicht folgt, dass es schlecht ist.

Wenn Pronomen der ersten Person wegfallen, können Meinungen schnell als Fakten daherkommen. »Das stimmt nicht« oder »Das Essen schmeckt nicht« suggeriert, dass etwas objektiv schlecht wäre. Mit der Verwendung der ersten Person stellen wir klar, dass wir den Kommentar als persönliche Meinung und nicht als Tatsache aufgefasst wissen wollen.

»Ich denke nicht, dass das richtig ist« zeigt, dass es sich um eine persönliche Meinung handelt, unabhängig davon, ob andere sich ihr anschließen oder nicht.

Personalpronomen signalisieren Zuständigkeit. Ob wir sie gebrauchen sollten oder nicht, hängt also davon ab, wie viel Verantwortung wir übernehmen wollen für das, worüber wir sprechen.

Wer beispielsweise die Ergebnisse eines Projekts vorstellt, könnte entweder sagen: »Ich habe herausgefunden, dass …«, oder: »Es hat sich gezeigt, dass …« »Ich habe herausgefunden« stellt klar, wer die Arbeit geleistet hat. Die Person, die spricht, hat Mühe investiert und sollte dafür auch die gebührende Anerkennung erhalten.

Aber die Formulierung »Ich habe herausgefunden …« lässt die Ergebnisse auch subjektiver erscheinen. Sicher, Sie haben etwas herausgefunden, aber hätte jeder andere dasselbe herausgefunden oder basieren die Ergebnisse auf Entscheidungen, die Sie während der Durchführung des Projekts getroffen haben? Ob wir Pronomen verwenden oder nicht, hängt folglich davon ab, wie wir Verdienst und Schuld zuweisen wollen und als wie subjektiv oder objektiv das Gesagte erscheinen soll.

SO ERZEUGEN SIE MAGIE

Wörter tun mehr, als nur Informationen zu vermitteln. Sie signalisieren, wer zuständig ist, wer schuld ist und was es bedeutet, sich in einer bestimmten Sache zu engagieren. Mit der Sprache des Seins können wir folglich uns selbst und andere ermutigen, uns in einer bestimmten Weise zu verhalten. Dazu können Sie Folgendes tun:

1. **Machen Sie Aktivitäten zu Identitäten.** Möchten Sie andere um Hilfe bitten oder überreden, etwas zu tun? Verwenden Sie anstelle des Verbs (»Magst du mir helfen?«) ein Substantiv (»Möchtest du ein Helfer sein?«). Indem wir Verhaltensweisen als Möglichkeiten darstellen, eine angestrebte Identität unter Beweis zu stellen, ermutigen wir andere, sich auch tatsächlich so zu verhalten.
2. **Verwandeln Sie »nicht können« in »nicht machen«.** Fällt es Ihnen schwer, sich an Ihre Vorsätze zu halten oder Versuchungen zu widerstehen? Sagen Sie nicht »Ich kann nicht …«, sondern versuchen Sie stattdessen zu sagen: »Ich mache das

nicht« (zum Beispiel »Ich esse zurzeit keine Süßigkeiten«). Damit stärken Sie Ihr Gefühl, am Hebel zu sitzen, sodass Sie Ihre Ziele mit größerer Wahrscheinlichkeit erreichen.

3. **Aus »sollte« wird »könnte«.** Wollen Sie kreativer werden oder benötigen Sie eine Lösung für ein schwieriges Problem? Fragen Sie sich nicht, was Sie tun sollten, sondern fragen Sie, was Sie tun könnten. Das fördert das divergente Denken und hilft Ihnen, sich aus Ihrer misslichen Lage zu befreien.
4. **Sprechen Sie mit sich selbst.** Sind Sie nervös wegen der bevorstehenden Präsentation oder versuchen Sie, sich mental auf ein wichtiges Vorstellungsgespräch vorzubereiten? Sprechen Sie mit sich in der zweiten oder dritten Person (»Du kannst das!« oder »Er/sie kann das!«). Das schafft Abstand zwischen Ihnen und der schwierigen Situation, reduziert die Angst und fördert die Leistung.
5. **Wählen Sie Ihre Pronomen mit Bedacht.** Ob Sie versuchen, jemandes Aufmerksamkeit zu wecken oder Streit mit Ihrem Partner oder Ihrer Partnerin zu vermeiden, überlegen Sie sich sorgfältig, wie Sie von »ich« und »du« (beziehungsweise »Sie«) Gebrauch machen wollen. Diese Pronomen erzeugen Aufmerksamkeit und signalisieren Zuständigkeit, aber sie suggerieren auch Verantwortung und Schuldzuweisung.

Indem wir die Sprache des Seins verstehen und zur rechten Zeit anwenden, können wir magische Worte zu unserem Vorteil nutzen.

Abgesehen von der Sprache des Tuns und des Seins gibt es jedoch noch einen weiteren Typ magischer Worte, der unsere Aufmerksamkeit verdient. Und das sind Worte, die Zuversicht und Selbstüberzeugtheit signalisieren.

2 Zuversicht vermitteln

Wenn wir an berühmte Redner denken, ist Donald Trump in der Regel nicht der erste Name, der uns in den Sinn kommt.

Der römische Staatsmann Cicero gilt vielen als der größte Redner aller Zeiten. Für ihn war die öffentliche Rede die höchste Form der intellektuellen Aktivität. Seiner Überzeugung nach sollte ein guter Redner klug und wortgewandt, selbstbeherrscht und würdevoll vortragen. Auch Redner wie Abraham Lincoln und Winston Churchill wurden für ihre klare und logische Argumentation, ihre starken Gedanken und ihre gut begründeten Ideen gefeiert.

Trump passt nicht in diesen Stereotyp. Seine Sätze sind in der Regel grammatikalisch ungeschliffen, voller Wiederholungen und gespickt mit starken Simplifizierungen. Nehmen Sie die Worte, mit denen er seine Präsidentschaftskampagne ankündigte: »Ich würde eine große Mauer bauen und niemand baut Mauern besser als ich, glauben Sie mir, und ich werde sie sehr kostengünstig bauen«, sagte er. »Unser Land ist in ernsten Schwierigkeiten«, fuhr er fort. »Wir haben keine Siege mehr. Wir pflegten Siege zu haben, aber wir haben sie nicht. Wann hat man uns zuletzt, sagen wir, China in einem Handelsgeschäft schlagen sehen? Ich schlage China immerzu. Immerzu.«

Natürlich erntete seine Rede viel Spott. Man warf ihr Simplifizierung vor, das *Time Magazine* nannte sie »leer« und andere taten sie als pures Getöse ab.

Weniger als ein Jahr später wurde Trump zum Präsidenten der Vereinigten Staaten gewählt.

Trumps Redestil ist weit von dem entfernt, was man üblicherweise als eloquent bezeichnen würde. Seine weitschweifigen und häufig unzusammenhängenden Einlassungen sind gekennzeichnet von Gedankensprüngen, Unterbrechungen und Holprigkeiten.

Aber was immer Sie von Trump halten, er weiß sich zu verkaufen. Er versteht es, seine Zuhörer zu beeindrucken und zu mobilisieren.

Wie aber macht er das?

Um zu verstehen, was Trumps Redestil so effektiv macht, hilft es, ganz woanders anzufangen, nämlich in einem kleinen Gerichtssaal in Durham County in North Carolina.

Mit Macht sprechen

Selbst wenn Sie niemals in einem Gerichtssaal saßen, haben Sie vermutlich schon einmal einen im Fernsehen gesehen. Die Anwälte beider Seiten sitzen an langen hölzernen Tischen. Zeugen schwören, die Wahrheit zu sagen – die ganze Wahrheit und nichts als die Wahrheit. Ein Richter in einer schwarzen Robe sitzt hinter einem erhöhten Tisch und führt feierlich den Vorsitz über das Geschehen.

Gerichtssäle sind Orte, an denen Sprache sehr wichtig ist. Es ist unmöglich, in die Vergangenheit zu reisen, und so dienen Worte dazu, das, was geschehen ist, zu vermitteln: zu beschreiben, wer wann was getan hat und wo ein Verdächtiger oder wichtiger Beteiligter sich zu einem bestimmten Zeitpunkt aufgehalten hat. Worte entscheiden über

Schuld und Unschuld: wer ins Gefängnis muss oder freigelassen wird; wer Verantwortung trägt und wer nicht.

Anfang der 1980er-Jahre fragte sich der Anthropologe William O'Barr, ob der Präsentationsstil womöglich Einfluss auf den Ausgang gerichtlicher Auseinandersetzungen hat.[16] Ob es möglicherweise nicht nur darauf ankommt, was gesagt wird, sondern ebenso, wie es gesagt wird.

Die verbreitete Annahme lautete, dass der Inhalt des Gesagten alleinentscheidend war. Natürlich beeinflusste ein Zeuge mit seiner Aussage oder ein Anwalt mit seinen Argumenten die Entscheidung der Jury, aber nur, weil sie die Fakten darlegten. Schließlich wird dem Rechtssystem unterstellt, ein objektiver und vorurteilsfreier Schiedsrichter der Wahrheit zu sein.

Aber O'Barr fragte sich, ob diese Annahme möglicherweise falsch war. Ihn interessierte die Frage, ob kleine Veränderungen im sprachlichen Stil Einfluss hatten auf die Art, wie Menschen wahrgenommen und Entscheidungen gefällt wurden. Ob feine Unterschiede in den Worten der Zeugen beispielsweise Einfluss darauf hatten, ob ihre Zeugenaussage gewertet wurde und wie die Jury den Fall am Ende entschied.

Also beobachteten er und sein Team eines Sommers zehn Wochen lang Gerichtsverfahren: Vergehen, Straftaten und unterschiedlichste Verfahren. Sie hatten am Ende insgesamt mehr als 150 Stunden Aufzeichnungen aus dem Gerichtssaal gesammelt.

Anschließend hörten sie sich die Aufnahmen an und erstellten davon Abschriften.

Als O'Barr die Daten analysierte, fiel ihm etwas auf. Richter, Anwälte und Gutachter sprachen anders als gewöhnliche Menschen wie beispielsweise normale Zeugen und Beklagte. Natürlich verwendeten sie auch Juristenjargon wie *habeas corpus* und *in pari delicto*, aber die Unterschiede gingen weit darüber hinaus. Es war die Art, wie sie sprachen, die anders war.

Richter, Anwälte und Gutachter verwendeten weniger formale Sprache (»bitte« oder »ja, Sir«), weniger Füllwörter (»ähm«, »äh«) und weniger Verzögerungen (»Ich meine« oder »wissen Sie«). Sie schränkten ihre Aussagen seltener wieder ein (»vielleicht« oder »irgendwie«) und verwandelten sie seltener in Fragen (»So hat sich das abgespielt, nicht wahr?« oder »Er war im Raum, oder?«).

Ein Teil davon ist möglicherweise der Situation geschuldet. Ein Angeklagter versucht vielleicht, sich besonders höflich zu zeigen, um mit einer milderen Strafe davonzukommen. Richter, Anwälte und Gutachter haben sehr viel mehr Gerichtserfahrung und sind vermutlich weniger nervös.

Aber während einige der Unterschiede sicherlich den Rollen und dem Grad der Erfahrung geschuldet waren, fragte sich O'Barr, ob hier nicht vielleicht noch etwas viel Fundamentaleres mitspielte und ob die verwendete Sprache vielleicht nicht nur *Anzeichen* dafür war, wer da sprach, sondern möglicherweise unmittelbaren *Einfluss* darauf hatte, wie die Sprecher wahrgenommen und der Fall letztendlich entschieden wurde.

Zusammen mit seinen Kollegen führte er deshalb ein Experiment durch.[17] Sie nahmen einen speziellen Fall und einen speziellen Zeugen und zeichneten mithilfe von Schauspielern zwei unterschiedliche Versionen derselben Zeugenaussage auf.

Die Fakten waren beide Male dieselben, aber die zur Darlegung dieser Fakten verwendete Sprache war eine andere. In der einen Version sprach der Zeuge wie die Experten (Richter, Anwälte, Gutachter); in der anderen sprach der Zeuge so, wie es gewöhnliche Menschen zu tun pflegen.

Als der Anwalt beispielsweise fragte: »Ungefähr wie lange haben Sie gewartet, bis der Krankenwagen eintraf?«, erwiderte der Zeuge, der wie ein Experte sprach: »20 Minuten – lange genug, um Mrs Davis zu helfen, ihr Gleichgewicht wiederzuerlangen.« Der Zeuge, der wie ein gewöhnlicher Mensch sprach, sagte dasselbe, jedoch gespickt mit Verzögerungen: »Oh, ich würde sagen, es waren so rund, ähm, 20 Minuten. Gerade lang genug, um meiner Freundin Mrs Davis zu helfen, wissen Sie, wieder ins Gleichgewicht zu kommen.«

Und als der Anwalt fragte: »Kennen Sie sich hier gut aus?«, sagte der Zeuge, der wie ein Experte sprach, nur: »Ja«, während der Zeuge, der wie ein gewöhnlicher Mensch sprach, seine Aussage relativierte, indem er sagte: »Ja, vermutlich.«

Um zu testen, ob die Unterschiede Auswirkungen hatten, spielten die Forschenden die Aufnahmen anschließend diversen Menschen vor und baten sie, ähnlich den Mitgliedern der Jury ein Urteil zu fällen. Die Zuhörer äußerten, was sie von dem Zeugen hielten, und gaben an, ob der Beklagte dem Kläger seinen Schaden ersetzen sollte, und wenn, in welcher Höhe.

Wie O'Barr vermutet hatte, veränderten kleine Unterschiede in den Formulierungen, wie der Zeuge wahrgenommen wurde. Sprach der Zeuge wie ein Experte, wurde er als glaubwürdiger wahrgenommen. Die Zuhörer schenkten ihm mehr Vertrauen, empfanden ihn als kompetenter und überzeugender und waren eher bereit, seinen Worten Glauben zu schenken.

Und diese Unterschiede prägten auch die Reaktionen der Zuhörer auf die Zeugenaussage. Obwohl die Fakten dieselben waren, hielten die Zuhörer, die einen Zeugen gehört hatten, der wie ein Experte sprach, eine Entschädigung von zusätzlichen 1000 US-Dollar für gerechtfertigt.

O'Barr hatte entdeckt, wie wirkungsvoll es ist, »mit Autorität« zu sprechen.

Inzwischen haben Wissenschaftler die exakten Komponenten der »Sprache der Autorität« weiter herausgearbeitet. Im Kern bleibt die Idee dieselbe. Wer mit Autorität spricht, strahlt mehr Sicherheit und Zuversicht aus. Er scheint sich seiner Sache sicher zu sein und scheint sich auszukennen, was die Zuhörer dazu verleitet, ihm aufmerksamer zuzuhören und sich von ihm überzeugen zu lassen.[18]

Trump spricht mit Autorität, Leadership-Gurus sprechen mit Autorität und Start-up-Gründer, zumindest die charismatischen unter ihnen, sprechen mit Autorität. Sie verkünden eine Vision, eine Weltsicht, eine Perspektive oder eine Ideologie, die so überzeugend klingt, dass man sich ihr schwer entziehen kann. Sie scheinen so überzeugt von dem zu sein, was sie sagen, dass es schwerfällt anzunehmen, die Dinge könnten sich auch ganz anders verhalten.

Aber mit Autorität, Macht oder Zuversicht zu sprechen, ist nichts, womit wir geboren werden. Es ist etwas, das wir lernen können.

Hier sind vier Arten, wie Sie mit Zuversicht sprechen können: (1) Verzichten Sie auf Heckenausdrücke, (2) zögern Sie nicht, (3) verwandeln Sie die Vergangenheit in die Gegenwart und (4) machen Sie sich klar, wann Zweifel gut sind.

Auf Heckenausdrücke verzichten

Im Jahr 2004 führten Forschende ein Experiment durch, in dem es um die Entscheidung für einen Finanzberater ging.[19] Die Teilnehmer sollten sich vorstellen, sie hätten etwas Geld geerbt und suchten nach einem Berater, der ihnen dabei helfen könnte, das Geld vernünftig anzulegen. Manche ihrer Freunde empfahlen ihnen Berater A und andere empfahlen ihnen Berater B. Um sich entscheiden zu können, führten sie einen Wettbewerb durch. Jeder Berater sollte die Wahrscheinlichkeit schätzen, dass bestimmte Aktien über den Verlauf von drei Monaten an Wert zunahmen. Die Teilnehmer würden dann die Prognosen der Ratgeber mit der tatsächlichen Aktienentwicklung vergleichen und den Berater wählen, dessen Vorhersagen ihnen besser gefielen.

Berater A beispielsweise sagte, dass eine 76-prozentige Wahrscheinlichkeit bestünde, dass die Aktie eines bestimmten Unternehmens an Wert zunehmen werde, und so geschah es am Ende auch. Und Berater B sagte von der Aktie eines anderen Unternehmens, dass sie mit 93-prozentiger Wahrscheinlichkeit an Wert zulegen werde, und auch diese Aktie stieg dann tatsächlich im Wert.

Nachdem die Teilnehmer einige Dutzend Vorhersagen beider Ratgeber gelesen und mit der tatsächlichen Performanceentwicklung der Aktie verglichen hatten, wurden sie gefragt, welchen potenziellen Ratgeber sie beschäftigen würden.

Was die Genauigkeit betrifft, so gaben sich beide Ratgeber nichts. Beide lagen in 50 Prozent der Fälle richtig und in 50 Prozent der Fälle falsch.

Was die Teilnehmer nicht wussten: Zwischen den beiden Beratern bestand ein wichtiger Unterschied. Obwohl ihre Vorhersagegenauigkeit gleich war, machte der eine Berater sehr viel extremere Prognosen als der andere. Während der moderatere Berater die Wahrscheinlichkeit, dass eine Aktie an Wert gewann, beispielsweise auf 76 Prozent taxierte, sah der extremere Berater hier eine Wahrscheinlichkeit von 93 Prozent. Und während der zurückhaltendere Berater eine 18-prozentige Chance sah, dass eine Aktie an Wert verlor, sah der extremere Berater die Chance eher bei drei Prozent liegen.

Man könnte annehmen, dass die Menschen dem moderateren Berater den Vorzug geben würden. Angesichts all der Ungewissheiten rund um die Entwicklung der Aktienkurse müssten die moderaten Prognosen vernünftiger auf sie wirken.

Aber das war nicht, was die Forscher feststellten.

Fast drei Viertel der Teilnehmer gaben dem extremeren Berater den Vorzug. Sie wünschten sich Anlagetipps von jemandem, der mehr Zuversicht ausstrahlte (sich seiner Sache sicherer zu sein schien), selbst wenn diese Zuversicht weit größer war als ihre tatsächliche Fähigkeit, die Markttrends zu erfassen und die Marktentwicklung vorherzusagen.

Und der Grund ist derselbe wie im Fall der Sprache der Macht. Ob wir uns für einen Finanzberater entscheiden, einem Zeugen zuhören oder einen Präsidenten wählen, stets wirkt es überzeugend, wenn jemand sich seiner Sache sicher zu sein scheint oder zu wissen scheint, wovon er spricht.

Denn wenn jemand Gewissheit ausstrahlt, sind wir eher bereit anzunehmen, dass er recht hat. Welcher Kandidat wird seine Arbeit besser machen? Man kann es nur schwer wissen, aber wenn jemand mit Selbstüberzeugung spricht, fällt es uns schwerer zu glauben, er könnte danebenliegen. Schließlich scheint er sich seiner Sache so sicher zu sein.

Die Finanzberater drückten ihre Zuversicht über ihre Prozentzahlen aus. Ihre Einschätzungen mögen deckungsgleich gewesen sein (die Aktie gewinnt an Wert), aber sie drückten sie mit unterschiedlichen Graden der Gewissheit aus. Verglichen damit, dass etwas mit 76-prozentiger Wahrscheinlichkeit eintreten wird, scheint sich der Sprecher seiner Sache sehr viel sicherer zu sein, wenn er sagt, dass etwas mit 93-prozentiger Wahrscheinlichkeit eintreten wird.

Worte können jedoch dieselbe Funktion erfüllen. Wenn jemand beispielsweise sagt, es werde »definitiv regnen, sagt er damit, dass die Wahrscheinlichkeit groß ist, dass es so sein wird. Vielleicht nicht mit einer Wahrscheinlichkeit von 100 Prozent, aber mit 95 Prozent oder mehr. Wenn jemand Regen für »sehr wahrscheinlich« hält, klingt eine etwas geringere Wahrscheinlichkeit durch: näher bei 95 Prozent als bei 100 Prozent.

Wörter wie »vermutlich« oder »wahrscheinlich« deuten an, dass die Wahrscheinlichkeit geringer ist (näher bei 70 Prozent) »möglicherweise« weist eher auf eine Wahrscheinlichkeit von 50 Prozent hin und »unter Umständen« spricht für eine Wahrscheinlichkeit, die noch darunter liegt. Wenn jemand sagt, es sei »so gut wie ausgeschlossen«, dass es regnet, schließen wir daraus vermutlich auf eine Wahrscheinlichkeit nahe null.

Begriffe wie diese vermitteln also nicht nur Vorhersagen, sondern haben auch ein bestimmtes Verhalten zur Folge. Wenn jemand sagt, dass es »definitiv« regnen wird, könnten wir einen Regenschirm einpacken. Ähnlich ist es, wenn jemand sagt, dass es »ganz klar« oder »absolut« regnen wird.

Wenn jemand sagt, es »könnte« regnen oder es wäre »eher unwahrscheinlich«, dass es regnet, ist nicht so sicher, dass wir dieselben Vorsichtsmaßnahmen ergreifen. Wir gehen dann von einer geringeren Wahrscheinlichkeit aus, dass es nass werden wird, und lassen den Regenschirm möglicherweise zu Hause.

Wie in der Studie mit dem Finanzberater bringen Formulierungen wie diese auch zum Ausdruck, wie sicher sich der Sprecher seiner Sache zu sein scheint. Wenn jemand Formulierungen wie »definitiv«, »ganz klar« oder »absolut« gebraucht, demonstriert er damit ein hohes Maß an Zuversicht. Er ist sich ziemlich sicher, dass es genauso eintreten wird. Es wird regnen, keine Frage.

Wenn wir von »könnte« oder »unter Umständen« sprechen, signalisieren wir damit mehr Ungewissheit. Wir denken, es könnte regnen, aber wir sind uns unserer Sache nicht allzu sicher.

Formulierungen wie »könnte« oder »unter Umständen« werden als Heckenausdrücke oder sprachliche Hecken bezeichnet. Sie dienen dazu, Mehrdeutigkeit, Vorsicht oder Unentschlossenheit zum Ausdruck zu bringen. Ähnliches gilt für Begriffe wie »schätzen«, »vermuten« und »annehmen«.

Beispiele für Heckenausdrücke		
könnte	meines Erachtens	irgendwie
dürfte	ich finde	eigentlich
womöglich	mir scheint	rund
vermutlich	ich glaube	in etwa
vielleicht	ich vermute	im Allgemeinen
scheint	ich nehme an	ein wenig

Und Heckenausdrücke gehen über den Ausdruck von Wahrscheinlichkeiten hinaus. Mit sprachlichen Hecken können wir unsere Ungewissheit bezüglich der exakten Zahl von etwas ausdrücken (»Ich habe das seit rund drei Monaten«), Ungewissheit bezüglich dessen, was jemand anderes gesagt hat (»Laut ihm funktioniert es gut«) und Ungewissheit bezüglich der Frage, ob eine Meinung verallgemeinerbar ist (»Meines Erachtens ist es das Geld nicht wert«). Wenn jemand »rund«, »wohl«, »ich glaube«, »im Allgemeinen«, »so etwas wie«, »vielleicht«, »vermutlich«, »eher nicht« oder »für gewöhnlich« sagt, gebraucht er Heckenausdrücke. Er vermittelt auf die eine oder andere Weise Ungewissheit.

Wir gebrauchen ständig sprachliche Hecken. Wir sagen, dass wir denken, dass etwas funktioniert, dass eine Lösung wirksam sein könnte oder dass ein alternativer Ansatz möglicherweise schneller zum Ziel führt. Wir deuten an, dass etwas wie ein guter Ansatz aussieht oder dass etwas in unseren Augen den Versuch wert ist.

Heckenausdrücke können jedoch, ohne dass wir uns dessen bewusst sind, unsere Wirkung unterminieren, indem wir unsere Gedanken und Empfehlungen in dem Augenblick, in dem wir sie vorbringen, schon wieder zur Hälfte zurücknehmen. Wir deuten an, dass wir nicht sicher sind, ob diese Gedanken und Empfehlungen es wert sind, weiterverfolgt zu werden.

Als ein Kollege und ich Menschen fragten, wie wahrscheinlich es wäre, dass sie jemandes Ratschlag befolgten, verringerte sich die Wahrscheinlichkeit, dass sie den Rat anzunehmen bereit waren, mit der Zahl der im Ratschlag verwendeten Heckenausdrücke. Sie waren dann weniger geneigt, ein empfohlenes Produkt zu kaufen oder einen Handlungsvorschlag anzunehmen.

Sprachliche Hecken können mangelndes Selbstvertrauen signalisieren. Denn wenn wir sagen, eine Lösung »könnte« funktionieren, wir »finden«, dass dies das beste Restaurant ist, oder es ist »vermutlich an der Zeit«, den Motor zu reparieren, bringen wir damit stets unsere Unsicherheit zum Ausdruck. Wir sind uns nicht sicher, ob die Lösung wirklich funktioniert, ob das Restaurant wirklich das beste ist oder ob es an der Zeit ist, das Auto in die Werkstatt zu geben. Und während Vorsicht mitunter gut sein kann, lassen Heckenausdrücke den Sprecher weniger überzeugt erscheinen und unterminieren so seine Fähigkeit, Einfluss auf andere auszuüben.

Wenn jemand unsicher ist, ob eine potenzielle Lösung funktioniert, warum sollten wir uns dann auf sie einlassen? Wenn nicht sicher ist, dass das Restaurant das beste ist, könnten wir auch woanders essen gehen. Und wenn der Mechaniker nicht sicher ist, ob der Motor repariert werden sollte, verzichte ich nicht nur auf den Werkstattbesuch, sondern suche mir womöglich einen Mechaniker, der sich seiner sicherer zu sein scheint.

Heißt das, dass wir ganz die Finger von sprachlichen Hecken lassen sollten? Nein, aber wir sollten bewusster und behutsamer damit umgehen.

Manchmal verwenden wir Heckenausdrücke mit Absicht. Wir wollen Ungewissheit signalisieren. Wir wollen verdeutlichen, dass der Ausgang einer Sache nicht sicher ist. Und in diesem Fall sind sprachliche Hecken großartig. Aber häufig gebrauchen wir sie, ohne uns dessen bewusst zu sein. Wir sind so daran gewöhnt, Aussagen zu relativieren, dass wir Heckenausdrücke nur so und ohne besondere Absicht einstreuen. Und das ist ein Fehler.

Menschen stellen ihrer Rede häufig ein unbewusstes »Ich denke«, »Wenn Sie mich fragen« oder »Mir scheint« voraus. Aber während relativierende Formulierungen in manchen Fällen nützlich sein können, machen sie häufig die Subjektivität dessen, was wir sagen, unnötig deutlich.

Wenn wir Dinge sagen wie: »Sie ist eine hervorragende Kandidatin«, oder: »Das sollten wir tun«, ist das bereits unsere Meinung. Schließlich kommt diese Äußerung aus unserem Mund. Solange wir also nicht unterstreichen wollen, dass es sich um unsere subjektive Ansicht handelt, schränken wir damit, dass wir »Ich denke« oder »Meiner Ansicht nach« voranstellen, unsere Wirkung nur unnötig ein. Wir scheinen dann weniger sicher zu sein, dass andere zur selben Schlussfolgerung kommen werden, mit der Folge, dass andere uns mit geringerer Wahrscheinlichkeit folgen werden.*

Um also Zuversicht auszustrahlen, sollten Sie auf die sprachlichen Hecken verzichten.**

---

* In Fällen, in denen wir eine gewisse Unsicherheit signalisieren wollen, kommt es auf die Wahl der richtigen Heckenausdrücke an. Anstatt beispielsweise zu sagen: »Es scheint, das könnte funktionieren«, können wir es personalisieren. Indem wir sagen: »Mir scheint, das könnte funktionieren«, steigern wir die Überzeugungskraft, denn damit vermitteln wir Zuversicht. Mit diesem Satz geben wir zu verstehen, dass eine gewisse Ungewissheit besteht, dass wir uns ihrer aber bewusst sind.

** Wichtig ist auch, wo die Heckenausdrücke eingesetzt werden. Indem wir beispielsweise einen solchen Ausdruck voranstellen (»Ich denke, das ist das Beste«), drücken wir mehr Zuversicht aus, als wenn wir ihn an die Aussage anfügen (»Das ist das Beste, denke ich«). Eine vorangestellte sprachliche Hecke drückt aus, dass Ihnen bewusst ist, dass es sich zwar um Ihre persönliche Meinung handelt, Sie sich Ihrer Sache aber ziemlich sicher sind. Ein nachgestellter Heckenausdruck hingegen wirkt wie eine nachträgliche Zurücknahme des Gesagten, was sowohl die Information als auch die sie äußernde Person weniger sicher erscheinen lässt.

Und machen Sie stattdessen, was Donald Trump macht: Verwenden Sie definitive Begriffe.

Begriffe wie »definitiv«, »ganz klar« und »offensichtlich« vertreiben jeden Anschein von Zweifel. Dinge sind »unzweideutig«, Beweise »unwiderlegbar« und die Antwort ist »unbestreitbar«. Jeder weiß es, es ist garantiert und es ist genau das, was in diesem Augenblick gebraucht wird.

Definitive Begriffe signalisieren mehr als nur das Fehlen von Ungewissheit. Sie deuten an, dass die Dinge zu 110 Prozent klar sind. Der Sprecher ist sich sicher, und die weiteren Schritte liegen auf der Hand. Damit erhöhen Sie die Wahrscheinlichkeit, dass die Zuhörer Ihnen folgen und umsetzen, was Sie empfehlen.[20]

Beispiele für definitive Begriffe		
definitiv	garantiert	unzweifelhaft
klar	unweigerlich	fraglos
offensichtlich	absolut	unabdingbar
unbestreitbar	jeder	jedes Mal

Keine Verzögerungen

Heckenausdrücke lassen uns weniger zuversichtlich, weniger mächtig und weniger effektiv erscheinen, aber es gibt eine sprachliche Masche, die noch größeren Schaden anrichtet: Verzögerungen.

Lindsey Samuels versuchte herauszufinden, wie sie ihren Präsentationsstil verbessern konnte. Die 41-jährige Vertriebsleiterin hielt nahezu ein Dutzend Präsentationen pro Woche: vor Bestandskunden, Zielkunden und intern vor Kollegen und Führungskräften.

Aber sie erzielte damit nicht die erhoffte Wirkung. Manchmal nahmen die Menschen ihren Rat an oder befolgten ihre Empfehlungen, aber viel zu häufig machten sie einfach so weiter wie bisher und hielten am Status quo fest, selbst wenn das, was sie vorschlug, besser war.

Sie wollte mehr Zielkunden und mehr Bestandskunden überzeugen und ihre Wirkung steigern, und so führten wir ein Kommunikationsaudit durch, um zu ergründen, was sie gut machte und wo sie sich vielleicht verbessern konnte.

Ich bat sie als Erstes, uns einige ihrer Präsentationsfolien zu zeigen. Ihre Durchsicht ließ wenig erkennen, was auf Probleme hindeutete. Die Folien waren klar, die Sprache eindeutig und prägnant und sie verwendete großartige Analogien, um ihre komplizierten Ideen zu verdeutlichen. Die Folien selbst wirkten überzeugend.

Wenn der Inhalt nicht das Problem war, war es vielleicht die Art des Vortrags. Als fragte ich sie, ob ich ihr dabei zuhören dürfe, wie sie das Material präsentierte. Die Coronapandemie war in vollem Gange und so vereinbarten wir anstelle einer persönlichen Begegnung mehrere Videokonferenzen.

Von der ersten Konferenz an war klar, dass etwas nicht stimmte. Die Ideen selbst waren gut ausgearbeitet, aber die Art, wie sie sie präsentierte, schränkte ihre Effektivität ein. Ich wusste nur noch nicht, was es war.

Die Gespräche wurden aufgezeichnet, und so hörte ich sie mir erneut an. Ich lauschte ihrer Stimme über den Verlauf mehrerer Folien, fand aber immer noch nicht den Punkt, der nicht funktionierte.

Dann aber führte das Videocall-Unternehmen im Laufe seiner monatlichen Software-Updates einige neue Features ein. Neben besseren Optionen für die Durchführung von Umfragen und zusätzlichen Möglichkeiten, auf dem Bildschirm zu zeichnen, gab es nun auch die Funktion der automatischen Transkription. Zusammen mit einer Video- und einer Audioaufzeichnung jedes Meetings erhielten die Kunden auch eine schriftliche Fassung all dessen, was während des Meetings gesprochen wurde.

Ich begann, die Transkripte meinen Kunden weiterzuleiten, für den Fall, dass sie ihnen von Nutzen waren. Die meisten Menschen finden es leichter, einen Text zu überfliegen, als sich eine ganze Audioaufzeichnung anzuhören. Lindsey jedoch war schockiert: »Spreche ich wirklich so?«, fragte sie. Ich sagte ihr, ich wäre nicht sicher, wie ihre Frage zu verstehen wäre, und zehn Minuten später schickte sie mir eine Version des Transkripts. Quer durch das Dokument hatte sie alle »Ähs« und »Ähms« eingekringelt. Und es waren viele.

Das Transkript hatte ein Problem sichtbar werden lassen.

In den folgenden Wochen arbeitete Lindsey daran, die Verzögerungen aus ihren Präsentationen zu tilgen. Sie übte, was sie sagen wollte, formulierte Antworten auf mögliche Fragen im Voraus und legte notfalls Pausen ein, um sich wieder zu sammeln.

Und es funktionierte. Sie verwendete weniger »Ähs« und »Ähms« und ihre Aussagen wurden prägnanter. Im Monat darauf beispielsweise verwandelte sie ein Drittel mehr Zielkunden in Bestandskunden. Mit der Tilgung der Füllwörter war Lindsey zu einer effektiveren Kommunikatorin geworden.

Im alltäglichen Sprachgebrauch sagen die meisten von uns häufiger mal »äh« und »ähm«. Es ist ein verbreiteter Tick, den wir nutzen, um unsere Gedanken zu sortieren oder uns den nächsten Satz zurechtzulegen. Und es ist eine einfache Krücke, auf die wir uns stützen können.

Aber während es okay ist, von Zeit zu Zeit »äh« oder »ähm« zu sagen, kann ein zu häufiger Gebrauch dieser Verzögerungen oder Füllwörter das Gesagte abschwächen.*

Stellen Sie sich vor, jemand beginnt eine wichtige Präsentation, indem er sagt: »Ich ... ähm ... denke, was ich ... ähm ... sagen will ... ähm ... ist wirklich entscheidend.« Was würden Sie daraus bezüglich des Sprechers und dessen, was er erzählen will, schließen? Wie viel würden Sie auf seine Empfehlungen geben? Würden Sie alles befolgen, was er Ihnen rät?

Vermutlich nicht. Und tatsächlich stellt die Forschung fest, dass Verzögerungen noch abträglicher sind als Heckenausdrücke. Sie lassen die Leute weniger souverän erscheinen und erschweren es ihnen, sich

* Formulierungen wie »sozusagen«, »wissen Sie«, »ich meine«, »okay« und »also« dienen häufig demselben Zweck.

dem Publikum gegenüber verständlich zu machen und ihre Inhalte zu vermitteln.[21]

Wenn jemand häufig »ähm« oder »äh« sagt, kommt das beim Publikum an, als kenne er sich in seiner Materie nicht aus und als wäre er kein echter Experte.

Ob jemand Verzögerungen einstreut oder nicht, spielt sogar eine noch größere Rolle als seine Identität. In einer Studie hörten sich Studenten Aufnahmen von Sprechern an, die zu Beginn eines Kurses einführende Worte sprachen.[22] Die Forschenden interessierten sich dafür, wie Sprache sich auf den Ersteindruck auswirkt. Einige Studierende bekamen also Aufnahmen zu hören, auf denen die Sprecher mehrmals zögerten und fünf- bis siebenmal »ähm« oder »äh« sagten. Andere Studierende bekamen Aufnahmen ohne solche Füllwörter zu hören. Der übrige Inhalt deckte sich.

Aber nicht nur sprachen die Sprecher anders, sondern die Studie manipulierte auch ihre Beschreibung. Einigen Studierenden wurde gesagt, es handele sich bei ihrem Sprecher um jemanden mit einem vergleichsweise hohen Status (Professor), während anderen erzählt wurde, ihr Sprecher habe einen eher niedrigen Status (studentischer Tutor).

Wir neigen dazu, zu denken, bei der Präsentation von Ideen spiele der Status eine wichtige Rolle. In einem Meeting beispielsweise würden die Anwesenden demnach dem Chef aufmerksamer zuhören als einem seiner Mitarbeiter und ein und dieselbe Idee fände mehr Gehör, wenn eine Person mit höherem Status sie vorbrächte.

Und zum Teil stimmt das auch. Status ist wichtig. Manchmal. Als Studierende beispielsweise einem Sprecher von höherem Status lauschten, hielten Sie ihn für einen überzeugenderen, dynamischeren Vortragenden.

Sehr viel wichtiger war jedoch, was der Sprecher sagte. Verzögerungen schadeten. Sprecher, die zögerten, wirkten weniger intelligent und weniger qualifiziert. Die Zuhörer unterstellten ihnen weniger Erfahrung und vermuteten bei ihnen einen geringeren Status, wie auch immer ihr Titel lauten mochte.

Sprecher von geringem Status, die ohne Verzögerungen sprachen, wurden sogar positiver aufgenommen als Sprecher von höherem Status, die »ähm« und »äh« sagten. Stil ging vor Status.

Verzichten Sie also auf »Ähms« und »Ähs«. Ein solches Füllwort von Zeit zu Zeit ist nicht das Ende der Welt. Es kann signalisieren, dass wir nachdenken oder noch nicht fertig sind mit unseren Ausführungen.

Zu häufiges Zögern unterminiert jedoch unsere Effektivität. Es lässt uns zaghaft und unsicher erscheinen und dieser Mangel an Selbstsicherheit untergräbt das Vertrauen unserer Zuhörer in uns und unsere Sicht der Dinge.*

Allzu häufig verwenden wir Verzögerungen in ungezwungenen Unterhaltungen. Wir fangen an zu reden, bevor wir wissen, was wir eigentlich sagen wollen, und müssen irgendwann ein »Ähm« oder »Äh« einstreuen, um Zeit zu gewinnen und zu überlegen, was wir als Nächstes sagen wollen. Das ist auch der Grund, warum wir hier gern von »Füllwörtern« sprechen.

Aber wir können den Bedarf an Verzögerungen reduzieren, indem wir warten, bevor wir losreden. So haben wir Zeit, uns zu überlegen, was wir sagen wollen, und wirken anschließend kompetenter.

Und eine solche Pause hat noch andere Vorteile. Von meinen Kollegen und mir durchgeführte Studien haben gezeigt, dass Pausen den Effekt hatten, dass die Sprecher positiver wahrgenommen wurden. Die Zuhörer hatten so nicht nur mehr Zeit, das Gesagte zu verarbeiten, sondern sie fühlten sich auch dazu ermutigt, mit kurzen Signalen der Zustimmung zu reagieren (wie »ja«, »mhm« oder »okay«) – mit dem Erfolg, dass sie den Sprecher umso mehr mochten.

Legen Sie also lieber eine kleine Sekundenpause ein, anstatt Ihre Rede mit »Ähms« und »Ähs« zu spicken. Ihre Zuhörer werden Sie po-

---

* Sogenannte Bestätigungsfragen (wie »Es ist kalt, nicht wahr?«) haben einen ähnlichen Effekt. Indem wir eine Aussage in eine Frage verwandeln, signalisieren wir, dass wir uns unserer Sache nicht allzu sicher sind, und vermindern so unsere Überzeugungskraft.

sitiver wahrnehmen und Ihren Empfehlungen mit größerer Wahrscheinlichkeit Folge leisten.

Die Forschungsresultate zu sprachlichen Hecken und Verzögerungen haben klare Implikationen. Haben Sie vor, eine größere Präsentation zu halten? Steht ein wichtiges Verkaufsgespräch an? Dann ersetzen Sie Wörter, Formulierungen und Verhaltensweisen, die Unsicherheit signalisieren, durch eine Sprache, die Überzeugung signalisiert.

Wenn jemand eine Lösung als offensichtlich oder Ergebnisse als unzweideutig bezeichnet, strahlt er damit Zuversicht und Selbstsicherheit aus. Er teilt nicht einfach nur seine Ansicht mit, sondern eine Wahrheit über die Welt. Und in diesem Fall sind seine Zuhörer auch eher bereit, seine Ansicht zu teilen und seinem Rat zu folgen.

Die Vergangenheit in die Gegenwart verwandeln

Die Vermeidung von Heckenausdrücken und Verzögerungen ist eine Möglichkeit, um mit Zuversicht zu sprechen, aber es gibt in Wahrheit noch einen subtileren Ansatz.

Menschen teilen ständig anderen ihre Meinung mit. Sie sprechen über Produkte, die sie mögen, Filme, die sie hassen, und Ferien, die sie genossen haben. Jemand könnte sagen, dass ein bestimmter Staubsauger gute Dienste leistet, ein Film langweilig anzuschauen war oder ein Strand den besten Sonnenuntergang hatte.

Wenn wir solchen Informationen lauschen, achten wir häufig auf Substantive, Adjektive und Adverbien. Wir wollen wissen, ob ein Staubsauger gut säubert, ein Film spannend war oder ein Urlaub sich ausgezahlt hat.

Jenseits von Substantiven, Adjektiven und Adverbien gibt es jedoch noch ein Merkmal, auf das wir häufig weniger achten: das Tempus der Verben.

Verben sind für die Kommunikation unverzichtbar. Substantive deuten an, um wen oder was es geht. Die Verben hingegen vermitteln uns den Zustand oder das Verhalten des Substantivs. Menschen gehen. E-Mails werden verschickt. Ideen werden kundgetan. Verben helfen, das Subjekt einer Äußerung in eine bestimmte Position oder Bewegung zu bringen. Ohne Verben wäre die Kommunikation lediglich wie bedeutungsloses Fingerzeigen auf Menschen, Orte und Dinge.

Eine Möglichkeit, wie sich Verben unterscheiden können, ist ihr Tempus oder die zeitliche Periode, die sie beschreiben. Im Deutschen haben Verben ein Tempus, das beschreibt, *wann* eine bestimmte Aktion oder ein Ereignis stattfand. Wenn jemand beispielsweise sagt, dass er für einen Test »gelernt hat«, erkennen wir daraus, dass diese Aktion in der Vergangenheit stattgefunden hat.

Dieselbe Aktion könnte auch in der Gegenwart stattfinden. Wenn jemand sagt, dass er für einen Test »lernt«, dürfen wir daraus verstehen, dass er es gegenwärtig tut. Indem ein Sprecher aus der Vergangenheitsform eine Gegenwartsform macht, deutet er nicht nur an, *worüber* er spricht (lernen), sondern auch, *wann* sich das, worüber er spricht, abgespielt hat oder abspielt (Vergangenheit oder Gegenwart).

Das Tempus des Verbs vermittelt dem Zuhörer, ob jemand gelernt hat, augenblicklich lernt oder in Zukunft lernen wird. Es lässt erkennen, ob ein Projekt bereits beendet ist, jetzt zu Ende geht oder zu einem späteren Zeitpunkt enden wird.

In vielen Situationen ergibt sich das Tempus aus der Situation selbst. Wenn jemand noch nicht mit dem Lernen begonnen hat, kann er nicht sagen, er »lernte« (es sei denn, er erzählt Quatsch). Und wenn ein Projekt bereits fertig ist, macht es keinen Sinn, davon zu sprechen, dass das Projekt dann und dann »enden wird«.

In anderen Situationen steht es dem Sprecher frei, welches Tempus er verwendet. In Bezug auf einen Stellenbewerber beispielsweise könnte jemand sagen, dass der Kandidat einen guten Eindruck »macht« oder »machte«. Wenn wir einen neuen Staubsauger beschreiben, können wir sagen, dass er gut »reinigt« oder »reinigte«. Und bei der Schilderung eines Ferienziels könnte jemand sagten, dass die Strände wunderbar »sind« oder »waren«.

Mein Kollege Grant Packard und ich fragten uns, ob sich eine Veränderung des Verbtempus wohl auf die Überzeugungskraft des Gesagten auswirkt und ob die Verwendung des Präsens die Zuhörer vielleicht eher dazu verleitet, dem Gesagten Vertrauen zu schenken, als die Vergangenheitsform.*

Um diese Möglichkeit zu testen, analysierten wir mehr als eine Millionen Onlinebewertungen – Hunderttausende von Fällen, in denen jemand seine Meinung zu einem Produkt oder einer Dienstleistung kundtat.

In jeder Besprechung zählten wir, wie häufig die Rezensenten über die Vergangenheit oder die Gegenwart sprachen, und maßen die Wirkung der Rezension – ob andere sie hilfreich oder nützlich fanden und ob sie die Wahrscheinlichkeit vergrößerte, dass andere das betreffende Produkt oder die Dienstleistung anschließend kauften.

Wir begannen mit Büchern. Die Analyse einer Viertelmillion Buchrezensionen auf Amazon ergab, dass die Verwendung der Gegenwartsform die Wirkung steigerte. Wer schrieb, dass ein Buch gut »ist« und nicht gut »war« oder eine gute Handlung »hat« und nicht »hatte«, erhielt mehr Stimmen, die diese Rezension als hilfreich bezeichneten. [Die folgenden Beispiele beziehen sich auf englischsprachige Rezensionen, da im Deutschen Inhaltswiedergaben tendenziell nur im Präsens gehalten werden, Anm. d. Übers.])

Das ist interessant, aber man könnte sich fragen, ob das nicht vielleicht mit der untersuchten Produktkategorie zu tun hatte. Die meisten Menschen beispielsweise lesen ein Buch nur einmal, weshalb Buchrezensionen eher zur Vergangenheitsform neigen, mit der Folge, dass die Gegenwartsform überraschender ist.

Um diese Möglichkeit zu testen, untersuchten wir eine Kategorie, in der die Artikel in der Regel mehrmals konsumiert werden: Musik.

* Das Deutsche – ähnlich dem Englischen – kennt keine starken Futurformen. Es verwendet dazu stattdessen das Hilfsverb »werden«, um deutlich zu machen, dass etwas später passieren wird. Deshalb haben wir uns hier auf die Gegenwart und die Vergangenheit beschränkt.

Die meisten Menschen hören sich einen Song oder ein Album mehr als einmal an, weshalb hier die Wahrscheinlichkeit, dass die Gegenwartsform verwendet wird, größer sein sollte.

Aber auch in der Musik fanden wir dasselbe Ergebnis: Rezensionen, die im Präsens gehalten waren, wurden als überzeugender bewertet.

Dasselbe Muster fand sich in der Tat in einer Vielzahl unterschiedlicher Produkte (wie Unterhaltungselektronik) und Dienstleistungen (wie Restaurants). Egal, wohin wir blickten – die Gegenwartsform verstärkte die Wirkung. Wenn gesagt wurde, dass eine Musik großartig »ist« und nicht »war«, dass ein Drucker gute Dienste »leistet« und nicht »leistete« oder ein Restaurant köstliche Tacos »macht« und nicht »machte«, fanden andere diese Besprechung hilfreicher, nützlicher und überzeugender. Wer beispielsweise hörte, dass ein Strand eine gute Atmosphäre »hat« und nicht »hatte«, fand dieses mögliche Urlaubsziel verlockender.

Und der Grund ist derselbe wie der hinter der Wirkung von Heckenausdrücken, Verzögerungen und mächtiger Sprache.

Die Vergangenheitsform suggeriert, dass etwas zu einem bestimmten Zeitpunkt Gültigkeit besaß. Wenn jemand sagt: »Dieser Stellenbewerber war rasch von Begriff«, oder: »Die Lösung funktionierte gut«, verstehen wir daraus, dass der Sprecher dachte, der Bewerber wäre rasch von Begriff gewesen, als er gestern interviewt wurde, die Lösung wäre effektiv gewesen, als sie letzte Woche implementiert wurde.

Und weil persönliche Erfahrungen naturgemäß subjektiv sind, suggeriert die Verwendung der Vergangenheitsform, dass es sich beim Gesagten um eine subjektive Sicht handelt. Indem wir sagen, dass ein Buch sich gut »las«, deuten wir an, dass dieser Ansicht unser persönliches Leseerlebnis zugrunde liegt – dass der Rezensent, als er das Buch las, Spaß an der Lektüre hatte.

Die Vergangenheitsform kann also einen Grad von Subjektivität und Vergänglichkeit suggerieren. Diese Meinung basiert auf der Erfahrung einer bestimmten Person zu einem bestimmten Zeitpunkt.

Die Gegenwartsform hingegen suggeriert etwas Allgemeingültigeres und Dauerhafteres. Wer sagt, dass etwas gut »funktioniert«, deutet damit an, dass es nicht nur in der Vergangenheit »funktionierte«, sondern dass es noch immer gut funktioniert und auch in der »Zukunft« gut funktionieren wird. Indem wir sagen, dass etwas seinen Zweck »erfüllt«, suggerieren wir, dass es das nicht nur in der Vergangenheit »tat«, sondern es beim nächsten Mal auch wieder »tun wird«. Anstelle einer subjektiven Meinung auf der Grundlage einer bestimmten Person oder Erfahrung steht die Gegenwartsform für etwas Stabileres – etwas, das unabhängig von Menschen und Zeit gültig ist und bleiben wird. Es handelt sich nicht nur um die vergangene Erfahrung einer Person, sondern andere werden in Zukunft ähnliche Erfahrungen machen.*

Folglich erhöht die Verwendung der Gegenwartsform die Wirkung, weil sie Einfluss darauf hat, wie die Rezipienten die besprochene Sache sehen. Anstelle einer persönlichen Meinung aufgrund einer begrenzten Erfahrung suggeriert die Gegenwartsform, dass der Verfasser sich seiner Sache sicher genug ist, um eine allgemeine Feststellung über den Zustand der Welt zu machen. Hier wird nicht nur gesagt, wie etwas war, ist oder sein wird, sondern es wird eine objektive, universelle Wahrheit vermittelt.

Und wenn etwas universell erscheint, wird er vermutlich eine größere Wirkung entfalten. Wenn das Essen in einem Restaurant gut »war« oder ein Hotel einen guten Service »bot«, lohnt es möglicherweise, es auszuprobieren.

Aber wenn das Essen gut »ist« und das Hotel einen guten Service »bietet«, schließen wir daraus, dass alles noch viel besser ist. Wer dies liest, ist noch eher geneigt, dem Restaurant oder dem Hotel eine Chance zu geben.

---

* Siehe auch unsere Diskussion zum Unterschied zwischen Verb und Substantiv aus dem ersten Kapitel: Indem wir sagen, dass jemand ein »Jogger« ist, und nicht, dass er »joggt«, deuten wir etwas Fundamentaleres an: einen Grad von Permanenz oder Stabilität im Verhalten eines Menschen. Ähnliches gilt auch für die Gegenwartsform: Indem wir sagen, dass etwas gut »ist« und nicht gut »war«, suggerieren wir, dass die Qualität inhärenter Bestandteil der betreffenden Sache ist.

Anders gesagt: Die Gegenwartsform suggeriert, dass der Verfasser nicht nur eine Meinung hat, sondern sich dieser Meinung auch vergleichsweise sicher ist.

Indem wir Patienten erzählen, dass eine Behandlung eine 90-prozentige Erfolgsrate »hat« und nicht »hatte« oder den Cholesterinspiegel »senkt« und nicht »senkte«, steigern wir deren Bereitschaft, sich auf die Behandlung einzulassen. Indem wir sagen, dass eine Diät beim Abnehmen »hilft« und nicht »half«, bringen wir mehr Menschen dazu, dieser Diät eine Chance zu geben. Und indem wir sagen, dass ein Auto von der Zeitschrift *MotorTrend* zum Auto des Jahres gewählt worden »ist« statt »war«, steigern wir das Interesse der Kunden, es zu kaufen.

Möchten Sie Ihren Einfluss vergrößern? Dann sollten Sie bei der Vorstellung der Ergebnisse eines größeren Projekts besser darüber sprechen, was Sie »feststellen«, und nicht, was Sie »festgestellt haben«. Erzählen Sie, was jemand »tut«, und nicht, was er »tat«. Und ein Restaurant, in dem das Essen hervorragend »ist«, zieht mehr Kunden an als eines, in dem das Essen hervorragend »war«.

Indem wir die Vergangenheits- durch die Gegenwartsform ersetzen, erhöhen wir die Wahrscheinlichkeit, dass andere uns zuhören.

Wissen, wann Zweifel angebracht sind

Wir haben bereits diverse Möglichkeiten erwähnt, Zuversicht und Selbstsicherheit zu demonstrieren. Wir können auf sprachliche Hecken und Verzögerungen verzichten, definitive Ausdrücke verwenden und Vergangenheits- durch Gegenwartsformen ersetzen. Aber während eine kraftvolle Sprache uns selbstsicherer erscheinen lässt und die Wahrscheinlichkeit steigern kann, dass andere unseren Empfehlungen folgen, gibt es Situationen, in denen etwas mehr Umsicht in Wahrheit effektiver ist.

Das amerikanische Thanksgiving ist eine besondere Zeit. Menschen kommen aus dem ganzen Land zusammen, um Zeit mit Familienangehörigen und Freunden zu verbringen, köstliche Mahlzeiten zu genießen und für all die guten Dinge zu danken, die das vergangene Jahr ihnen gebracht hat.

Aber neben den Traditionen, Paraden und Truthahnplatten waren die Thanksgiving-Feste der letzten Zeit auch von Zwist gekennzeichnet. Die US-Amerikaner sind politisch polarisierter als jemals zuvor, und während wir meistens von Menschen umgeben sind, mit denen wir uns einig sind, bedeutet die Begegnung mit der erweiterten Familie häufig auch, dass wir aus unserer vertrauten Blase heraustreten und plötzlich vor Menschen stehen, die ganz andere Ansichten vertreten als wir.

Viele Familien vereinbaren im Vorfeld, nicht über Politik zu sprechen, aber irgendwer kann es dann doch nicht lassen. Vielleicht hat er seine Arbeit verloren, hat Schwierigkeiten, Leistungen zu beziehen, oder regt sich über die Wirtschaft auf und sieht die Ursache für diese Probleme vielleicht ganz woanders als Sie. Aus einer höflichen Diskussion wird schnell eine hitzige Auseinandersetzung.

Gibt es vielleicht die Möglichkeit, eine gesittetere Diskussion zu führen, anstatt sich durch den durchgeknallten Onkel Louie im Wohnzimmer in einen Schreikrampf verwickeln zu lassen? Und lässt sich der Gesprächspartner womöglich doch ein wenig umstimmen?

Vor einigen Jahren ließen Forschende von der Carnegie Mellon University Hunderte Menschen über kontroverse Themen diskutieren[23]: polarisierende Fragen wie die, ob Abtreibung legal sein sollte, ob für die College-Zulassungen eine Quotenregelung verwendet werden sollte und ob Immigranten ohne Ausweispapiere, die bestimmte Anforderungen erfüllten, legal im Land bleiben können sollten – alles Fragen, zu denen die Menschen teils sehr unterschiedliche Ansichten haben.

Einige Teilnehmer wurden gebeten, Botschaften zu formulieren, die geeignet waren, andere zu überzeugen, ihre Meinung zu ändern. Zum Thema Abtreibung beispielsweise notierte ein Pro-Life-Vertreter, dass verschiedene »Faktoren Druck auf eine Frau ausüben können, eine Abtreibung vorzunehmen« und dass »eine Abtreibung zu den größten Entscheidungen gehört, die ein Mensch treffen kann, weil sie bedeutet, ein Leben zu beenden«.

Andere hatten lediglich die Aufgabe zuzuhören. Nachdem sie ihre bestehenden Ansichten zu den diversen Themen zu Protokoll gegeben hatten (wie beispielsweise, ob sie *pro-choice* oder *pro-life* waren), lasen sie eine der oben erwähnten Botschaften, die jemand anderes verfasst hatte, und erklärten anschließend, ob sie ihre Meinung geändert hätten.

Entscheidend aber war: Einige der Zuhörer lasen vor dieser Botschaft noch eine andere kurze Notiz der Botschaftsverfasser, in der diese Zweifel bezüglich ihrer Sicht der Dinge zum Ausdruck brachten: Obwohl sie sorgfältig über das Thema nachgedacht hätten, wären sie nicht restlos überzeugt, dass sie mit ihrer Ansicht richtiglägen.

Wenn Gewissheit immer überzeugend ist, sollte ein solcher Ausdruck des Zweifels die Wirkung der anschließenden Botschaft eigentlich reduzieren. Schließlich lässt man sich nur schwer von jemandem überzeugen, der sich seiner Sache selbst nicht sicher ist.

Aber in diesem Kontext zeigte sich, dass das genaue Gegenteil der Fall war. Die Äußerung von Zweifeln bezüglich des strittigen Themas verstärkte sogar noch die Überzeugungskraft. Besonders Menschen, die bereits feste Überzeugungen hatten, waren eher bereit, sich von jemandem eines Besseren belehren zu lassen, der ihnen gegenüber Zweifel an seiner eigenen Position zum Ausdruck brachte.

Wenn wir versuchen, jemanden von unserer Sicht der Dinge zu überzeugen, denken wir häufig, es sei das Beste, direkt zu sein. Wir nehmen an, die andere Seite würde sich schon auf unsere Denkweise einlassen, wenn wir nur die Fakten darlegen und unvoreingenommene Informationen präsentieren.

Aber niemand sieht »Fakten« gleich. Und wer zu irgendetwas eine feste Meinung hat, sieht sich häufig veranlasst, Informationen auszublenden oder zu vermeiden, die seine Überzeugungen infrage stellen könnten.

Wenn wir also jemanden bewegen wollen, seine Meinung zu ändern, kann zu viel Direktheit kontraproduktiv sein und die andere Person in ihrer ursprünglichen Meinung nur noch weiter bestärken. Und tatsächlich verleiteten »überzeugende« Botschaften einen nicht unerheblichen Teil der Studienteilnehmer gerade nicht dazu, ihre Meinung im Sinne der Botschaften zu ändern, sondern trieben sie eher noch in die entgegengesetzte Richtung.

In gewissem Sinne lässt sich der Überzeugungsprozess in zwei Phasen unterteilen. In der zweiten zieht jemand die Ansicht einer anderen Person in Betracht und beschließt, ob er seine eigenen Überzeugungen entsprechend ändern will. Zuvor jedoch muss er entscheiden, wie offen er sein will – ob er der anderen Person überhaupt zuzuhören bereit ist.

Die Menschen verfügen über einen Anti-Überredungsradar oder ein Verteidigungssystem, das Alarm schlägt, sobald jemand versucht, uns auf seine Seite zu ziehen. Je mehr etwas oder jemand von ihrer Meinung abweicht, desto geringer ist die Wahrscheinlichkeit, dass sie ihm zuhören. Ein Grund, warum Veränderungsprozesse so zäh sind, ist, dass die Menschen sich weigern, Informationen an sich heranzulassen, die ihren Überzeugungen zuwiderlaufen.

Folglich kann es häufig effektiver sein, etwas indirekter vorzugehen, wenn wir jemanden von unserer Ansicht überzeugen wollen. Anstatt ihn gleich mit Informationen zu überschütten, sollten wir ihn zuerst ermutigen, sich uns gegenüber stärker zu öffnen.

Und deswegen kann es hilfreich sein, Zweifel zu äußern und zu zeigen, dass wir uns unserer Sache selbst nicht so sicher sind. So wirken wir weniger bedrohlich. Wir signalisieren der anderen Person, dass es okay ist, unterschiedlicher Meinung zu sein. Die andere Person fühlt sich aufgewertet und ist eher bereit zuzuhören. Das Eingeständnis, dass die Dinge kompliziert sind oder eine nuancierte Betrachtungsweise zulassen, fördert die Offenheit.

Unsicherheit signalisiert Offenheit für andere Sichtweisen.[24] Besonders dann, wenn Themen umstritten sind oder sich Menschen hinter ihren Überzeugungen verschanzt haben, kann ein wenig Zweifel in Wahrheit die Überzeugungskraft stärken.

In der Boulevardpresse werden Wissenschaftsergebnisse beispielsweise häufig als gesicherter präsentiert, als sie sind. Schlagzeilen berichten davon, dass Kaffeekonsum Bauchspeicheldrüsenkrebs fördert oder dass kurze Einheiten der sportlichen Betätigung effektiver sind als längere. Aber während Behauptungen wie diese gute Schlagzeilen abgeben, folgen ihnen nicht selten Monate oder Jahre später Berichte, die das genaue Gegenteil behaupten. Das ist nicht nur für die Leser verwirrend, sondern es untergräbt auch das Vertrauen in die Wissenschaft selbst.

Manche mögen argumentieren, die Verwendung von Heckenausdrücken würde die Glaubwürdigkeit sowohl der Wissenschaftler als auch der Journalisten beeinträchtigen, aber das Gegenteil ist der Fall. In Wahrheit empfinden die Leser sowohl die Wissenschaftler als auch die Journalisten als glaubwürdiger, wenn die Grenzen der Aussagefähigkeit der Studien klar benannt und eingestanden werden.[25]

Wenn die Menschen wissen, dass etwas unsicher ist, kann die Behauptung des Gegenteils nach hinten losgehen. Das wirkt dann überheblich und wirklichkeitsfern und untergräbt unsere Überzeugungsfähigkeit.

In Situationen wie diesen kann es also ratsam sein, Zweifel zum Ausdruck zu bringen und beispielsweise eine Aussage in eine Frage zu verwandeln, um zu Feedback einzuladen. Damit zeigen wir, dass wir nicht dogmatisch sind, sondern offen und empfänglich für die Sichtweisen und die Beteiligung anderer. Natürlich haben auch wir unsere Meinung, aber wir möchten auch hören, was andere zu sagen haben.

Dasselbe gilt für sprachliche Hecken und andere behutsame Sprache. Wörter wie »möglicherweise«, »könnte« und »vielleicht« sind sicherlich ein wenig vage und mehrdeutig. Geheimdienstanalytiker beispielsweise haben Anweisung, solche Begriffe in ihren Berichten zu vermeiden, weil sie missverständlich sein könnten.

Aber während diese Wörter suggerieren, dass etwas unsicher ist, ist diese Unsicherheit nicht immer eine schlechte Sache – besonders wenn wir vorsichtlich sein und nicht über das hinausgehen wollen, was wir sicher wissen. Indem wir beispielsweise sagen, dass die Ergebnisse einer Studie »nahelegen« und nicht »beweisen«, dass X zu Y führt, zeigen wir, dass eine Beziehung möglicherweise existiert, aber nicht zu 100 Prozent bewiesen ist. Wenn das unser Ziel ist, kann eine behutsame Sprache als Kommunikationsmittel durchaus effektiv sein.

SO ERZEUGEN SIE MAGIE

Worte leisten mehr, als nur Fakten und Meinungen zu vermitteln. Sie signalisieren, wie sicher sich jemand der Fakten und Ansichten ist, die er zum Ausdruck bringt. Folglich haben Worte auch Einfluss darauf, wie wir wahrgenommen werden und welche Wirkung das von uns Gesagte erzielt.

Möchten Sie positiver wahrgenommen werden? Möchten Sie mehr Wirkung erzielen?

1. **Verzichten Sie auf Heckenausdrücke.** Wenn das Ziel darin besteht, Zuversicht zu vermitteln, sollten Sie Begriffe und Formulierungen wie »möglicherweise«, »könnte« und »meines Erachtens« vermeiden, die suggerieren, dass Sie sich Ihrer Sache nicht sicher sind.
2. **Verwenden Sie definitive Begriffe.** Verwenden Sie anstelle von sprachlichen Hecken endgültige Begriffe wie »definitiv«, »ganz klar« und »offensichtlich«, die suggerieren, dass das, was Sie sagen, nicht nur Ihre Meinung ist, sondern eine unumstößliche Wahrheit.
3. **Vermeiden Sie Verzögerungen.** »Ähm« und »äh« gehören zur natürlichen Sprachpraxis dazu, aber zu viele davon können das Vertrauen der Zuhörer in uns und unsere Botschaft untergraben. Verzichten Sie auf diese Füllwörter. Reduzieren Sie Verzögerungen, indem Sie sich im Voraus zurechtlegen, was Sie sagen wollen, oder bei Bedarf kleine Pausen einlegen, um Ihre Gedanken zu sammeln.

4. **Ersetzen Sie Vergangenheits- durch Gegenwartsformen.** Die Verwendung des Präsens kann Selbstsicherheit zum Ausdruck bringen und die Überzeugungskraft stärken. Signalisieren Sie also Gewissheit; verwenden Sie nicht die Vergangenheitsform (»Dieses Buch hat mir gefallen«), sondern die Gegenwartsform (»Dieses Buch gefällt mir«).
5. **Machen Sie sich klar, wann es gut ist, Zweifeln Ausdruck zu verleihen.** Während es häufig von Vorteil ist, Selbstgewissheit auszustrahlen, kann es helfen, Zweifeln Ausdruck zu verleihen, wenn wir zeigen wollen, dass wir offen und für andere Sichtweisen empfänglich sind oder uns der Vielschichtigkeit einer Fragestellung bewusst sind.

Mit der Beherrschung der Sprache der Zuversicht und der Selbstgewissheit signalisieren wir Sachverstand. Wir demonstrieren Offenheit für gegensätzliche Standpunkte und ermuntern andere, sich unseren Ratschlägen gegenüber aufgeschlossen zu zeigen.

Bislang haben wir über zwei Arten von magischen Worten gesprochen – Worte, die von Tun oder Sein handeln, und Worte, die Zuversicht und Selbstsicherheit zum Ausdruck bringen. Als Nächstes wollen wir über eine dritte Art von magischen Worten sprechen, die uns helfen, die richtigen Fragen zu stellen.

3

Die richtigen Fragen stellen

Wenn wir bei der Arbeit eine wichtige Aufgabe nicht lösen können oder sich ein Heimwerkerprojekt als schwieriger erweist als erwartet, haben wir mehrere Möglichkeiten, uns aus der misslichen Lage zu befreien. Wir können online recherchieren, in Brainstorming-Manier nach alternativen Lösungen suchen oder nach dem Prinzip Versuch und Irrtum verfahren und auf einen glücklichen Ausgang hoffen.

Eine bestimmte Lösung haben wir jedoch häufig nicht auf der Rechnung: andere um Rat zu fragen. Wir könnten einen Kollegen fragen oder einen Freund anrufen und schauen, ob er helfen kann. Aber wir wollen niemanden belästigen. Wer weiß, ob der Betreffende überhaupt helfen kann, und wenn, was er anschließend von uns denkt? Um Rat zu fragen, scheint uns in ein Licht der Inkompetenz zu setzen, und so verzichten wir lieber darauf.

Könnte dieses Gefühl uns vielleicht täuschen?

Im Jahr 2015 baten einige meiner Kollegen von der Wharton School und ein Harvard-Verhaltenswissenschaftler Teilnehmer, eine Reihe von Quizfragen zu beantworten.[26] Darunter waren einfache Fragen wie »Wer war der erste Präsident der Vereinigten Staaten von Amerika?« (Antwort: George Washington) und extrem schwierige wie »Wie lautet die korrekte Definition von *sesquipedalian* (Antwort: vielsilbig, lange Wörter liebend).

Den Teilnehmern wurde erzählt, die Wissenschaftler wären daran interessiert, wie sich die Kommunikation auf das Lösen von Problemen auswirkt, und so wurde jeder von ihnen einem anonymen Partner zugeordnet, mit dem er während der Studie kommunizieren konnte. Allen wurde gesagt, sie würden eine Quizfrage als Erste beantworten, woraufhin dann ihr Partner dieselbe Quizfrage vorgelegt bekommen würde.

Nachdem die Teilnehmer die erste Runde von Quizfragen beantwortet hatten, wurde ihnen erzählt, sie hätten einigermaßen gut abgeschnitten (mit sieben von zehn korrekten Antworten), aber dass ihr Partner nicht so gut abgeschnitten hätte (mit nur sechs von zehn richtigen Antworten). Anschließend erhielten sie eine Nachricht von ihrem Partner. Einige erhielten nur einen einfachen Gruß (»Hallo«) oder ein paar Worte der Solidarität (»Hallo, Partner, viel Spaß!«), aber andere erhielten zusätzlich eine Frage: »Hallo, Partner. Hast du einen Rat für mich?«

In Wahrheit gab es da keinen »Partner«. Die Wissenschaftler interessierten sich dafür, wie jemand wahrgenommen wird, der um Rat fragt – ob die Tatsache, dass er um Rat fragt, statt nur belanglose Nettigkeiten von sich zu geben, ihn in den Augen des Adressaten in ein positiveres oder negativeres Licht setzt. Sie paarten die Teilnehmer also mit einem computersimulierten Partner, um zu sehen, ob das, was der »Partner« sagte, Einfluss darauf hatte, wie er wahrgenommen wurde.

Nachdem sie die Nachricht von ihrem jeweiligen »Partner« erhalten hatten, bewerteten sie ihn unter einer Reihe von Gesichtspunkten: für wie fähig sie ihn hielten, für wie qualifiziert und wie geschickt.

Wenn jemand, der um Rat fragt, als weniger kompetent gesehen wird, hätten die Teilnehmer eine geringere Meinung von jenen Partnern haben müssen, die genau das taten. Die Tatsache, dass sie fragten, hätte sie als von anderen abhängig und als tiefer stehend erscheinen lassen müssen.

Das Gegenteil war jedoch der Fall.

Als die Wissenschaftler die Ergebnisse analysierten, stellten sie fest, dass die Bitte um Rat die um Rat Gebetenen denken ließ, ihr Partner sei kompetenter und nicht weniger kompetent. Und der Grund ist darin zu suchen, wie sich jemand fühlt, der um Rat gefragt wird.

Den Menschen gefällt die Vorstellung, sie hätten etwas auf dem Kasten. Sie mögen das Gefühl, andere hielten sie für intelligent und erwarteten, aus ihrem Munde kluge Dinge zu hören.

Wenn wir andere um Rat fragen, lässt uns das intelligent erscheinen, weil wir damit dem Ego des um Rat Gefragten schmeicheln. Anstatt uns für unfähig oder dumm zu halten, weil wir fragen, ziehen die Ratspendenden eine ganz andere Schlussfolgerung: »Natürlich ist meine Meinung wertvoll, und deshalb spricht es für die Intelligenz dieser Person, dass sie ausgerechnet mich um Rat bittet.«*

In gewisser Hinsicht grenzt die Bitte um Rat an Schmeichelei. Wenn wir möchten, dass andere uns mögen, versuchen wir häufig, ihnen zu schmeicheln.

Aber während Menschen es mögen, wenn man ihnen schmeichelt, schenken sie denen, die ihnen schmeicheln, nicht immer Vertrauen. Sie sind intelligent genug, um zu erkennen, dass hinter der Schmeichelei eine Absicht stecken könnte. In diesem Fall kann die Schmeichelei nach hinten losgehen.

Die Bitte um Rat ist hingegen effektiver, weil hier die Schmeichelabsicht weniger offen zutage tritt. Anstatt der anderen Person ins Gesicht zu sagen, wie toll sie ist, zeigen wir ihr mit unserer Bitte um Rat, was wir von ihr denken: dass wir sie für intelligent halten und ihre Meinung zu schätzen wissen.

---

* Wie bei jeder Strategie existieren auch hier Randbedingungen: Jemanden zu etwas um Rat zu fragen, über das er absolut nichts weiß, oder etwas zu fragen, was doch »jedes Kind« weiß, ist möglicherweise kontraproduktiv.

Die Bitte um Rat dient also nicht nur der Gewinnung wertvoller Erkenntnisse, sondern lässt den Fragenden auch kompetenter erscheinen. Der Ratspendende fühlt sich intelligenter und selbstsicherer, weshalb er dann auch den um Rat Bittenden in einem positiveren Licht sieht.

Die Vorteile des Fragens

Die Bitte um Rat ist nur ein Beispiel einer viel größeren sprachlichen Kategorie: das Stellen von Fragen.

Ob bei der Arbeit oder zu Hause, ständig stellen (und beantworten) wir Fragen. Welche Lösung gefällt Ihnen besser? Wie viel wird es kosten? Kannst du die Kinder vom Sport abholen? Schätzungen zufolge stellen (und beantworten) wir täglich Hunderte von Fragen.

Fragen erfüllen eine Vielzahl von Funktionen. Sie dienen dem Sammeln von Informationen und der Befriedigung von Neugier, aber sie haben auch Einfluss darauf, wie der Fragende wahrgenommen wird, auf den Gesprächsfluss und auf die Beziehung zwischen den Gesprächspartnern.

Im geselligen Kontext kennt die Zahl der Fragen, die wir stellen können, schier keine Grenzen. Wir können uns nach der Arbeit unseres Gegenübers, seinen Interessen oder sogar seinem Frühstück erkundigen.

Und während manche Fragen ganz offensichtlich die Beziehung stärken oder den Fragenden in ein gutes Licht rücken, sind andere Fragen weniger hilfreich. Stellen Sie beispielsweise jemandem eine beschämende oder übergriffige Frage, machen Sie sich darauf gefasst, dass er anschließend kein Interesse bekundet, erneut mit Ihnen zu sprechen.

Sind also bestimmte Fragen effektiver als andere? Und woher wissen wir, welche Fragen die richtigen sind?

Hier sind vier Strategien, wie wir bessere Fragen stellen können: (1) Anschlussfragen stellen, (2) Schwierigkeiten umschiffen, (3) keine Annahmen machen und (4) behutsam beginnen, dann mutiger werden.

Anschlussfragen stellen

Wenn es darum geht, erfolgreiche zwischenmenschliche Interaktionen zu haben, lautet die uralte Geschichte, dass es hier in erster Linie auf Persönlichkeit und Erscheinungsform ankomme. Manche Menschen sind lustiger, charismatischer oder attraktiver als andere, und diese persönlichen Qualitäten machen sie von Natur aus sympathischer.

Eine andere verbreitete Erklärung lautet, dass es vor allem auf Ähnlichkeit ankommt. Häufig heißt es beispielsweise: »Gleich und gleich gesellt sich gern«, und Menschen mit gemeinsamen Interessen haben sich möglicherweise mehr oder Besseres zu sagen.

Aber während diese Faktoren sicherlich eine Rolle spielen, sind sie auch ein wenig entmutigend, gibt es doch wenig, was wir daran ändern können. Unsere Körpergröße ist gegeben, unsere Persönlichkeit können wir nur schwer ändern und auch wenn es möglich ist, sich Kenntnisse über Blockchains, Stoizismus oder irgendein anderes Thema anzueignen, um darüber Zugang zu einer bestimmten Gruppe von Menschen zu gewinnen, ist das doch kein leichtes Unterfangen.

Heißt das nun, dass die weniger Attraktiven und Charmanten unter uns zum Scheitern verdammt sind? Oder könnte es noch einen anderen Weg geben?

Um herauszufinden, woraus sich erste Eindrücke speisen, analysierten Forschende von der Stanford University und von der UC Santa Barbara Tausende von ersten Dates.[27] Sie sammelten demografische Informationen wie Alter, physische Merkmale wie Größe und Gewicht und andere Eigenschaften wie Hobbys und Interessen. Zusätzlich hielten sie die Begegnung selbst fest. Mit Mikrofonen nahmen sie auf, was die Beteiligten während ihres Dates sagten.

Das Aussehen spielte natürlich eine Rolle. Frauen beispielsweise fühlten sich besonders zu Männern hingezogen, die überdurchschnittlich groß gewachsen waren. Auch Ähnlichkeit spielte eine Rolle. Die Teilnehmer waren stärker an einer Wiederholung der Begegnung interessiert, wenn die andere Person ähnliche Interessen und Hobbys offenbarte.

Jenseits dieser eher unveränderlichen Aspekte jedoch hatten auch die Worte, die die Menschen gebrauchten, einen signifikanten Einfluss. Das Stellen von Fragen führte zu einem besseren ersten Eindruck. Es gab den Beteiligten das Gefühl, dass es klick gemacht hatte, und sie zeigten daraufhin größeres Interesse an einer Wiederholung des Dates.[28]

Ähnliches wurde in einer Vielzahl anderer Bereiche beobachtet. In alltäglichen Kennenlerngesprächen zwischen Fremden beispielsweise wurden Beteiligte, die mehr Fragen stellten, als sympathischer und unterhaltsamer empfunden. Und in Arzt-Patienten-Begegnungen waren die Patienten zufriedener, wenn die Ärzte ihnen mehr Fragen zu ihrem Leben und ihren Erfahrungen stellten.[29]

Aber als die Forschenden genauer hinschauten, stellten sie fest, dass bestimmte Fragen hilfreicher waren als andere.

Wie die Studie, in der es um die Bitte um Rat ging, zeigte, können wir damit, dass wir Fragen stellen, signalisieren, dass wir uns für die Sichtweise einer anderen Person interessieren – dass unser Interesse an der anderen Person und ihren Ansichten so groß ist, dass wir mehr erfahren möchten. Nicht anders ist es in einer Kennenlernbegegnung oder einer alltäglichen Unterhaltung: Indem wir Fragen stellen, machen wir deutlich, dass wir nicht nur über uns selbst reden wollen, sondern uns für unseren Gesprächspartner interessieren und für das, was er zu sagen hat.

Wie nützlich bestimmte Fragen sind, hängt folglich nicht zuletzt davon ab, wie sehr sie dieses Interesse an der anderen Person und ihrer Sichtweise zum Ausdruck bringen.

Einleitende Fragen wie »Wie geht es Ihnen?« gehören zum automatischen Teil des alltäglichen Diskurses. Entsprechend schwer lässt sich aus ihnen herauslesen, ob jemand wirklich interessiert ist oder lediglich höflich sein will.

Sogenannte Spiegelfragen (die eins zu eins zurückwerfen, was uns erreicht) haben einen ähnlichen Effekt. Wenn jemand fragt: »Was hattest du heute zu Mittag?«, antworten wir häufig etwas in der Art von: »Ein Schinken-Sandwich. Und du?« Verglichen mit einem simplen

»Ein Schinken-Sandwich« zeigt die Wiederholung der Frage in der entgegengesetzten Richtung ein gewisses Interesse. Es zeigt, dass wir nicht komplett auf uns selbst fokussiert sind, sondern interessiert genug sind, um uns zu revanchieren. Aber weil die Zurückspiegelung derselben Frage wenig Aufwand erfordert, ist die Wahrscheinlichkeit eines zwischenmenschlichen Nutzens gering. Wie im Fall einer einleitenden Frage ist nicht klar, ob wir überhaupt interessiert sind oder lediglich der Höflichkeit Genüge tun wollen.

Andere Fragetypen können sogar geradezu abträglich sein. Wenn jemand sagt: »Ich nehme mir eine Woche frei, um in den Bergen wandern zu gehen«, ist eine Antwort wie »Was ist dein Lieblingsfilm?« ohne Zusammenhang. Sie steht in keiner Beziehung zu dem, was die erste Person gesagt hat, und bleibt nicht im Gesprächsthema. Sie signalisiert nicht Interesse, sondern das genaue Gegenteil: Da hört jemand entweder nicht zu oder ist so gelangweilt, dass er die Initiative ergreift und das Thema wechselt. Das führt natürlich nicht dazu, dass der Fragesteller positiv wahrgenommen wird, und ist im Zweifelsfall schlechter, als überhaupt keine Frage zu stellen.

Eine bessere Art von Frage wäre eine, die auf das zuvor Gesagte Bezug nimmt. Wenn beispielsweise jemand sich selbst als Leckermaul bezeichnet, könnten wir ihn fragen, was er am liebsten isst. Wenn jemand sagt, er befürchte, ein neues Projekt ließe sich nicht wie geplant umsetzen, könnten wir ihn fragen, worauf er diese Einschätzung gründet. Und wenn jemand sagt, dass er das Wochenende gar nicht abwarten kann, können wir ihn fragen, worauf er sich denn so sehr freut.

Anschlussfragen ermuntern die Gesprächspartner, mit ihrer Schilderung fortzufahren und noch mehr zu erzählen, zusätzliche Details zu erwähnen und anschaulicher zu machen, was sie sagen wollen.

Ob im Gespräch mit Freunden oder Fremden, Kunden oder Kollegen – wer Anschlussfragen stellt, wird positiver wahrgenommen. Als die Forschenden ihre Dating-Daten analysierten, stellten sie fest, dass Anschlussfragen besonders hilfreich waren, um einen positiven Eindruck zu erzeugen. Wer mehr Anschlussfragen stellte, wurde mit größerer Wahrscheinlichkeit zu einer zweiten Begegnung gebeten.

Anschlussfragen funktionieren, weil sie Responsivität signalisieren. Anstatt nur höflich zu sein oder Fragen zu stellen, um das Thema zu wechseln, zeigen Anschlussfragen, dass jemand wirklich zuhört, versteht und mehr erfahren möchte.

Möchten Sie, dass jemand Sie sympathisch findet? Möchten Sie, dass jemand zuhört und Interesse zeigt? Dann sollten Sie nicht irgendwelche Fragen stellen, sondern die *richtigen*.

Anschlussfragen beweisen, dass wir bei der Sache sind. Wir interessieren uns für das Gespräch, haben uns gemerkt, was jemand gesagt hat, und möchten unbedingt mehr drüber erfahren. Wir wissen die andere Person hinreichend zu schätzen, um zuzuhören, was sie sagt, und weiterführende Fragen zu stellen.

Schwierigkeiten umschiffen

Anschlussfragen sind nützlich, aber je nach Situation können auch andere Typen von Fragen nützlich sein.

Stellen Sie sich vor, Sie führen ein Bewerbungsgespräch für einen Job, den Sie spannend finden. Sie suchen nach einer neuen Herausforderung, und diese Gelegenheit scheint perfekt zu sein: ein starkes Unternehmen, eine großartige Position und klare Aufstiegschancen.

Das Interview fängt gut an, und Sie scheinen Ihrem Gegenüber zu gefallen. Aber dann beginnt es, holpriger zu werden. Nachdem Sie über Ihre vergangenen Erfahrungen berichtet und die Fähigkeiten aufgezählt haben, die Sie in die Rolle mitbringen, werden Sie gefragt, was Sie in Ihrer vorigen Stellung verdient haben.

Schwierige Fragen wie diese tauchen ständig auf. In Verkaufsverhandlungen werden potenzielle Käufer häufig gefragt, was sie auszugeben bereit wären. Wer sein Auto verkaufen möchte, wird häufig zur Reparaturgeschichte des Autos befragt. Und Jobbewerber sollen erklären, warum sie ihre vorige Position aufgegeben haben, ob sie noch andere Angebote haben oder ob sie planen, Kinder zu kriegen.

Situationen wie diese fühlen sich unmöglich an. Nicht nur sind sie unbequem und in manchen Fällen gesetzeswidrig; häufig fühlen sie sich auch ausweglos an.

Unsere erste Reaktion ist, ehrlich zu antworten – unumwunden, umfassend und wahrheitsgetreu.

Das ist jedoch häufig kostspielig. Wer beispielsweise in Verhandlungen private Informationen preisgibt, kann von seinem Gegenüber leicht ausgebeutet werden. In Bewerbungsgesprächen läuft jemand, der die Wahrheit bezüglich vorigem Gehalt, Kündigungsgründen und Kinderwunsch sagt, Gefahr, weniger Geld angeboten zu bekommen oder abgelehnt zu werden.

Aber während ehrliche Antworten häufig mit Nachteilen verbunden sind, sind die Alternativen auch nicht viel besser.

Eine Verweigerung der Antwort ist ebenfalls problematisch. Wer Fragen ausweicht, macht sich damit häufig keine Freunde. Und während wir die Antwort in dem Bemühen verweigern, sensible Informationen unter Verschluss zu halten, verrät die Tatsache, das wir einer Frage ausweichen, häufig mehr, als uns lieb ist. Wenn jemand uns fragt, warum wir unseren letzten Job aufgegeben haben, und wir darauf erwidern, dass wir es vorziehen, darauf nicht zu antworten, entsteht zwangsläufig der Eindruck, es wären negative Informationen, die wir da zurückzuhalten versuchen.

Lügen sind ebenfalls alles andere als ideal. Wir können versuchen, relevante Informationen unter den Tisch fallen zu lassen oder geradewegs zu lügen, aber Täuschung ist nicht nur unredlich, sie bringt auch negative Konsequenzen mit sich, wenn sie auffliegt.

Zusammenfassend können wir sagen: Wenn uns direkte, schwierige Fragen gestellt werden, fühlt es sich häufig so an, als gäbe es keine guten Optionen.

Einige meiner Kollegen von der Wharton School fragten sich, ob es nicht vielleicht doch eine bessere Art gibt, auf solche Fragen zu reagieren.[30] Also rekrutierten sie 2019 Hunderte von erwachsenen Studienteilnehmern für ein Experiment zu Verhandlungen.

Die Teilnehmer wurden gebeten, sich vorzustellen, sie wären Inhaber einer Kunstgalerie, die versuchte, ein Gemälde mit dem Titel *Herzen im Frühling* zu verkaufen. Ihnen wurde erzählt, sie hätten das Gemälde für 7000 US-Dollar erworben und es wäre Teil einer vierteiligen Serie von Werken eines bestimmten Künstlers.

Zudem wurde ihnen erzählt, dass der Betrag, den potenzielle Käufer für das Werk auszugeben bereit waren, davon abhinge, ob sie bereits über weitere Stücke aus der Serie verfügten. Wer noch über keine weiteren Werke aus der Serie verfügte, wäre bereit, rund 7000 US-Dollar dafür auf den Tisch zu legen. Wer jedoch bereits über andere Stücke verfügte und seine Reihe vervollständigen wollte, wäre bereit, doppelt so viel zu zahlen. Die Teilnehmer wurden sodann jeweils einem Partner zugeordnet, um mit diesem einen Preis auszuhandeln.

Die Gespräche nahmen unterschiedliche Verläufe, aber früher oder später wurden die potenziellen Käufer unweigerlich gefragt, ob sie bereits andere Werke aus der Serie besäßen. Und hier begann der entscheidende Teil des Experiments. Um die Wirkung unterschiedlicher Antworten auf schwierige Fragen zu untersuchen, manipulierten die Forschenden, wie die Käufer (in Wahrheit Forschungsassistenten) auf die direkte Frage reagierten.

Einigen Teilnehmern antworteten die Käufer ehrlich. Sie sagten, dass sie bereits weitere Stücke aus der *Herzen*-Serie besaßen, womit sie signalisierten, dass sie für das aktuelle Werk mehr auszugeben bereit waren.

Anderen Teilnehmern gegenüber aber weigerte sich der Käufer, auf die Frage zu antworten. Stattdessen sagte er, er wolle gegenwärtig keine Aussagen zu seiner Kollektion machen.

Während sich Ehrlichkeit für das zwischenmenschliche Verhältnis auszahlte, erwies sie sich ökonomisch gesehen als Katastrophe. Die Teilnehmer fanden die ehrlichen Käufer höchst sympathisch und sagten, dass sie ihnen vertrauten, aber sie nahmen ihnen zugleich all ihr Geld ab und handelten den höchstmöglichen Preis für das Gemälde aus.

Die Weigerung, auf die Frage zu antworten, machte sich hingegen ökonomisch bezahlt, hinterließ aber zwischenmenschliche Wunden. Während die Antwortverweigerer das Gemälde zu einem geringeren Preis erwarben, schenkten ihre Partner ihnen kein Vertrauen und schätzten die Wahrscheinlichkeit, dass die Käufer ihnen Informationen vorenthielten, doppelt so hoch ein.

Aber die Versuchsleiter testeten auch noch eine dritte Strategie, die sehr viel effektiver war. Anstatt die Informationen bereitzustellen oder die Antwort zu verweigern, tat eine weitere Gruppe von Antwortgebern etwas anderes: Sie umschifften die Frage. Anstatt offenzulegen, dass sie bereits ein weiteres Werk der Serie besaßen, oder zu sagen, dass sie darauf nicht antworten wollten, reagierten sie mit einer Gegenfrage wie: »Wann sind jene anderen Werke entstanden?«, oder: »Stehen die auch zum Verkauf?«

Sie reagierten auf die schwierige Frage mit einer damit zusammenhängenden eigenen Frage.

Es fällt uns schwer, Menschen zu vertrauen, die vor uns etwas zu verbergen scheinen. Deshalb hat die Weigerung, auf eine Frage zu antworten – mag diese auch noch so unfair sein – häufig negative Konsequenzen.

Aber während die Weigerung, Informationen preiszugeben, häufig als Affront empfunden wird, kommt Neugier in der Regel eher gut an. In einem Bewerbungsgespräch Fragen zu stellen, ist beispielsweise eine gute Möglichkeit, um Interesse an der Position und am Unternehmen zu bekunden. Und wie die Studie, in der die Teilnehmer um Rat gebeten wurden, zeigte, lieben die Menschen es, nach ihrer Meinung gefragt zu werden.

Mit einer relevanten Gegenfrage als Reaktion auf eine schwierige Frage können wir also das Blatt wenden. Jetzt erscheinen wir nicht mehr als ausweichend, sondern als interessiert und engagiert. Wir machen uns nicht mehr unbeliebt und stehen nicht als unglaubwürdig da, sondern treten als interessiert und wissbegierig in Erscheinung.

Fragen sind besonders geeignet, weil sie den Fokus der Aufmerksamkeit auf ein anderes Thema lenken. Denn mit der Verweigerung einer Antwort ist die ursprüngliche Frage noch nicht aus der Welt. Der Fragende wartet noch immer auf eine Antwort, die, je mehr wir uns weigern, sie zu geben, umso wichtiger zu werden scheint. Wenn ein Angeklagter von seinem Aussageverweigerungsrecht Gebrauch macht, verstärkt das schnell den Eindruck, dass er nicht vollkommen unschuldig ist.

Fragen aber sind wie Scheinwerferlichter: Sie werfen das Licht der Aufmerksamkeit auf ein bestimmtes Thema oder eine bestimmte Information. Indem wir auf eine schwierige Frage mit einer eigenen relevanten Frage reagieren, lenken wir das Scheinwerferlicht von uns auf etwas anderes.

Wenn ein Personaler eine Stellenbewerberin fragt, wann sie plant, Kinder zu bekommen, lenkt die Gegenfrage »Haben Sie Kinder?« das Gespräch in eine andere Richtung. Der Fokus verlagert sich von ihr zum persönlichen Leben des Fragestellers.

Wenn der Interviewer Kinder hat, kann sich das Gespräch ihnen zuwenden (was den Interviewer vermutlich weicher stimmen wird), und wenn nicht, können sich die beiden darüber auslassen, wie viel Arbeit Kinder doch bedeuten. Zugleich sieht sich die Stellenbewerberin der Notwendigkeit enthoben, auf die ursprüngliche – als unfair und übergriffig empfundene – Frage zu antworten.

Die Forschenden kamen in der Tat zu dem Schluss, dass Umschiffung die beste Reaktion auf schwierige direkte Fragen darstellte. Die Teilnehmer erhielten auf diese Weise ein besseres Verhandlungsangebot (sie mussten für das Gemälde weniger bezahlen) als mit ehrlicher Informationspreisgabe und wurden zugleich als vertrauenswürdiger und sympathischer wahrgenommen, als wenn sie die Informationspreisgabe glattweg verweigerten.

Die Umschiffung funktioniert in den unterschiedlichsten schwierigen Situationen. In Verhandlungen beispielsweise können wir auf die Frage nach dem Höchstbetrag, den wir zu zahlen bereit wären, mit der Gegenfrage antworten: »Haben Sie eine bestimmte Zahl im Sinn?« Oder wenn wir in einem Bewerbungsgespräch nach unserem letzten Gehalt gefragt werden, können wir fragen: »Können Sie mir Genaueres über die Gehaltsspanne für diese Position sagen?«

Die Umschiffung funktioniert sogar, wenn es uns nicht darum geht, Informationen unter Verschluss zu halten, sondern lediglich darum, die Gefühle des Fragenden nicht zu verletzen. Wenn jemand fragt, ob uns seine Präsentation gefallen hat oder ob wir finden, dass ihm seine Kleidung gut steht, und die ehrliche Antwort »nein« wäre, hilft die Umschiffung, den Schlag abzumildern. Indem wir Dinge wie »Wie lief es deinem Gefühl nach?« oder »Interessant, wo gibt es das zu kaufen?« fragen, vermeiden wir ein unnötig negatives Feedback. Wir können dann immer noch vorsichtig unseren Kommentar geben oder es beim freundlichen Interesse belassen.

Wie bei vielen Strategien, über die wir gesprochen haben, kommt es auch hier auf die richtige Anwendung der Methode an. Umschiffung heißt nicht nur, auf eine Frage mit einer anderen Frage zu reagieren. Damit die Umschiffung funktioniert, müssen wir dicht beim Thema bleiben. Wenn sich beispielsweise der Personaler nach unserem letzten Gehalt erkundigt und wir ihn daraufhin danach fragen, was er gefrühstückt hat, muss er den Eindruck bekommen, als versuchten wir, seiner Frage auszuweichen.

Der Schlüssel besteht darin, eine verwandte Frage zu stellen, die signalisiert, dass wir an relevanten Informationen interessiert sind, und nicht, dass wir etwas verbergen wollen.

Keine Annahmen machen

Umschiffung ist hilfreich, wenn jemand uns harte Fragen stellt, aber die Kunst, die richtigen Fragen zu stellen, wirkt sich auch auf unsere Fähigkeit aus, die Wahrheit ans Licht zu bringen.

Häufig versuchen wir, Informationen von anderen zu beziehen. Wir interessieren uns für die positiven und negativen Seiten einer Wohngegend, die guten und schlechten Merkmale eine Gebrauchtwagens oder die Stärken und Schwächen eines Stellenbewerbers.

Leider decken sich unsere Interessen nicht immer mit denen anderer. Immobilienmakler beispielsweise haben ein Interesse daran, das großartige Schulangebot und die präsentablen Straßen herauszustreichen, unterschlagen aber die erdrückende Grundsteuer und die restriktiven Bebauungspläne. Gebrauchtwagenhändler haben einen Anreiz, auf die kürzlich durchgeführten Reparaturen hinzuweisen, aber zu verschweigen, was nicht gemacht wurde. Und Stellenbewerber sprechen lieber über ihre letzte Beförderung (weil sie sich davon bessere Chancen erhoffen, auch diese Stelle zu bekommen) als über die vorausgegangene Kündigung, die sie sich damit eingehandelt hatten, dass sie während der Arbeitszeit privat in den sozialen Medien unterwegs gewesen waren.

Wie können wir andere dazu bringen, negative Informationen preiszugeben, selbst wenn ihnen daraus ein Nachteil erwachsen könnte?

Die einfachste Antwort, so scheint es, wäre, mit einer Frage zu reagieren: Wir könnten den Stellenbewerber fragen, ob ihm jemals gekündigt wurde, oder den Immobilienmakler, ob die Wohngegend irgendwelche Nachteile hat. Aber es zeigt sich, dass die Tatsache, ob wir die Wahrheit in Erfahrung bringen, entscheidend davon abhängt, wie wir solche sensiblen Fragen stellen.

Um herauszufinden, wie sich sensible Fragen am besten stellen lassen, luden Forschende mehrere Hundert Teilnehmer ein, den Verkauf eines gebrauchen iPods zu verhandeln.[31] Sie sollten sich vorstellen, dass sie den iPod zum Geburtstag geschenkt bekommen und ihn lieb gewonnen hatten, dass sie aber beschlossen hatten, sich ein iPhone anzuschaffen und, weil dieses dieselben Merkmale und noch viele mehr aufwies, sie fortan keine Verwendung mehr für den iPod hatten.

Der iPod war glücklicherweise in hervorragendem Zustand. Er war die ganze Zeit über in einer Plastikhülle gewesen, um Dellen und Kratzer zu vermeiden, und sah infolgedessen so gut wie neu aus. Auf ihm befand sich eine große Musikauswahl, die der Käufer behalten oder löschen konnte.

Das einzige Problem waren die zwei Male, als der iPod komplett eingefroren gewesen war. Um ihn wieder flottzukriegen, musste das Gerät jedes Mal komplett auf die Werkseinstellungen zurückgesetzt werden, wodurch sämtliche auf dem Gerät gespeicherte Musik verloren ging. Das hatte jedes Mal mehrere Stunden in Anspruch genommen, und niemand wusste, wann es wieder geschehen würde.

Jeder Teilnehmer führte ein kurzes Onlineverkaufsgespräch mit einem potenziellen Kunden. Neben der Erwähnung einiger allgemeiner Dinge stellte der potenzielle Käufer eine Frage. Bei manchen Teilnehmern war die Frage allgemein gehalten (»Was können Sie mir über den iPod sagen?«), während anderen eine direkte Frage gestellt wurde (»Der iPod hat keine Probleme, nicht wahr?«)

Die Verkäufer betonten natürlich die positiven Seiten. Sie erwähnten den Speicherumfang des iPod, seinen guten Zustand und die Tatsache, dass er mit Schutzhülle geliefert wurde. Wie meistens, wenn Informationen ausgetauscht werden, lag die Betonung auf den Aspekten, die den Sprechern nützten.

Als die Verkäufer ganz allgemein gefragt wurden: »Was können Sie mir zu dem Gerät sagen?«, erwähnten nur acht Prozent, dass es in der Vergangenheit vorgekommen war, dass der iPod einfror. Ungeachtet dessen, dass Ähnliches in Zukunft wieder passieren konnte, gab fast niemand die negativen Informationen weiter, weil das möglicherweise dazu geführt hätte, dass sie weniger für ihr Gerät bekamen.

Fragen allein reichten also ganz offensichtlich noch nicht aus. Halfen dann aber direkte Fragen zu den Problemen?

Bis zu einem gewissen Grad.

Wenn sich die Käufer unmittelbar nach potenziellen Problemen erkundigten (»Der iPod hat keine Probleme, nicht wahr?«), waren manche Verkäufer vergleichsweise offen. Etwa 60 Prozent von ihnen gestanden, dass der iPod sich in der Vergangenheit schon mehrmals aufgehängt hatte.

Aber während die direkte Frage manche Verkäufer veranlasste, die negativen Informationen preiszugeben, vermieden es immerhin 40 Prozent zugunsten eines positiveren Eindrucks, die Frage freimütig zu beantworten, mit der Folge, dass die Käufer am Ende zu viel für das Gerät bezahlten.

Das ist ein wenig enttäuschend. Denn selbst auf die, wie es schien, denkbar direkteste Frage hin gaben diese Verkäufer immer noch nicht eine freimütige Antwort.

Vielleicht sind einige Menschen einfach nicht ehrlich. Was auch immer sie gefragt werden – sie finden einen Weg, sich vor einer ehrlichen Antwort zu drücken. Lügner bleiben eben Lügner …

Aber sosehr das stimmen mag, stellt doch auch die Sprache selbst ein Problem dar. Denn während eine Frage wie »Es hat kein Problem, nicht wahr?« nach dem Vorhandensein von Problemen fragt, macht sie gleichzeitig auch eine implizite Annahme: nämlich die Annahme der Nichtexistenz solcher Probleme.

Wie die Forschungen zum Speeddating und zum Erbitten von Rat zeigen, haben Fragen Einfluss darauf, wie wir wahrgenommen werden. Sie haben aber nicht nur Einfluss darauf, wie intelligent oder sympathisch wir rüberkommen, sondern auch auf die Annahmen, die andere bezüglich unseres Wissens und unserer Absichten machen.

Wenn ich etwas frage wie »Was können Sie mir über den iPod sagen?«, fällt es dem Antwortenden nicht schwer, sich auf das Positive zu fokussieren. Schließlich ging es in der Frage nicht unmittelbar um Probleme, und so besteht auch kein Anlass, sie zu erwähnen.

Selbst eine direktere Frage (»Er hat keine Probleme, nicht wahr?«) lässt durchblicken, dass der Käufer keine Kenntnis von irgendwelchen Problemen hat oder Gründe hat anzunehmen, dass es welche geben könnte. Für den Verkäufer fühlt es sich folglich sicher an, diese Probleme nicht weiter zu erwähnen. Das ist zwar unehrlich, aber solange es Anreize gibt, die positiven Seiten zu betonen, und das Risiko, erwischt zu werden, gering ist, scheinen die Nachteile nicht ins Gewicht zu fallen.

Müssen wir uns also damit abfinden, dass wir in 40 Prozent der Fälle angelogen werden?

Nicht unbedingt. Denn es gab noch eine dritte Art von Fragen, bei der die Wahrscheinlichkeit, eine informativere Antwort zu erhalten, sehr viel größer war.

Auch ohne dass wir es uns bewusst machen, suggerieren Fragen wie »Es gibt damit keine Probleme, nicht wahr?«, dass es keine Probleme gibt. Zwar fragen sie unmittelbar nach Problemen, aber gleichzeitig kommunizieren sie, dass keine Probleme existieren.

Verglichen mit der allgemeinen Frage (»Was können Sie mir darüber erzählen?«) signalisieren solche Fragen, dass der Fragesteller sich dessen bewusst ist, dass es Probleme geben könnte, dass er aber nicht besonders interessiert daran ist, sie genauer zu untersuchen – entweder weil er annimmt, dass solche Probleme nicht existieren, oder weil er die Konfrontation vermeiden will und deshalb nicht darauf erpicht ist, eine konsequente Linie des Fragens zu verfolgen.

Eine andere Möglichkeit, Fragen zu potenziellen Problemen zu stellen, ist, die Annahme umzudrehen und erst einmal davon auszugehen, dass Probleme existieren.

Fragen wie »Welche Probleme hat das Gerät?« leisten genau das. Anstatt implizit anzunehmen, dass es keine Probleme gibt, gehen sie vielmehr davon aus, dass es Probleme gibt und dass es gilt, sie zu beheben.

Solche von negativen Annahmen ausgehenden Fragen signalisieren zudem etwas anderes über den Fragesteller. Anstatt den Eindruck zu vermitteln, als sei er sich der Möglichkeit von Problemen nicht bewusst oder tendiere im Zweifelsfall, die Augen vor ihnen zu verschließen, signalisieren solche Fragen, dass der Fragesteller sowohl weiß, dass Probleme möglich sind, als auch die Entschlossenheit mitbringt, nach ihnen zu fragen.

Und das macht es schwerer, ausweichend zu antworten. Und wirklich: Als eine dritte Gruppe von potenziellen Käufern fragte: »Welche Probleme hat es?«, zeigten sich die potenziellen Verkäufer sehr viel mitteilsamer. Obwohl die Fragen, die auf negativen Annahmen beruhten, und solche, die auf positiven Annahmen beruhten, beide unmittelbar auf mögliche Probleme abzielten, führten auf negativen Annahmen beruhende Fragen dazu, dass die Käufer mit einer um 50 Prozent erhöhten Wahrscheinlichkeit eingestanden, dass Probleme existieren könnten.*

* Man könnte sich fragen, ob es möglicherweise eine zwischenmenschliche Strafe für das Stellen solch aufdringlicher Fragen gibt. Vielleicht lassen sich mit ihnen die gewünschten Informationen gewinnen, aber sie lassen die fragende Person schlecht aussehen: übergriffig, nervend und allzu aggressiv. Aber das scheint nicht der Fall zu sein. Und wirklich: Personen, die solche Fragen stellten, wurden in keiner Weise als weniger positiv angesehen als andere.

Fragen locken nicht nur Informationen hervor, sondern machen sie auch sichtbar. Sie verdeutlichen, was wir wissen, was wir annehmen und sogar wie entschlossen wir vorgehen werden.

Die Fragen, die wir stellen, haben also nicht nur Einfluss darauf, wie wir wahrgenommen werden, sondern auch auf den Wahrheitsgehalt der Antworten, die wir erhalten. Manche Menschen werden zwar unter allen Umständen lügen oder so gut wie möglich ausweichen, aber die Wahrscheinlichkeit, dass sie dieses Verhalten zeigen, ist sehr viel geringer, sobald sie spüren, dass jemand sie dabei ertappen könnte.

Und die Bedeutung solcher Fragen geht weit über den Schutz vor Lügen hinaus.

Ärzte sehen den ganzen Tag lang einen Patienten nach dem anderen. Ihre Zeit ist knapp bemessen, und alles muss schnell gehen. Folglich stellen sie Fragen so, dass sie keine Zeit verlieren. »Sie sind Nichtraucher, nehme ich an?«, könnten sie zu jemandem sagen, der zur jährlichen Vorsorgeuntersuchung gekommen ist, oder: »Sie treiben ausreichend Sport, nicht wahr?« Fragen wie diese helfen, die einzelnen Patienten rasch abzufertigen.

Aber indem sie Fragen stellen, die von der Annahme der Nichtexistenz eines Problems ausgehen, ermuntern sie unbewusst die Patienten zu einer bestimmten Art von Antwort. Wird ein Patient, der raucht und nicht ausreichend Sport treibt, dem Arzt wirklich widersprechen? Schließlich hat der Arzt es ihm so leicht gemacht, einfach »nein« oder »ja« zu sagen, dass der Weg des geringsten Widerstands darin besteht, so zu tun, als gäbe es keine Probleme.

Je größer die Abneigung ist, gewisse Informationen preiszugeben, desto wichtiger wird es, Fragen zu stellen, die ohne (positive) Annahmen auskommen. Vermeiden Sie die Unterstellung der Nichtexistenz eines Problems. Die Menschen wissen, dass der Arzt nicht gern hört, dass sie rauchen oder nicht ausreichend Sport treiben. Folglich nutzen sie jede Entschuldigung, um der Notwendigkeit, solche Informationen preiszugeben, aus dem Weg zu gehen. Wenn es um den Missbrauch von Alkohol und Drogen geht, wird der Vorbehalt, dies dem Arzt gegenüber zuzugeben, noch größer sein.

Dasselbe gilt, wenn wir versuchen, Zuhörer zu ermutigen, sich zu äußern. Menschen, die Präsentationen halten oder komplizierte Ideen vorstellen, sagen häufig Dinge wie: »Sie haben keine Fragen, nicht wahr?« Ersetzen wir dies jedoch durch »Welche Fragen haben Sie?«, werden sich mehr Zuhörer ermutigt fühlen, den Arm zu heben, wenn ihnen etwas noch nicht klar ist.

Zusammenfassend können wir sagen: Während es immer Gründe gibt, Informationen nur selektiv preiszugeben, können die richtigen Fragen uns helfen, den Dingen auf den Grund zu gehen – herauszufinden, was es an negativen Punkten gibt, und sie in unsere Entscheidungsfindung einzubeziehen.

Aber es reicht nicht, nur direkt zu sein. Wir müssen auf eine Art und Weise direkt sein, die nicht nur zeigt, dass wir uns der Möglichkeit negativer Informationen bewusst sind, sondern auch, dass wir entschlossen sind, nicht lockerzulassen, bis wir sie gefunden haben.

Ein Vermieter hat natürlich kein Interesse daran, Mietinteressenten darüber aufzuklären, dass es im Umfeld der Wohnung wilde Partys, lärmende Kinder und bellende Hunde gibt. Auch eine Frage wie »Wie sind die Nachbarn?« wird ihn nicht ermuntern, diese Information preiszugeben. Wir müssen die Frage vielmehr auf die richtige Art und Weise stellen (zum Beispiel: »Haben sich in der Vergangenheit schon einmal Bewohner über die Nachbarn beschwert?«). Vermeiden Sie (positive) Annahmen, wenn Sie sich eine aufrichtige Antwort wünschen.

Behutsam beginnen, dann mutiger werden

Die richtigen Fragen zu kennen, die es zu stellen gilt, ist eine wertvolle Fähigkeit. Nicht alle Fragen sind gleich gut, sondern manche Arten zu fragen sind effektiver als andere.

Abgesehen davon, dass einige Fragen grundsätzlich besser sind als andere, gibt es auch bestimmte Arten von Fragen, die je nach Phase des Gesprächs besser geeignet sind.

Ende der 1960er-Jahre suchte Arthur Aron, damals noch Student der Sozialpsychologie an der University of California in Berkeley, nach einem Thema für seine Masterarbeit, das noch auf eine gründlichere Bearbeitung wartete – etwas, von dem die Leute dachten, es entziehe sich der wissenschaftlichen Betrachtung, für das er aber einen Schlüssel finden könnte.

Zur selben Zeit machte er nähere Bekanntschaft mit seiner Mitstudentin Elaine Spaulding. Sie verliebten sich ineinander, und als sie sich küssten, wurden ihm zwei Dinge bewusst. Erstens, dass dies der Mensch war, mit dem er den Rest seines Lebens verbringen wollte, und zweitens, dass die Liebe möglicherweise genau das Thema war, welches er untersuchen konnte.

Mehr als 50 Jahre später sind Arthur und Elaine immer noch zusammen. Und sie haben unglaubliche Dinge vollbracht. Sie haben die Welt bereist, Bestseller veröffentlicht und überall von Paris über Toronto und Vancouver bis New York gelebt.

Nebenbei aber veränderten die Arons auch unsere Vorstellungen von zwischenmenschlichen Beziehungen – von Freundschaften und romantischen Partnerschaften bis zu unserer Einstellung Fremden gegenüber, denen wir das erste Mal über den Weg laufen.

Ihre Forschung untersucht, wie Menschen Verbindungen schaffen und pflegen und welche Rolle solche Beziehungen für das Wachstum und die Entwicklung jedes Einzelnen spielt. Sie haben sich angeschaut, wie Beziehungen davon profitieren, wenn man gemeinsam neue und aufregende Dinge unternimmt, wie gruppenübergreifende Freundschaften Vorurteile reduzieren helfen und welche neuronalen Mechanismen der Euphorie einer starken romantischen Liebe zugrunde liegen (es sind dieselben, die auch auf Kokain reagieren).

Zu ihren berühmtesten Arbeiten aber gehören jene, die zeigen, wie man Menschen zusammenbringt. Starke Beziehungen sind lebenswichtig. Gesellschaftliche Beziehungen garantieren nicht nur, dass wir jemanden haben, mit dem wir reden können, sondern helfen uns auch, ein glücklicheres und gesünderes Leben zu führen. Unsere Lebenszufriedenheit hängt stärker von unserer Beziehungsqualität ab als von Wohlstand oder Erfolg und hat ihrerseits wieder signifikante Auswirkungen auf unsere Gesundheit. Dutzende von Studien kommen zu dem Schluss, dass Menschen, die den starken Rückhalt ihrer Familienangehörigen, ihrer Freunde oder ihres gesellschaftlichen Umfelds genießen, weniger häufig Angststörungen und Depressionen erleiden, ein größeres Selbstbewusstsein haben und länger leben.

Aber so klar die Vorteile zwischenmenschlicher Nähe auch sein mögen, solche Beziehungen brauchen in der Regel Zeit, um sich zu entwickeln. Häufig bedarf es wiederholter Interaktionen, bevor aus Kollegen Freunde werden, und über Wochen und Monate verteilter Treffen, bis sich eine starke romantische Beziehung herausbildet.

Auch gestaltet sich die Entwicklung starker Beziehungen mitunter schwierig. Angenommen, Sie wollen sich mit jemandem im Büro befreunden oder eine Beziehung mit einer Bekanntschaft vertiefen. Sie können versuchen, unmittelbar auf die andere Person zuzugehen, oder einen Vorwand finden, um sie zu bitten, Ihnen eine Tasse Kaffee mitzubringen, aber häufig haben wir Mühe, die richtigen Worte zu finden.

Die Arons fragten sich, ob es da nicht vielleicht einen effektiveren Weg gibt – einen Schritt-für-Schritt-Prozess, der beliebige Menschen einander näherbringen könnte; eine Technik, die Freunde, Möchtegernpartner und sogar Fremde, die sich zum ersten Mal begegnen, befolgen könnten, um in weniger als einer Stunde die ersten Früchte zu ernten.

Das klingt schwierig, wenn nicht gar unmöglich. Schließlich wachsen Vertrauen und Intimität nicht über Nacht.

Und doch entstehen und gedeihen mitunter wider aller Wahrscheinlichkeit soziale Kontakte. Fremde sitzen im Flugzeug nebeneinander und sind, bis sie das Flugzeug verlassen, beste Freunde geworden. Kollegen, die sich nicht kannten oder nicht mochten, finden sich bei einer Veranstaltung zur Teamentwicklung als Partner wieder und sind fortan unzertrennlich.

In den späten 1990er-Jahren entwickelten und testeten die Arons einen Ansatz zur Beförderung der Herausbildung und Stärkung sozialer Kontakte – eine Technik, mit der es möglich war, beliebige Menschen zu beliebiger Zeit und an beliebigen Orten einander näherzubringen.

Und dieser Ansatz beruht in seinem Kern darauf, die richtigen Fragen zu stellen.

Zwei Menschen werden gebeten, drei Fragenblöcke zu lesen und sich darüber auszutauschen. Der erste Fragengruppe beginnt recht einfach: »Wenn Sie sich jeden Menschen in der Welt aussuchen könnten, wen würden Sie sich als Abendessensgast wünschen?« Die Partner antworten nacheinander auf diese Frage.

Dann kommt die nächste Frage an die Reihe: »Wären Sie gern berühmt? Wofür?« Wieder antwortet erst der eine, dann der andere, bevor sie zur dritten Frage kommen: »Kommt es vor, dass Sie sich bereits vor einem Telefonat zurechtlegen, was Sie anschließend sagen wollen? Warum?«

Die Partner wechseln sich mit dem Vorlesen der Fragen und dem Beantworten ab und haben 15 Minuten, um so viele Fragen aus der ersten Gruppe zu beantworten, wie sie schaffen.

Erster Fragenblock

1. Wenn Sie sich jeden Menschen in der Welt aussuchen könnten, wen würden Sie sich als Abendessensgast wünschen?
2. Wären Sie gern berühmt? Wofür?
3. Kommt es vor, dass Sie sich vor einem Telefonat schon einmal zurechtlegen, was Sie sagen wollen? Warum?
4. Was wäre für Sie ein »perfekter« Tag?
5. Wann haben Sie das letzte Mal für sich allein gesungen? Und wann für jemand anderen?

6. Wenn es Ihnen gegeben wäre, 90 Jahre alt zu werden und Sie sich für die letzten 60 Jahre Ihres Lebens entweder den Geist oder den Körper eines 30-Jährigen bewahren könnten, wofür würden Sie sich entscheiden?
7. Haben Sie insgeheim eine Vermutung, wie Sie sterben werden?
8. Nennen Sie drei Dinge, die Sie und Ihr Partner oder Ihre Partnerin offensichtlich gemeinsam haben.
9. Für was in Ihrem Leben empfinden Sie die größte Dankbarkeit?
10. Wenn Sie nachträglich etwas an der Art ändern könnten, wie Sie erzogen wurden, was wäre das?
11. Nehmen Sie sich vier Minuten und schildern Sie Ihrem Partner Ihr bisheriges Leben so detailliert wie möglich.
12. Wenn Sie morgen mit genau einer neuen Eigenschaft oder Fähigkeit aufwachen könnten, welche wäre das?

Wenn die 15 Minuten vorbei sind, gehen die Partner zur zweiten Fragengruppe über. Wie zuvor wechseln sie sich mit dem Vorlesen und Beantworten ab und bearbeiten in 15 Minuten so viele Fragen, wie sie können oder wollen.

Zweiter Fragenblock

1. Wenn eine Kristallkugel Ihnen die Wahrheit über Sie selbst, Ihr Leben, Ihre Zukunft oder irgendetwas anderes verraten könnte, was würden Sie von ihr wissen wollen?
2. Gibt es etwas, von dem Sie schon lange träumen, es zu tun? Warum haben Sie es bislang nicht getan?
3. Was ist die größte Errungenschaft Ihres bisherigen Lebens?
4. Was schätzen Sie am meisten an einer Freundschaft?
5. Was ist Ihre kostbarste Erinnerung?
6. Was ist Ihre schrecklichste Erinnerung?

7. Wenn Sie wüssten, dass Sie in einem Jahr plötzlich sterben würden, würden Sie dann Ihre Art, wie Sie heute leben, in irgendeiner Weise verändern? Warum?
8. Was bedeutet Freundschaft für Sie?
9. Welche Rollen spielen Liebe und Zuneigung in Ihrem Leben?
10. Nennen Sie abwechselnd Dinge, die Ihnen an Ihrem Gesprächspartner oder Ihrer Gesprächspartnerin als positive Eigenschaften auffallen. Nennen Sie insgesamt fünf Dinge.
11. Wie eng und herzlich sind die Beziehungen in Ihrer Familie? Haben Sie den Eindruck, dass Sie eine glücklichere Kindheit hatten als die meisten anderen Menschen?
12. Wie fühlt sich für Sie Ihre Beziehung zu Ihrer Mutter an?

Nach Ablauf von 15 Minuten wechseln die Partner zur dritten Fragengruppe.

Letzter Fragenblock

1. Formulieren Sie jeder drei »Wir«-Aussagen. Zum Beispiel: »Wir in diesem Raum haben beide das Gefühl …«
2. Vervollständigen Sie den Satz: »Ich wünschte, ich hätte jemanden, mit dem ich gemeinsam …«
3. Teilen Sie Ihrem Partner oder Ihrer Partnerin etwas mit, das er oder sie unbedingt wissen sollte, sofern Sie enge Freunde werden wollten.
4. Erzählen Sie Ihrem Partner oder Ihrer Partnerin, was Ihnen an ihm oder ihr gefällt; seien Sie diesmal ehrlich und sagen Sie Dinge, die Sie vielleicht niemandem sagen würden, dem Sie gerade erst begegnet sind.
5. Schildern Sie Ihrem Partner/Ihrer Partnerin einen peinlichen Moment in Ihrem Leben.

6. Wann haben Sie das letzte Mal in Gegenwart einer anderen Person geweint? Wann haben Sie das letzte Mal geweint, als Sie allein waren?
7. Nennen Sie Ihrem Partner/Ihrer Partnerin etwas, das Sie bereits an ihm/ihr lieb gewonnen haben.
8. Was, wenn überhaupt, ist zu ernst, um darüber Witze zu machen?
9. Wenn Sie heute Abend sterben müssten, ohne dass Sie die Möglichkeit hätten, noch einmal mit jemandem zu sprechen, was würden Sie am meisten bedauern, niemandem erzählt zu haben? Warum haben Sie es noch niemandem erzählt?
10. Ihr Haus, in dem sich Ihre gesamte Habe befindet, fängt Feuer. Nachdem Sie Mensch und Tier gerettet haben, bleibt Ihnen Zeit, um den Flammen noch eine Sache zu entreißen. Was wäre das? Warum?
11. Von allen Menschen Ihrer Familie: Wessen Tod würde Sie am meisten mitnehmen? Warum?
12. Berichten Sie über ein persönliches Problem und bitten Sie Ihren Partner oder Ihre Partnerin, wie er oder sie damit umgehen würde. Bitten Sie Ihren Partner oder Ihre Partnerin zudem, Ihnen zu spiegeln, welche Gefühle Sie bezüglich des von Ihnen gewählten Problems zu haben scheinen.

Die Arons führten Experimente durch, um zu sehen, ob der Ansatz funktionierte.[32] Sie baten Hunderte von Menschen, die sich zuvor nicht begegnet waren, ein kurzes Gespräch zu führen, wobei ein Teil von ihnen sich an die Struktur der 36 Fragen halten sollte. Am Ende ihres Austauschs berichteten die Versuchsteilnehmer, wie eng sie sich infolge des Gesprächs mit Ihrem Gegenüber verbunden fühlten.

Es handelte sich um eine einzige Begegnung von 45 Minuten zwischen zwei Menschen, die sich zuvor nicht gekannt hatten. Sie hatten nicht im Entferntesten die Wochen und Monate Zeit, die es normalerweise braucht, um soziale Kontakte aufzubauen.

Und doch hatte diese Interaktion, die sich allein auf Fragen gründete, einen gewaltigen Effekt. Verglichen mit den Partnern, die sich

»nur so« unterhielten, empfanden sich jene, die sich an der Struktur der Fragen orientiert hatten, anschließend als einander näher und stärker verbunden. Sie berichteten von einem Gefühl gegenüber ihrem Partner oder ihrer Partnerin – einer Person, die sie gerade erst kennengelernt hatten –, das in puncto Nähe verglichen mit ihren übrigen Beziehungen wie etwa zu Freunden, Familienangehörigen und allen anderen irgendwo im Mittelbereich lag.

Der Ansatz bewährte sich zudem unabhängig davon, ob die Teilnehmer anfangs einander eher ähnlich oder weniger ähnlich waren. Selbst zwischen zwei Partnern mit unterschiedlichen Werten und Vorlieben oder unterschiedlichen politischen Ansichten halfen die Fragen, ein Gefühl der Nähe und der Verbundenheit zu schaffen.

Seit damals hat diese sogenannte Fast-Friends-Technik geholfen, emotionale Bindungen zwischen Tausenden von Menschen zu schaffen, die sich zuvor nicht kannten. Aron nutzt sie regelmäßig in seinen Vorlesungen und Anfängerklassen, um den Studenten das erste Kennenlernen zu erleichtern. Sie dienten auch dazu, Freundschaften über Rassenschranken hinweg zu fördern und Vorurteile abzubauen.[33] Sie dienten sogar dazu, Vertrauen und Verständnis zwischen Polizisten und Bürgern in Städten zu fördern, in denen traditionell die Spannungen groß sind.

Aber ebenso interessant wie die Nützlichkeit dieser Fragen ist die Frage, warum sie so nützlich sind. Würden beliebige andere Fragen ebenso viel Nähe schaffen? Und wenn nicht, was haben diese Fragen in genau dieser Reihenfolge, was sie so wirkungsvoll macht?

Die erste Antwort fällt nicht schwer. Nein, nicht alle Fragen schaffen ebenso viel Nähe. Fremde, die sich normal und ungezwungen unterhielten, stellten und beantworteten ebenfalls Fragen (zum Beispiel »Wie hast du letztes Halloween gefeiert?« oder »Was hast du letzten Sommer gemacht?«), aber das führte nicht zu derselben Form der Nähe.

Für die Entwicklung einer engen Beziehung gehört häufig, dass wir etwas von uns selbst preisgeben. Freundschaften und Partnerschaften setzen nicht aus dem Stand ein. Am Anfang steht immer der Austausch von Nettigkeiten, die Plauderei und das Gespräch um des Gespräches willen.

Damit aus einer Begegnung eine Beziehung wird, ist es wichtig, diese Anfangsphase rasch hinter sich zu lassen und vom Small Talk zu etwas Tieferem überzugehen – Dinge über sich selbst preiszugeben, Dinge über den anderen in Erfahrung zu bringen und echte Nähe zu schaffen.

Und hier können Fragen helfen. Nicht irgendwelche Fragen, sondern tiefere, forschende Fragen wie: »Wenn Sie heute Abend sterben müssten, ohne dass Sie die Möglichkeit hätten, noch einmal mit jemandem zu sprechen, was würden Sie am meisten bedauern, niemandem erzählt zu haben? Warum haben Sie es noch niemandem erzählt?«

Das ist keine Nullachtfünfzehn-Frage à la »Wie geht's?« und keine höfliche Erkundigung danach, wie jemand sein Wochenende verbracht hat. Es sind harte, zum Nachdenken anregende Fragen, die eine überlegte Antwort erfordern.

Fragen wie diese ermuntern die Menschen, sich zu öffnen. Statt vom Wetter oder anderen seichten Themen handeln diese Fragen von tieferen Dingen. Sie ermuntern dazu, etwas von sich selbst preiszugeben und den anderen erkennen zu lassen, wer man wirklich ist.

Eine intuitive Lösung könnte demnach darin bestehen, die Small-Talk-Phase komplett zu überspringen und sofort in diese tieferen, forschenden Fragen einzusteigen.

Aber hier ist das Problem. Stellen Sie sich vor, eine fremde Person, der Sie zwei Minuten zuvor erstmals begegnet sind, fragt Sie, was Sie, falls Sie sterben sollten, am meisten bereuen würden, niemandem erzählt zu haben. Wie würden Sie reagieren? Würden Sie die Frage fröhlich beantworten und einem Menschen gegenüber, dem Sie gerade erst begegnet sind, in aller Offenheit von Dingen erzählen, die Ihren innersten Kern betreffen?

Wohl eher nicht.

Vermutlich würden wir eine Entschuldigung suchen, um das Gespräch zu beenden. Oder wir würden zwar antworten, aber diese Antwort würde eher oberflächlich ausfallen, weil uns der Mut fehlen würde, dieser weitgehend unbekannten Person gegenüber alle Vorsicht fallen zu lassen. Nur dann sind wir wirklich bereit, uns zu öffnen, wenn zuvor bereits eine gewisse Nähe entstanden ist.

Und darin liegt die Herausforderung. Die Bereitschaft, etwas von sich preiszugeben, setzt Nähe voraus. Aber um Nähe zu schaffen, müssen wir zuvor die Bereitschaft zeigen, etwas von uns preiszugeben.

Dieser Widerspruch ist einer der Gründe, warum die Fast-Friends-Methode so effektiv ist. Anstatt sofort ins tiefe Wasser zu springen, hilft sie den Menschen, sich schrittweise vorzutasten und allmählich immer mehr von sich preiszugeben.

Die anfänglichen Fragen sind eher harmlos: weiche, übers Netz gelupfte Bälle, um das Eis zu brechen. Wen Sie sich als Abendessensgast wünschen, ist eine Spaßfrage, die jeder beantworten kann. Sie fühlt sich nicht allzu privat oder intim an und niemand hat Probleme damit, seine Antwort darauf einer Person mitzuteilen, der er gerade erst begegnet ist.

Aber so harmlos diese Fragen auch sein mögen, die Antworten darauf beginnen, ein Fenster zu öffnen, durch das wir einen – wenn auch flüchtigen – Blick darauf erhaschen können, wer jemand ist. Wenn Ihr Partner oder Ihre Partnerin sich LeBron James, den Papst, Albert Einstein oder Martin Luther King jr. aussucht, gibt Ihnen das einen Hinweise darauf, wer er oder sie ist und was ihm oder ihr etwas bedeutet. Ist es Sport, Religion oder Wissenschaft oder doch eher die soziale Gerechtigkeit? Es sagt Ihnen nicht alles, aber es liefert zumindest ein erstes Fundament.

Und dieses kleine Stück Selbstpreisgabe, diese Mikroenthüllung, liefert den Treibstoff, der die Gegenseite ermutigt, das Gleiche zu tun: etwas Kleines über sich selbst preiszugeben. Das wiederum ermutigt auch die andere Seite wieder, etwas von sich preiszugeben, und so entsteht allmählich immer mehr Nähe.

Wechselseitige Verwundbarkeit fördert Nähe, aber bis zu dem Punkt zu kommen, an dem zwei Menschen bereits sind, sich einander gegenüber verwundbar zu zeigen, ist schwer. Jeder hat Angst, sich hier zu weit aus dem Fenster zu lehnen, zu viel zu sagen oder ohne entsprechende »Gegenleistung« der Gegenseite allein dazustehen. Viele Menschen sind bereit »mitzugehen«, aber nur wenige haben den Mut, den ersten Schritt zu wagen.

Hier helfen die Fast-Friends-Fragen. Sie setzen nicht zu groß ein, aber sie bleiben auch nicht zu klein. Sie beginnen behutsam und werden anschließend immer forschender und aufschlussreicher. Und weil beide Seiten antworten müssen, ist gesichert, dass beide ihren Beitrag leisten und das Vertrauen wächst. Die anhaltende, sich steigernde und wechselseitige Selbstpreisgabe stärkt das menschliche Band und kann zwei beliebige Menschen enger zusammenbringen.

SO ERZEUGEN SIE MAGIE

Häufig heißt es, es gebe keine dummen Fragen. Aber es gibt sicherlich bessere und weniger gute Fragen.

Fragen helfen uns, Informationen zu sammeln, aber sie kommunizieren auch Dinge über uns, lenken den Gesprächsfluss und schaffen menschliche Nähe. Folglich ist es gut zu wissen, welche Fragen es zu stellen gilt und wann.

Hier sind fünf Richtlinien, die Sie dabei berücksichtigen sollten:

1. **Bitten Sie um Rat.** Nicht nur erhalten Sie so nützliche Hinweise, sondern Sie machen damit einen intelligenteren Eindruck.
2. **Fragen Sie nach.** Indem wir Fragen stellen, machen wir einen guten Eindruck und fördern den positiven Austausch. Besonders nützlich sind Anschlussfragen, weil sie zeigen, dass wir uns für den anderen interessieren und mehr erfahren wollen.
3. **Umschiffen Sie Schwierigkeiten.** Wenn jemand eine unfaire Frage stellt, können wir dem Gespräch mit einer da-

mit im Zusammenhang stehenden Gegenfrage eine andere Richtung geben und auf diese Weise Interesse zeigen, ohne persönliche Informationen preiszugeben, die wir für uns behalten möchten.

4. **Machen Sie keine Annahmen.** Stellen Sie im Versuch, Ihrem Gesprächspartner negative Informationen zu entlocken, keine Fragen, die Dinge/Tatsachen voraussetzen.
5. **Beginnen Sie behutsam und werden Sie dann mutiger.** Die Preisgabe persönlicher Informationen setzt menschliche Nähe voraus. Die Menschen müssen sich erst sicher fühlen, bevor sie dazu bereit sind. Um eine Beziehung aufzubauen und aus einem Fremden einen Freund zu machen, sollten Sie also behutsam beginnen und die wechselseitige Bereitschaft, über intime Dinge zu sprechen, schrittweise steigern.

Zu wissen, was wir wann fragen können, hilft uns, einen besseren Eindruck zu erzeugen, nützliche Informationen zu sammeln und bedeutungsvolle Beziehungen zu den Menschen um uns herum aufzubauen.

Neben Fragen gibt es jedoch noch einen weiteren Typ von magischen Worten, der unsere Aufmerksamkeit verdient, und dabei handelt es sich um die Sprache der Konkretheit.

4

Konkretes Verhalten wirksam einsetzen

Vor ein paar Jahren war ich auf dem Weg zum Flughafen, als ich die Textnachricht erhielt, die jeder Reisende fürchtet: Mein Flug war gecancelt worden. Ich war seit mehreren Tagen unterwegs und sehnte mich danach, wieder nach Hause zu kommen. Noch dazu hatte ich den Flug mit Bedacht so gewählt, dass ich rechtzeitig zu Hause gewesen wäre, um noch die Kinder ins Bett bringen zu können. Anstatt also meine Kinder zu sehen oder wenigstens noch etwas Zeit mit dem Kunden zu verbringen, dessentwegen ich die Reise angetreten hatte, saß ich nun auf dem Flughafen fest.

Was die Sache nicht besser machte, war, dass die Fluggesellschaft zwar versucht hatte, mich auf einen anderen Flug zu buchen, aber anstatt mir einen Direktflug später am selben Tag zu geben, hatten sie mich auf einen Flug mit Zwischenstation am nächsten Tag gebucht. Jetzt war ich richtig sauer und rief den Kundenservice an, um eine akzeptablere Lösung zu finden.

Der Kundendienstmitarbeiter am anderen Ende der Leitung war alles andere als hilfreich. Anstatt mir zuzuhören oder zu versuchen, mein Problem wirklich zu verstehen, spulte er nur sein Skript ab und reihte eine Standardphrase an die nächste, anstatt sich wirklich um mein Anliegen zu kümmern. Nach 20 Minuten Hin und Her hatte ich es schließlich auf die Warteliste für einen Direktflug noch am selben Abend geschafft, aber bis dahin war ich reichlich genervt.

Der freundliche Uber-Fahrer, der dem Gespräch gezwungenermaßen zugehört hatte, versuchte mich zu besänftigen, und so kamen wir miteinander ins Gespräch. Ich erwähnte, wie frustriert ich war, äußerte aber auch mein Mitgefühl mit dem Kundendienstmitarbeiter, der sich mit all den Problemen auseinandersetzen musste. Es war nicht seine Schuld, dass der Flug gecancelt worden war. Dennoch musste er den ganzen Tag lang wütende Menschen wie mich über sich ergehen lassen.

Es erschien mir wie ein harter Job, aber der Uber-Fahrer widersprach mir. Er sagte, seine Tochter arbeitete im Kundendienst für eine der Fluglinien und liebe ihre Arbeit. Sie war sogar so gut darin, Kunden glücklich zu machen, dass die Fluggesellschaft sie gebeten hatte, anderen Mitarbeitern zu zeigen, wie sie in ihrer Tätigkeit effektiver werden konnten.

Zuerst war ich überrascht. Kunden in diesem Kontext zufriedenzustellen, schien mir eher schwierig zu sein. Das Anliegen der meisten Anrufer betrifft gestrichene Flüge, Verspätungen oder verlorenes Gepäck, und der Kundendienstmitarbeiter kann schließlich nicht einfach mit den Fingern schnipsen, um die Probleme auf magische Weise verschwinden zu lassen.

Aber als ich länger darüber nachdachte, begann ich mich zu fragen: Wenn seine Tochter so gut mit schwierigen Situationen zurechtkam, was sagte sie dann, um die Gemüter zu beruhigen? Gibt es jenseits dessen, was Kundenservicemitarbeiter anbieten können (wie beispielsweise eine Entschädigung oder einen anderen Flug), vielleicht eine bestimmte Art der Kommunikation, die die Kunden zufriedener macht?

Zwecks Untersuchung dieser Frage sammelten Grant Packard und ich Daten von Hunderten von Kundenserviceanrufen bei einem großen Onlineeinzelhändler[34]: jemand aus Arkansas, dessen Koffer sich nicht öffnen ließ, jemand aus St. Louis, dessen Schuhe einen Defekt hatten, jemand aus Sacramento, der Hilfe bei der Rücksendung eines Hemdes brauchte, das nicht passte …

Mithilfe eines Transkriptionsdienstleisters und eines Teams von Forschungsassistenten verwandelten wir die Tonaufzeichnungen in Daten. Wir transkribierten die Anrufe, unterschieden zwischen den Äußerungen der Kundenservicemitarbeiter und der Kunden und maßen Merkmale wie Stimmhöhe und Tonfall.

Jeder Kunde rief aus einem anderen Grund an, aber viele Anrufe folgten einem vertrauten Skript. Der Kundenservicevertreter stellte sich vor, der Kunde beschrieb sein Problem und der Kundenservicemitarbeiter probierte, es zu lösen, indem er zu ergründen versuchte, warum sich das Kofferschloss nicht öffnen ließ, oder indem er feststellte, was mit den Schuhen nicht stimmte, oder indem er dem Kunden half, sein Hemd zurückzuschicken. Er schaute in sein System oder sprach mit einem Vorgesetzten, um die erforderlichen Informationen einzuholen. Nachdem er das Problem hoffentlich gelöst hatte, erklärte er, was er herausgefunden und veranlasst hatte, vergewisserte sich, dass der Kunde keine weitere Fragen hatte, und verabschiedete sich.

Aber während die Telefonate eine gleichbleibende Struktur hatten, waren die Ergebnisse recht unterschiedlich. Manche Kunden waren mit dem Service zufrieden und empfanden den Kundenservicemitarbeiter als hilfreich. Andere waren weniger zufrieden.

Natürlich spielte auch die Art des Kundenanliegens eine Rolle. Manche riefen wegen Problemen mit ihrem Kundenkonto an, andere wegen Schwierigkeiten mit einer Bestellung. Manche riefen wegen größerer, andere wegen kleinerer Probleme an.

Nach Bereinigung der Daten um den Einfluss der Art des Anliegens, der Kundendemografie und Dutzender weiterer Faktoren zeigte sich jedoch, dass die Art, wie die Kundenservicevertreter sprachen, ebenso eine wichtige Rolle spielte. Eine bestimmte Art zu sprechen steigerte die Kundenzufriedenheit.

Und um zu erkennen, um welche Art zu sprechen es sich handelt, müssen wir mit einem vierten Typ von magischen Worten Bekanntschaft schließen. Die Rede ist von sprachlicher Konkretheit.

Sie kommt auf drei Arten zur Anwendung: (1) Wir geben anderen das Gefühl, dass wir sie hören, (2) wir machen das Abstrakte konkret und (3) wir wissen, wann es besser ist, im Abstrakten zu bleiben.

Anderen das Gefühl geben, dass sie gehört werden

Manche Dinge sind vom Wesen her konkret. Türen, Tische, Stühle und Autos sind alles Dinge, die wir anfassen können. Wir können sie mit unseren Augen sehen und mit unseren Händen berühren. Wir haben ein klares Gespür dafür, was sie sind, und können sie uns gedanklich vorstellen. Selbst ein Fünfjähriger hat kein Problem damit, einen Tisch zu zeichnen, wenn man ihn darum bittet.

Andere Dinge sind hingegen weniger konkret. Nehmen Sie zum Beispiel Liebe, Freiheit oder Ideen. Das sind abstrakte Konzepte, die sehr viel schwerer zu »fassen« sind. Sie existieren nicht leibhaftig im Raum, und darum können wir sie nicht berühren und uns auch nur schwer davon ein gedankliches Bild machen. Bitten Sie beispielsweise jemanden, Demokratie zu zeichnen, und sie werden vermutlich lediglich einen irritierten Blick ernten. Es ist nicht klar, wie Demokratie aussieht und ob man sie sich überhaupt bildlich vorstellen kann.

Abgesehen davon, dass einige Dinge von Natur aus konkreter sind als andere, lassen sich in vielen Situationen dieselben Dinge konkreter oder weniger konkret beschreiben.

Beinkleider aus Denim lassen sich als »Hosen« oder als »Jeans« beschreiben. Eine Torte kann »wirklich gut« oder »köstlich« sein. Und statt von einer »digitalen Transformation« können wir davon sprechen, »es Kunden zu ermöglichen, Dinge online oder im klassischen Ladengeschäft zu erwerben«. In allen diesen Fällen ist die jeweils zweite Version (»Jeans« oder »köstlich«) konkreter. Sie ist anschaulicher und lebendiger und leichter gedanklich zu vergegenwärtigen.

Dasselbe gilt für die von uns untersuchten Kundenservicetelefonate. Ein Verkäufer beispielsweise, der gebeten wird, ein Paar Schuhe aus dem Lager zu holen, könnte sagen: Ich schaue nach »ihnen«, nach »den Schuhen« oder nach »den hellgrünen Nike-Schuhen«. Wer auf eine Nachfrage bezüglich einer Lieferung antwortet, könnte sagen, die Sendung werde »bei Ihnen«, »an Ihrer Adresse« oder »an Ihrer Tür« eintreffen. Und bezüglich einer Erstattung kann jemand sagen: Wir schicken Ihnen »etwas«, »eine Erstattung« oder »Ihr Geld«.

Auch diesmal wieder verwendet die jeweils letzte Version die konkreteste Sprache. »Die hellgrünen Nike-Schuhe« sind konkreter als »sie«, »an Ihrer Tür« ist konkreter als »bei Ihnen« und »Ihr Geld zurück« ist konkreter als »eine Erstattung«, was immer noch konkreter ist als »etwas«. Die verwendeten Begriffe sind leichter erfassbar und realer.

Diese Unterschiede mögen unwesentlich erscheinen, haben aber wichtige Auswirkungen darauf, wie Kunden die Interaktion wahrnehmen.

Die Verwendung einer konkreten Sprache steigert die Kundenzufriedenheit signifikant. Als Kundenservicevertreter sich einer konkreteren Sprache bedienten, waren die Kunden mit der Interaktion zufrieden und nahmen den Kundenservicevertreter als hilfreich wahr.

Und die Vorteile der sprachlichen Konkretheit gingen über das beim Kunden erzeugte Gefühl hinaus. Als wir nahezu 1000 E-Mail-Interaktionen eines anderen Einzelhändlers untersuchten, stellten wir ähnliche Auswirkungen auf das Kaufverhalten fest. Als die Beschäftigten eine konkretere Sprache verwendeten, gaben die Kunden in den darauffolgenden Wochen 30 Prozent mehr bei dem Einzelhändler aus.

Sprache mag billig erscheinen, aber diesmal zahlte sie sich mehr als aus.

Die Beschäftigten an der Kundenfront, ob sie nun Probleme lösen oder Produkte und Dienstleistungen verkaufen, haben täglich Kontakt zu Dutzenden von Kunden. Callcenter-Beschäftigte führen ein

Gespräch nach dem anderen und helfen einem Kunden mit einem defekten Koffer und einem anderen, der Probleme hat, sich auf eine Website einzuloggen. Ladenverkäufer helfen einer Person, ein Jackett zu finden, und einer anderen, eine Hose zurückzugeben. Und Vertriebsvertreter führen häufig mehrere Verkaufsgespräche nacheinander und bewerben ihre Produkte vor unterschiedlichen Kunden.

In Situationen wie diesen liegt es nahe, sich auf Standardformulierungen zurückzuziehen: »Ich bin froh, dass ich Ihnen in dieser Angelegenheit behilflich sein konnte«, oder: »Ich entschuldige mich für die Unannehmlichkeit« – ganz gleich, ob es sich bei dieser »Angelegenheit« oder »Unannehmlichkeit« um eine Jacke, eine Hose oder sonst etwas handelt. Solche abstrakten Standardantworten helfen, Zeit und Mühe zu sparen, weil sie auf fast alle beliebigen Situationen anwendbar sind.

Aber diese breite Anwendbarkeit hat hier Schattenseiten.

Stellen Sie sich vor, Sie gehen Kleidung kaufen. Sie finden ein T-Shirt, das Ihnen gefällt, aber nicht in der grauen Farbe, die Sie gerne hätten. Sie bitten also zwei Verkäufer um Hilfe. Der eine sagt: »Ich schau mal danach«, und der andere sagt: »Ich schau mal, ob ich das T-Shirt in Grau finde.« Wenn Sie sich einen Verkäufer aussuchen könnten, von welchem würden Sie sagen, dass er Ihnen besser zugehört hat?

Als wir Hunderte von Menschen Fragen wie diese stellten, gewann die zweite, konkretere Antwort (»Ich schau mal, ob ich dieses T-Shirt in Grau finde«) mit Abstand. Standardantworten (»Ich schau mal danach«) können in beliebigen Situationen verwendet werden, aber diese Beliebigkeit bedeutet, dass wir nicht besonders konkret sind. Und somit ist auch weniger klar, ob die sprechende Person wirklich zugehört hat.

Denn ob Kunde oder nicht – wir wollen spüren, dass man uns zuhört. Wenn jemand eine Hotline anruft, einen Manager zu sprechen wünscht oder mit einem Anliegen in Ihr Büro kommt, möchte er spüren, dass ihm jemand zuhört und sein Anliegen ernst nimmt.

Aber damit jemand das Gefühl hat, dass ihm zugehört wird, müssen drei Dinge geschehen. Erstens muss er spüren, dass die andere Person seinen Worten Aufmerksamkeit schenkt. Zweitens muss er spüren, dass die andere Person versteht, was er sagen will. Und drittens muss die andere Person zeigen, dass sie zugehört hat.

Dieser letzte Teil ist entscheidend. Stellen Sie sich vor, Sie sprechen jemanden an, der keine Reaktion zeigt. Möglicherweise registriert er alles, was Sie sagen. Vielleicht versteht er es sogar. Aber ohne ein äußeres Signal, das Sie erkennen lässt, dass er zugehört hat, können Sie nicht wissen, ob er es tatsächlich getan hat oder nicht.

Es reicht also nicht, nur zuzuhören. Damit jemand das Gefühl hat, dass ihm zugehört wurde, müssen wir ihm zeigen, dass seine Worte bei uns angekommen sind. Wir müssen in einer Weise reagieren, die ihm zeigt, dass wir mit unserer Aufmerksamkeit bei ihm waren und seine Worte verstanden haben.

Und hier ist eine konkrete Sprache so wichtig. Ein Kundenservicevertreter mag uns seine Aufmerksamkeit schenken und das Problem erfassen, aber solange kein entsprechendes Signal zu uns zurückkommt, können wir als Kunden uns dessen nicht sicher sein.

Eine konkrete Sprache vermittelt genau dieses Signal. Sie zeigt, dass da jemand nicht nur dem Anschein nach zugehört hat, sondern sich die Mühe gegeben hat, unseren Worten wirklich zu lauschen und sie zu verstehen – mit anderen Worten: dass er zugehört hat.

Eine konkrete Sprache schafft zufriedenere Kunden und steigert den Umsatz, weil sie den Kunden zeigt, dass die Mitarbeiter ein Ohr für ihre Bedürfnisse haben. Um auf die konkreten Bedürfnisse eines Kunden eingehen zu können, muss ein Kundenservicevertreter zuerst einmal diese Bedürfnisse begreifen. So wichtig es also ist, Aufmerksamkeit zu schenken und zu verstehen, so wichtig ist es, dass wir dem Kunden unmissverständlich zeigen, dass wir zugehört haben. Und das erreichen wir, indem wir eine konkrete Sprache verwenden.*

---

* Die konkrete Sprache muss natürlich auch für die gegebene Situation relevant sein. Wenn ein Kunde sich über schlecht verarbeitete Schuhe beklagt und der Kundenservicevertreter eine konkrete Sprache verwendet, die gar nicht dazu passt (»Ich freue mich, dass ich dieses Jackett für Sie gefunden habe«), trägt das sicherlich nicht zur Kundenzufriedenheit bei. Es würde ihr vermutlich sogar abträglich sein.

Zuhören ist wichtig, aber wenn das Ziel darin besteht, den anderen zufriedenzustellen, ist es häufig noch wichtiger, ihm unmissverständlich zu zeigen, dass wir zugehört haben. Selbst wenn wir unserem Partner oder Kunden zuhören, kann er das erst dann verinnerlichen, wenn wir in einer Art und Weise reagieren, die ihm zeigt, dass wir seine Worte begriffen haben. Und dazu eignet sich konkrete Sprache besonders gut.

Wenn beispielsweise unser Partner über einen harten Tag im Büro berichtet, ist es leicht, etwas zu sagen wie: »Das muss hart gewesen sein«, oder: »Was für eine Plackerei.« Aber solche Reaktionen sind so abstrakt, dass sie höchstwahrscheinlich nicht die beabsichtigte Wirkung erzielen. Sie sind so allgemein, dass aus ihnen nicht hervorgeht, ob wir wirklich mit dem anderen mitfühlen.

Eine konkrete Sprache leistet hier bessere Dienste: »Ich kann nicht glauben, dass der Vizepräsident 45 Minuten zu spät kam«, oder: »Wie frustrierend, dass der Projektor nicht funktionierte.« Die konkrete Sprache zeigt, dass wir zugehört haben und mit dem anderen mitfühlen.

Dasselbe gilt für die Interaktion mit Kunden. Mit einer konkreten Sprache zeigen wir, dass wir auch auf die Details geachtet haben und sie wiedergeben und auf sie reagieren können.

Eine konkrete Sprache dient jedoch nicht nur als Signal dafür, dass wir zugehört haben.

Wenn wir beispielsweise Ideen mit konkreten Worten beschreiben, werden sie dadurch verständlicher.[35] Die Analyse von Tausenden von technischen Hilfeseiten ergab, dass konkreter gehaltene Seiten als hilfreicher bewertet wurden. Verglichen mit einer abstrakteren Sprache (wie »Über die Sicherheitsliste für teilweises Vertrauen«) erleichterte es eine konkretere Sprache (»Wie Sie die Tastatur teilen und bewegen« oder »Batteriestand überprüfen und Uhr laden«) den Lesern zu verstehen, worum es in dem Text geht, und ihn als hilfreicher für die Lösung ihrer Probleme zu empfinden.

Nur wenn die konkrete Sprache signalisiert, dass die andere Person aufmerksam war und verstanden hat, erfüllt sie ihren Zweck.

Eine konkretere Sprache macht die Dinge zudem einprägsamer. Leser können sich an konkrete Formulierungen (»rostiger Motor«) und Sätze (»Wenn ein Flugzeug entlang der Startbahn beschleunigt und die Passagiere in ihre Sitze gedrückt werden«) besser erinnern als an abstrakte (»verfügbares Wissen« oder »der Luftstrom drückt die schräg zur Strömungsrichtung gestellte Fläche nach oben«).[36]

Eine konkrete Sprache hat dementsprechend viele Vorteile. Sie hält die Aufmerksamkeit der Zuhörer oder Leser wach, ermuntert sie zur Unterstützung und verleitet sie dazu, sich in einer bestimmten Weise zu verhalten.[37]

Sprachliche Konkretheit beeinflusst sogar die Entscheidung von Bewährungsausschüssen. Wenn Gefängnisinsassen Reue bekunden, haben diejenigen, die eine konkretere Erklärung für ihre Verfehlungen abgeben, eine höhere Wahrscheinlichkeit, auf Bewährung entlassen zu werden.

Das Abstrakte konkret machen

In Anbetracht der Vorteile einer konkreten Sprache stellt sich insbesondere eine Frage: Warum verwenden wir sie nicht häufiger? Wenn eine konkrete Sprache dabei hilft, Dinge zu verstehen und sich zu merken und darüber hinaus ein positives Gefühl zu ihnen zu entwickeln, warum spricht oder schreibt dann überhaupt noch jemand abstrakt?

Wann immer wir eine Idee zu vermitteln versuchen, ist die Wahrscheinlichkeit groß, dass wir eine ganze Menge darüber wissen. Verkäufer kennen alle Vorteile ihres Produkts oder ihrer Dienstleistung, Lehrer sind Experten in den von ihnen unterrichteten Fächern und Führungskräfte haben Monate damit zugebracht, sich über eine neue strategische Initiative Gedanken zu machen. In gewisser Hinsicht ist dieses Wissen ein Segen. Weil wir sämtliche Eigenschaften unseres Produkts oder unserer Dienstleistung kennen, können wir uns auf die Punkte fokussieren, die einen bestimmten Zielkunden am meisten ansprechen. Weil wir uns in unserem Fachgebiet bestens auskennennen, können wir unseren Studenten alternative Verständniswege aufzeigen. Und nachdem wir eine neue Initiative gedanklich von allen Seiten betrachtet haben, wissen wir genau, was nötig ist, um sie erfolgreich umzusetzen.

Aber sosehr dieses Wissen gelegentlich von Vorteil ist, so kann es auch von Nachteil sein. Denn wer viel über etwas weiß, kann sich häufig nur noch schwer in andere hineinversetzen, die weniger darüber wissen, und sich kaum vorstellen, wie es ist, *nicht* über diese Verständnistiefe zu verfügen.

Bei der Abschätzung, was andere wissen oder nicht wissen, gehen wir häufig von unserem eigenen Wissensstand aus. Wir nehmen dann an, dass andere ebenso viel darüber wissen. Führungskräfte beispielsweise, die ihren Kollegen über eine neue Initiative berichten, verwenden häufig ihr eigenes Verständnisniveau als Anker. Mir fällt es leicht, mir sämtliche Nuancen der digitalen Transformation zu vergegenwärtigen, und so scheint mir, als müssten andere ebenso viel darüber wissen und ebenso leicht Zugang dazu finden.

Folglich verwenden wir in unserer Kommunikation häufig Akronyme, Kurzschrift und anderen Fachjargon – Begriffe, Formulierungen und Sätze, von denen wir annehmen, dass andere Experten sie verstehen.

Dabei vergessen wir jedoch, dass andere diese Sprache weniger intuitiv verstehen als wir selbst. Während wir viel Zeit damit zugebracht haben, uns über diese eine Sache Gedanken zu machen, und entsprechend viel darüber wissen, ist uns häufig nicht bewusst, dass es anderen nicht genauso ergeht.

Die Folge ist, dass wir häufig über die Köpfe anderer hinwegreden. Denken Sie an das letzte Mal, als Sie mit einem Finanzberater sprachen oder sich an einen Automechaniker wandten. Möglicherweise sagte er, dass es sich bei einer bestimmten Investition nicht um »echtes eingefordertes Kapital« handele, oder er sprach davon, dass »die Antriebswelle für das Standarddrehmoment ausgelegt ist, das Fahrzeug gegenwärtig aber sehr viel mehr Leistung hergibt«. Für ihn waren solche Dinge vermutlich selbstverständlich, aber bei Ihnen haben diese Formulierungen den Eindruck erweckt, er spräche eine zweite Sprache.

Dieses Phänomen hat einen Namen. Man spricht hier ganz richtig vom Fluch des Wissens.[38] Es ist ein Fluch, weil wir, je mehr wir wissen, desto mehr Wissen auch anderen unterstellen und uns am Ende auf eine Weise ausdrücken, die für andere schwer verständlich ist.

Und der Grund ist Abstraktheit.

Je mehr jemand über etwas weiß, desto abstraktere Formen nehmen seine Gedanken darüber an. Aus der Suche nach einer Lösung wird die Ideenfindung. Aus der Suche nach Gründen, warum jemand von Ihnen etwas kaufen sollte, wird die Identifizierung eines Wertversprechens. Und Tyler, Maria, Derek und Hunderte weiterer neuer Mitarbeiter werden zu »Humankapital«. Leitbilder, Vermarktungspläne und Kulturdokumente sind voll von solcher Sprache.

Aber das ist nicht nur ein Problem in der Welt der Unternehmen. Es betrifft fast alle Spezialisierungsbereiche. Mechaniker sprechen ihren Mechanikerslang, Lehrer ihren Lehrerslang und Finanzberater ihre Finanzberaterslang. Selbst großartige Ärzte sind häufig fürchterliche Kommunikatoren. Sie mögen das Problem verstehen, beschreiben es aber in so abstrakten Worten, dass die Lösung für die Adressaten nicht verständlich ist (wenn sie beispielsweise von Veränderungen im Lebensstil sprechen statt davon, häufiger Sport zu treiben).

Wir müssen das Abstrakte konkret machen. Wenn wir mit Kollegen oder Kunden, Schülern oder Verkäufern, Patienten oder Programmmanagern reden, müssen wir abstrakte Ideen real machen, indem wir sie mit konkreten Worten beschreiben und so den Menschen helfen, zu verstehen, was wir sagen wollen, und es in ihrem Handeln zu berücksichtigen.

Es ist leichter, zu verstehen, was jemand sagt, wenn von einem Telefon statt von einem Gerät die Rede ist. Indem wir ein Auto als sportlich oder rot beschreiben, machen wir es lebendiger. Und anstatt zu sagen, dass wir »nach einer größeren Größe schauen«, hilft eine konkretere Sprache (»Ich gehe kurz ins Lager und schaue, ob ich eine größere Größe habe«), den Kunden zu überzeugen, dass wir uns nach Kräften bemühen, seinen Wunsch zu erfüllen.

Hier sind einige Beispiele von konkreterer und weniger konkreter Sprache.

Weniger konkret	→	Konkreter
Hose	→	Jeans
Erstattung	→	Geld zurück
Möbelstück	→	Tisch
es	→	T-Shirt
gut	→	köstlich
nett	→	herzlich
gehen	→	spazieren
lösen	→	reparieren

Wann es besser ist, abstrakt zu sein

Bislang haben wir über die Vorteile einer konkreten Sprache gesprochen. Sie signalisiert, dass wir zuhören, erleichtert es, Dinge zu verstehen, und kann uns sogar helfen, effektivere Entschuldigungen hervorzubringen.

Aber ist eine konkrete Sprache immer gut? Oder könnte es Situationen geben, in denen eine abstrakte Sprache besser ist?

Wohin wir auch schauen, erblicken wir Start-ups mit hohen Bewertungen. Brian Chesky und Joe Gebbia konnten sich im Jahr 2007 die Miete ihrer Wohnung in San Francisco nicht mehr leisten und kamen so auf die Idee, Matratzen auf dem Fußboden ihres Wohnzimmers an Menschen zu vermieten, die für eine große Design-Konferenz in die Stadt kamen. Heute ist ihr Unternehmen Airbnb mehr als 100 Milliarden US-Dollar wert. Zwei Freunde ärgerten sich darüber, wie schwer es ist, ein Taxi zu finden, und entwickelten aus dieser Beobachtung heraus die Mitfahr-App Uber, die mittlerweile ähnlich viel wert ist. Dropbox, DoorDash, Stitch Fix (Onlinestyling-App, nicht auf dem deutschen Markt), ClassPass, Robinhood, Warby Parker (Onlineoptiker, nicht auf dem deutschen Markt), Grammarly, Instacart (Lieferservice für Lebensmittel, nicht auf dem deutschen Markt) und Allbirds (Schuhhändler, nicht auf dem deutschen Markt) sind nur einige der vielen Hundert Start-ups mit einem Marktwert von über einer Milliarde US-Dollar.

Aber bevor ein Start-up zu einem sogenannten *unicorn* (einem besonders erfolgreichen Start-up) werden kann, muss es unter anderem Geld einwerben. Es braucht also nicht nur eine geeignete Geschäftsidee, sondern die frühen Investoren müssen auch überzeugt werden, Geld lockerzumachen, damit der Geschäftsbetrieb überhaupt starten kann.

Und Geld zu sammeln, ist mühsam. Y Combinator, der namhafte Förderer von Technologie-Start-ups, erhält jedes Jahr Bewerbungen von mehr als 20 000 jungen Unternehmen und finanziert am Ende weniger als 100 davon. Die meisten Risikokapitalgeber sind noch zurückhaltender.

Die Gründer entwerfen Pitch Decks, erstellen Präsentationen und reichen Finanzierungsanträge ein, aber was macht einige Pitches erfolgreicher als andere? Warum gelingt es einigen, Unterstützung zu mobilisieren, und anderen nicht?

Im Jahr 2020 analysierten eine Professorin von der Harvard Business School und ihre Kollegen Finanzierungsanträge aus einem ganzen Jahr.[39] Ein Risikokapitalgeber war interessiert an Kapitalbeteiligungen in Start-ups, die sich vergrößern wollten – jungen Unternehmen, denen eine lange Phase des Wachstums bevorstand. Der Risikokapitalgeber war bereit, als erste Unterstützung bis zu zwei Millionen US-Dollar in ein Start-up zu investieren, mit der Möglichkeit, diese Summe in anschließenden Finanzierungsrunden auf fünf bis zehn Millionen US-Dollar zu erhöhen.

Er erhielt natürlich viele Bewerbungen – von mehr als 1000 Unternehmen mit Schwerpunkten, die von Technologie und Finanzen über Medizin bis zu B2B-Dienstleistungen reichten. Neben Informationen über das jeweilige Unternehmen und sein Gründungsteam enthielten diese Bewerbungen eine Kurzzusammenfassung der Geschäftsidee.

Der Pitch eines Unternehmens beispielsweise, das ein tragbares Gerät zur Messung des Blutalkoholpegels auf den Markt bringen wollte, lautete:

> Die meisten Geselligkeitstrinker kennen das Gefühl, nach einer mit Freunden verbrachten Nacht aufzuwachen und sich zu wünschen, sie hätten zumindest ein Glas weniger getrunken ... Möglichweise haben sie einen Kater ... haben gegen ihre Diätregeln verstoßen ... [oder] können sich an bestimmte Einzelzeiten der Nacht nicht mehr erinnern. Aber sie sind nicht alkoholabhängig; sie wollen das Trinken nicht komplett aufgeben, wünschen sich aber ein Instrument, um die Grenze zwischen dem Spaß am Trinken und einem Aufwachen mit Brummschädel zu finden. [Wir geben] unseren Nutzern dieses Instrument.

Der Pitch eines auf den Geräteverleih spezialisierten Finanztechnologieunternehmens lautete:

> [Unser Ziel] ist es, eine schnelle Lösung für kleine und mittlere Unternehmen zu entwickeln, wie sie den für die nächsten vier bis fünf Jahre zu erwartenden Veränderungen in der Leasingbuchhaltung begegnen können ... die gegenwärtigen Leasingbuchhaltungsregeln wurden vor über 30 Jahren entwickelt und erlaubten es den Leasingnehmern, die meisten Leasingvorgänge außerbilanziell zu verbuchen. Diese Regeln werden seit vielen Jahren kritisiert ..., weil sie nicht die wahre Finanzsituation der Unternehmen widerspiegeln. Ein kürzlich von den für die Rechnungslegungsstandards zuständigen Gremien vorgestellter Entwurf verpflichtet Leasingnehmer, ihre Leasingvor-

gänge zu kapitalisieren – mit anderen Worten, sie in ihrer Bilanz aufzuführen.

Die Investoren lasen sich die Pitches durch. Sie schätzten das Wachstumspotenzial (die Skalierbarkeit) der einzelnen Start-ups ab und entschieden, ob sie für eine Finanzierung infrage kamen.

Um zu verstehen, worauf sich diese Finanzierungsentscheidungen gründeten, untersuchten die Forschenden eine Vielzahl von Faktoren. Sie schauten, in welcher Branche die einzelnen Start-ups tätig waren, ob sie sich an Unternehmen oder an Endverbraucher richteten, ob sie ein Produkt oder eine Dienstleistung anboten und welche Größe das Gründungsteam hatte.

Natürlich spielte der Geschäftsgegenstand selbst eine wichtige Rolle. Manche Branchen schienen ein größeres Wachstumspotenzial zu bieten als andere. Und auch, was die Start-ups anboten, war wichtig. Verglichen mit Dienstleistungen erschienen Produkte als leichter skalierbar.

Neben dem Unternehmen selbst und dem Geschäftsbereich, in dem es tätig war, analysierten die Forschenden aber auch die Pitches – was die Bewerber sagten und wie sie es sagten.

Man könnte erwarten, dass es auf die Pitch-Sprache nicht so sehr ankäme. Schließlich hängt der Erfolg einer Investition sehr viel mehr vom Geschäftsfeld des Unternehmens und von den Qualitäten des Führungsteams ab.

Aber selbst unter Berücksichtigung dieser Faktoren zeigte sich, dass die Pitch-Sprache dennoch eine starke Wirkung auf die Investitionsentscheidungen ausübte. Pitches, die in einer abstrakteren Sprache gehalten waren, ließen die Investoren denken, dass das Unternehmen mehr Wachstumspotenzial besaß und in größerem Umfang skalierbar war. Eine abstrakte Sprache erhöhte auch die Investitionswahrscheinlichkeit und vergrößerte die Chancen, dass es das Start-up in die erste Auswahlrunde der Finanzierungskandidaten schaffte.*

---

* Das ist auch einer der Gründe, warum Gründerinnen es schwerer haben, das nötige Risikokapital einzuwerben. Frauen neigen zu einer konkreteren Sprache und

In gewisser Hinsicht ist das ziemlich überraschend. Schließlich sind Risikokapitalgeber gewiefte Veteranen, die mehrere Millionen US-Dollar in Dutzende von Start-ups investiert haben. Sie haben Unternehmen für Milliarden an die Börse gehen und Ideen binnen weniger Monate scheitern sehen. Die Tatsache, dass etwas Simples wie die von Gründern verwendete Sprache ihre Entscheidungsfindung prägte, ist da schon erstaunlich.

Aber noch erstaunlicher ist die Art von Sprache, die die Investitionsbereitschaft erhöhte. Schließlich erleichtert eine konkrete Sprache das Verständnis, steigert die Einprägsamkeit und hat diverse andere Vorteile. In Anbetracht all dessen stellt sich also die Frage: Warum vergrößerte eine weniger konkrete (abstraktere) Sprache die Investitionsbereitschaft?

Die Antwort hat, wie sich zeigt, mit dem zu tun, was konkrete Sprache über Potenzial aussagt. Wie wir besprochen haben, bezieht sich konkrete Sprache häufig auf beobachtbare Aspekte von Gegenständen, Handlungen und Ereignissen – Dingen, die im Hier und Jetzt existieren und die wir sehen, berühren und spüren können.

Dementsprechend hilfreich ist eine konkrete Sprache in vielen Fällen. Sie kann helfen, das Gesagte bildlich darzustellen und komplexe Themen verständlich zu machen. Was beispielsweise die Pitch-Sprache betrifft, so kann eine konkrete Sprache es Investoren erleichtern, zu verstehen, was ein Unternehmen macht und welche unmittelbaren Probleme es lösen zu können hofft.

Aber wenn es um die Entscheidung für oder gegen die Finanzierung eines Start-ups geht, geht es den Investoren nicht in erster Linie um das Verstehen. Sie versuchen nicht nur, die Geschäftsidee zu erfassen, sondern sind bestrebt, ihr Potenzial zu ermessen. Sie wollen nicht

---

legen den Schwerpunkt häufig auf die kurzfristige Geschäftsidee, während Männer zu einer abstrakteren Sprache neigen und eher beschreiben, wohin sich ihr Unternehmen mit der Zeit entwickeln könnte. Wie ein Risikokapitalgeber es ausdrückte: »Ich sehe, wie Männer *unicorns* bewerben und Frauen *businesses*.«

nur wissen, ob das Start-up eine Überlebenschance hat, sondern ob ihm eine strahlende Zukunft bevorsteht. Wie wahrscheinlich ist es, dass dieses Unternehmen in der Zukunft wachsen wird? Nicht nur ein bisschen, sondern im großen Stil? Wie leicht wird es sein, diese Geschäftsidee zu skalieren?

Und während eine konkrete Sprache großartig ist, um das Verständnis zu fördern oder komplexe Themen leichter erfassbar zu machen, erweist sich eine abstrakte Sprache in dem Augenblick als besser, in dem es um Dinge geht wie die Beschreibung des Wachstumspotenzials eines Unternehmens. Denn während sich eine konkrete Sprache auf das unmittelbare Hier und Jetzt fokussiert, fängt eine abstrakte Sprache das größere Bild ein.

Nehmen Sie Uber, das vor allem für seine Mitfahr-App bekannte Unternehmen. Als Uber 2009 gegründet wurde, hätte man die Geschäftsidee leicht so beschreiben können: »Eine Smartphone-App, die es den Kunden erleichtert, ein Taxi zu finden, Passagiere und Fahrer zusammenbringt und Wartezeiten reduziert.« Diese Beschreibung ist absolut zutreffend und vermittelt eine gute Idee von dem, was das Unternehmen tut. Sie ist zudem hochgradig konkret und beschreibt die Geschäftsidee hinter Uber mit anschaulichen Worten.

Aber das ist nicht die einzige Art, wie sich Uber beschreiben lässt. Und tatsächlich positionierte einer der Mitbegründer von Uber das Unternehmen ganz anders. Danach handelte es sich um »eine bequeme, verlässliche und jederzeit für alle verfügbare Transportlösung«.

In gewisser Hinsicht mag der Unterschied gering erscheinen. Beide Beschreibungen vermitteln ein Gefühl für den allgemeinen Platz, den Uber einnimmt, und was das Unternehmen zu leisten versucht.

Aber während die erste Beschreibung recht konkret ist, beschreibt der Mitbegründer die Geschäftsidee in sehr viel abstrakteren Worten. Anstatt sich auf die Vermittlung von Mitfahrgelegenheiten zu fokussieren, was den Horizont stark einschränkt, verweist die Beschreibung von Uber als eine »Transportlösung« auf ein viel breiteres Problem, das Uber zu lösen versucht.

Das wiederum steigert die Investitionsbereitschaft, denn es lässt den potenziellen Markt sehr viel größer erscheinen. Eine Mitfahrvermittlung? Mir fallen vielleicht ein paar Menschen ein, die daran Interesse hätten, oder ein paar Situationen, in denen sie hilfreich sein könnte.

Aber eine Transportlösung? Aber hallo, das klingt nach viel mehr. Viele Menschen und viele Unternehmen könnten so etwas brauchen, und es scheint viele Anwendungsmöglichkeiten zu besitzen.*

Wir sind nicht nur ein FinTech-Start-up; wir sind ein Lösungsanbieter. Wir sind nicht nur Gerätehersteller; wir sind Lebensverbesserer.

Anstatt sich auf eine Nische zu fokussieren, lässt abstrakte Sprache den Markt weit erscheinen. Und in Anbetracht dieses größeren Wachstumspotenzials erscheint das Unternehmen als eine sehr viel verheißungsvollere Investition.

Ob es also besser ist, eine konkrete oder eine abstrakte Sprache zu verwenden, hängt folglich von dem Ergebnis ab, das wir zu erreichen versuchen.

Wollen Sie den Menschen helfen, eine komplexe Idee zu verstehen, sich gehört zu fühlen oder sich das Gehörte besser einprägen zu können? Dann ist die Verwendung einer konkreten Sprache effektiver. Verwenden Sie Verben, die Handlungen beschreiben (wie »gehen«, »sprechen«, »helfen« oder »verbessern«) anstelle von Adjektiven (wie »ehrlich«, »zupackend« oder »hilfreich«). Sprechen Sie über reale Gegenstände oder verwenden sie eine anschauliche Sprache, um das Gesagte verständlicher zu machen.

Aber wenn wir wollen, dass die Menschen hinter unserer Idee ein großes Potenzial vermuten oder uns für Visionäre halten, ist eine abstrakte Sprache effektiver.

* Die Verwendung einer abstrakten Sprache lässt auch die Gründer wie Visionäre erscheinen, die sich nicht nur auf den gegenwärtigen Geschäftsbetrieb fokussieren, sondern ebenso die Zukunft im Blick haben, nicht nur, was ist, sondern auch, was sein könnte. Sie haben eine breite Vorstellung davon, was möglich sein und wie ihr Unternehmen mit der Zeit wachsen und sich erweitern könnte.

Eine abstrakte Sprache vermittelt außerdem den Eindruck, die Sprecher wären einflussreich und die besseren Führungskräfte.[40] Wer alltägliche Aktivitäten mit abstrakter Sprache beschreibt (zum Beispiel indem er das Ignorieren einer Person als »Abneigung zeigen« und nicht als »nicht grüßen« bezeichnet), erscheint stärker auf das große Bild fokussiert und infolgedessen mit mehr Macht ausgestattet, dominanter und über der Situation stehend. Auch wer ein Produkt mit abstrakteren Begriffen (wie »ernährungstechnisch wertvoll« statt »voller Vitamine«) beschreibt, erscheint eher für eine Führungsrolle prädestiniert.

Wäre eine abstrakte Sprache ebenso einprägsam oder würde sie den Adressaten in dergleichen Weise helfen, eine komplexe Idee zu erfassen? Vermutlich nicht. Aber wenn wir entscheiden müssten, wem wir unsere Stimme geben oder wen wir auf eine Führungsposition befördern wollen, würde uns eine abstrakte Sprache eine solche Entscheidung aller Wahrscheinlichkeit nach erleichtern.

Wie aber können wir unsere Sprache konkreter oder abstrakter machen? Ein hilfreicher Ansatz ist, sich entweder verstärkt auf das Wie oder auf das Warum zu fokussieren.

Wollen Sie konkreter werden? Fokussieren Sie sich auf das Wie. Wie erfüllt ein Produkt die Bedürfnisse der Kunden? Wie löst eine vorgeschlagene neue Initiative ein wichtiges Problem? Häufig genügt es schon, sich darüber Gedanken zu machen, wie etwas ist oder sein wird, um anschließend instinktiv eine konkretere Sprache zu verwenden. Der Schwerpunkt liegt hier auf der Umsetzbarkeit und der Erzeugung konkreter Beschreibungen.

Wollen Sie abstrakter werden? Fokussieren Sie sich auf das Warum. Warum erfüllt ein Produkt die Bedürfnisse der Kunden? Warum löst eine vorgeschlagene neue Initiative ein wichtiges Problem? Häufig genügt es schon, sich darüber Gedanken zu machen, warum etwas gut oder richtig ist, um anschließend instinktiv eine abstraktere Sprache zu verwenden. Hier liegt der Fokus auf der Attraktivität des Produkts und auf der Erzeugung abstrakter Beschreibungen.

SO ERZEUGEN SIE MAGIE

Es ist leicht, abstrakt zu sprechen. Besonders wenn wir viel über etwas wissen, neigen wir dazu, abgehobene Formulierungen zu gebrauchen, von denen wir annehmen, dass sie leicht verständlich wären.

Leider liegen wir damit jedoch häufig falsch. Folglich müssen wir lernen, von der Kraft der sprachlichen Konkretheit Gebrauch zu machen.

1. **Geben Sie anderen das Gefühl, gehört zu werden.** Wollen Sie jemandem zeigen, dass Sie zuhören? Seien Sie konkret. Spiegeln Sie Details wider, die zeigen, dass Sie aufmerksam waren und das Gesagte verstanden haben.
2. **Seien Sie konkret.** Beschränken Sie sich nicht auf Dinge, die gut klingen, sondern verwenden Sie Begriffe, die die Adressaten im Geiste sehen können. Es ist sehr viel einfacher, sich einen roten Sportwagen vorzustellen als eine Idee.
3. **Machen Sie sich klar, wann es besser ist, abstrakt zu sein.** Indem Sie sich darüber Gedanken machen, wie etwas im Detail abläuft, und Sie sich auf spezielle Schritte fokussieren, werden die Dinge konkret.

Aber während eine konkrete Sprache häufig nützlich ist, kann eine abstrakte Sprache besser sein, wann immer unser Ziel darin besteht, einflussreich und mächtig zu wirken oder den Eindruck zu erzeugen, dass etwas Wachstumspotenzial besitzt. In solchen Fällen sollten Sie Folgendes tun:

Fokussieren Sie sich auf das Warum. Indem Sie sich die Gründe für etwas klarmachen, fällt es Ihnen leichter, den Überblick zu bewahren und das große Bild zu kommunizieren.

Zusammenfassend können wir sagen: Ob wir anderen helfen wollen, zu verstehen, was wir sagen, ihnen das Gefühl geben wollen, gehört zu werden, oder ihr Interesse stärken wollen – in allen diesen Fällen kann eine konkrete Sprache hilfreich sein.

Bislang haben wir darüber gesprochen, wie Worte das Tun oder das Sein ansprechen, Zuversicht vermitteln, uns in die Lage versetzen, die richtigen Fragen zu stellen, und die Vorteile der Konkretheit zu nutzen. Als Nächstes wollen wir einen fünften Typ von magischen Worten untersuchen: Worte, die Emotionen ausdrücken.

5

Die Rolle der Gefühle

Als Jugendlicher, der im kalifornischen West Covina aufwuchs, träumte Guy Raz davon, Journalist zu werden. Nichts wünschte er sich sehnlicher, als Zeitungsreporter zu werden, und die Besten und Fähigsten fingen bei der *Chicago Tribune* an, weshalb auch er sich dort bewarb.

Aber sie lehnte ihn ab. Ebenso wie die *Dallas Morning News*, der *Baltimore Sun* und anderen Zeitungen, bei denen er sich bewarb. Niemand wollte ihn einstellen.

Im Alter von 22 Jahren, in dem viele seiner ehemaligen Mitschüler gut bezahlte Jobs in der Beratungs- oder Finanzbranche annahmen, trat Guy eine Stellung am anderen Ende der Gehaltsskala an: als Praktikant. Und weil er in der Zeitungsbranche keinen Job bekam, akzeptierte er schließlich eine Praktikantenstelle bei einer Radiostation.

Guy träumte jedoch noch immer davon, Reporter zu werden, und verfasste deshalb in seiner freien Zeit Gelegenheitsartikel für dieses und jenes Blatt. Die meisten seiner Artikel erschienen in einer kostenlosen alternativen Wochenzeitung in Washington, D.C.

Er gab nicht auf, arbeitete hart und stieg auf. Er wurde Produktionsassistent, Studiodirektor und schließlich Auslandskorrespondent. Er berichtete aus Osteuropa und dem Balkan, wurde CNNs Jerusalem-Korrespondent und kehrte anschließend in die Vereinigten Staaten zurück, um über das Pentagon und das US-Militär zu berichten.

Auch wenn Sie seinen Namen nicht erkannt haben, so haben Sie vielleicht schon seine Stimme gehört. Im Jahr 2013 wurde er Gastgeber und Chefredakteur von *TED Radio Hour*. Drei Jahre später startete er den Podcast *How I Built This*. Seither hat er mehrere andere beliebte Programme wie *Wisdom from the Top*, *Wow in the World* und *The Rewind* gegründet und moderiert. Als Erster in der Geschichte des Podcasts leitet er drei der 20 meistabonnierten Shows. Er erreicht monatlich mehr als 20 Millionen Zuhörer und gilt als einer der beliebtesten Podcaster aller Zeiten.

Sie brauchen sich nur einen seiner Podcasts anzuhören, um zu verstehen, warum er so beliebt ist. Guy ist ein fantastischer Geschichtenerzähler. Wer ihn erzählen hört, kann sich ihm schwer entziehen.

Aber während es Themen gibt, die von sich aus spannend sind, besitzt Guy die unheimliche Fähigkeit, aus *allem* eine fesselnde Geschichte zu machen: von der Erfindung des Staubsaugers bis zur Gründung einer Seifenfirma, von deutschen Astronomen bis zur Funktionsweise unseres Geruchssinns.

Seine Jahre als Auslandskorrespondent haben seine journalistische Kunst geschärft: hinter den großen Nachrichten des Tages persönliche Geschichten und menschliche Dramen aufzuspüren.

Dabei wurde ihm auch bewusst, dass große Geschichten häufig Gemeinsamkeiten aufweisen: Zutaten oder Richtlinien, die alles noch spannender machen. Und um zu verstehen, um was es sich dabei handelt, hilft es, sich ein ganz bestimmtes Interview von Guy anzuschauen, das nicht so verlief, wie Guy es sich vorgestellt hatte.

Vor einigen Jahren interviewte Guy Dave Anderson, einen prominenten Unternehmer indianischer Abstammung. Er gründete unter anderem die legendäre Grillrestaurantkette Famous Dave's und war bei der Gründung der Restaurantkette Rainforest Cafe beteiligt.

Wie alle Folgen von *How I Built This* begann das Interview mit einer Schilderung von Daves Erfolgen: wie er anfangs nur einen Barbecue-Stand in einem 2300-Einwohner-Städtchen besaß und daraus ein kulinarisches Imperium mit nahezu 200 Standorten entwickelte.

Aber Guy interessierte sich auch für die Rückschläge: wie Dave als Ölverkäufer gescheitert war; wie sein Blumengeschäft pleiteging; wie sich das Direktorium von Famous Dave's weigerte, ihm einen Sitz zu geben, als Dave in das Unternehmen zurückkehren wollte, das er zuvor verlassen hatte.

Dave begann zu verkrampfen. Bald wurde deutlich, wie frustriert er war. Mitten im Interview platzte er schließlich heraus: »Warum fragen Sie mich immerzu nach meinen Rückschlägen?«

Dave war nicht darauf gefasst gewesen. Er hatte sich das Interview als eine Parade von Höhepunkten vorgestellt und hatte nun das Gefühl, Guy wolle ihn schlechtmachen. Er war nicht gekommen, um ein Kompendium seiner größten Misserfolge zum Besten zu geben – schon gar nicht vor einem Millionenpublikum. Wütend, wie er war, brach er das Interview ab.

Dave ist damit nicht allein. Besonders vor öffentlicher Kulisse wollen wir die Aufmerksamkeit auf unsere Erfolge lenken: gewonnene Kunden, gesteigerte Umsätze und überzeugte Menschen; die Highlights und Jubelmomente. Die sozialen Medien sind ein veritables Greatest-Hits-Album: Dieser wurde befördert, jener hält sich auf Barbados auf und noch ein anderer erhielt ein neues Auto/einen Preis/eine wichtige Anerkennung.

Wir glauben, je makelloser und polierter das Bild ist, das wir von uns präsentieren, umso mehr mögen uns die Menschen und umso lieber wollen sie uns kennenlernen und einstellen.

Ist diese intuitive Vorstellung zutreffend?

Wenn Unvollkommenheit ein Vorteil ist

Im Jahr 1966 führten einige Verhaltenswissenschaftler ein Experiment durch, in dem es um Fehler ging, die wir machen.[41] Sie baten Studierende der University of Minnesota, sich Tonbandaufzeichnungen eines »Bewerbers« (in Wahrheit eines Schauspielers) anzuhören, der sich für das College-Quizteam bewarb.

Leider war der Bewerber nicht sehr qualifiziert. Er beantwortete nur 30 Prozent der Quizfragen korrekt und schien nicht besonders clever zu sein.

Was die Sache noch schlimmer machte: Einige Studierende bekamen eine Aufnahme zu hören, auf der der Bewerber einen weiteren Fehler beging: Er schüttete sich Kaffee über seinen nagelneuen Anzug. Andere bekamen eine Aufnahme ohne diese Episode zu hören.

Erwartungsgemäß schadete ein Fehler dem Eindruck der Studenten von dem Bewerber. Diejenigen, die die Episode vom verschütteten Kaffee zu hören bekamen, hatten einen weniger positiven Eindruck von ihm als die übrigen.

Aber Fehler sind nicht immer schlecht. Denn als die Studenten Informationen zu einem Bewerber erhielten, der von Anfang an einen guten Eindruck machte (indem er 92 Prozent der Quizfragen korrekt beantwortete), führte ein Fehler dazu, dass die Studierenden ihn noch mehr und nicht weniger mochten.

Derselbe Kaffee, dasselbe Missgeschick und eine andere Wirkung.

Die Studie machte deutlich, dass Fehler für sich genommen weder gut noch schlecht sind. Ihre Wirkung hängt vom breiteren Kontext ab. Wenn inkompetente Kandidaten Fehler machten, verstärkte das nur den ohnehin negativen Eindruck der Beobachter. Es erzeugte lediglich mehr vom selben.

Als jedoch als kompetent wahrgenommene Personen Fehler machten, hatte es den gegenteiligen Effekt. Mit erfolgreichen Menschen fällt es schwer, sich zu identifizieren. Sie erscheinen so perfekt, dass sie unnahbar wirken. Und genau das ist der Grund, warum Fehler helfen können. Denn wenn Menschen, die ansonsten kompetent sind, hin und wieder ein Fehler unterläuft, macht es sie menschlicher. Sie werden realer und damit sympathischer.

Dieser sogenannte Pratfall-Effekt (oder Missgeschick-Effekt) ist der Grund, warum Guy Dave über einige raue Stellen befragen wollte. Er wollte ihn nicht bloßstellen oder seine schmutzige Wäsche waschen. Er wollte Dave menschlicher erscheinen lassen, ihn nahbarer machen.

Denn solange wir von jemandem nur wissen, dass sich bei ihm Erfolg an Erfolg reiht, tun wir uns schwer damit, in ihm den Menschen zu sehen. Er ist dann so anders, dass er nicht länger »einer von uns« ist. Aber wenn er an dieser Stelle Schiffbruch erlitt und an jener mit großen Schwierigkeiten zu kämpfen hatte, können wir uns plötzlich viel leichter mit ihm identifizieren.

Und tatsächlich meldeten sich in den Wochen nach der Ausstrahlung der Sendung Dutzende von Freunden, Kollegen und Kunden bei Dave, um ihm für seine Offenheit zu danken. Die meisten hatten von seinen Erfolgen gewusst, aber nicht von den schweren Zeiten, die er durchgemacht hatte, um dorthin zu kommen, wo er heute stand. Und als sie von diesen Schwierigkeiten und diesen harten Zeiten erfuhren, gab ihnen das Inspiration und Hoffnung: die Hoffnung, dass alles möglich war.

Der Pratfall-Effekt zeigt, dass Unvollkommenheiten ein Pluspunkt sein können. Aber damit ist er in Wahrheit lediglich ein Beispiel für ein viel größeres Phänomen. Und das ist der Wert des Ansprechens von Gefühlen.

Und das geht auf vier Arten: Wir können (1) eine Achterbahn bauen, (2) Momente vertauschen, (3) den Kontext berücksichtigen und (4) Ungewissheit einsetzen.

Eine Achterbahn bauen

Geschichten sind ein integraler Bestandteil unseres Alltags. Wir erzählen Geschichten darüber, wie ein Meeting verlaufen ist, wie wir das Wochenende verbracht haben oder warum wir denken, die perfekte Besetzung für einen bestimmten Job zu sein. Wir erzählen Geschichten, um uns verständlich zu machen, eine Idee zu verkaufen oder uns einfach nur mit Freunden auszutauschen. Und wenn wir keine Geschichten erzählen, konsumieren wir sie über Bücher, Filme, TV-Shows und Podcasts.

Manche Geschichten sind jedoch besser als andere. Sie sind interessanter, spannender und fesselnder. Anstatt die Zuhörer in den Schlaf zu lullen oder sie zu verleiten, sich nach etwas anderem umzuschauen, was sie tun können, reißen sie sie förmlich von den Sitzen vor lauter Neugier, was wohl als Nächstes passieren wird.

Natürlich spekulieren die Menschen seit eh und je, was eine gute Geschichte ausmacht. Kurt Vonnegut, der Autor von *Schlachthof 5* und *Katzenwiege*, vertritt beispielsweise die These, wonach »Geschichten Kurvenverläufen folgen, die sich auf Millimeterpapier aufzeichnen lassen«.* In seiner Masterarbeit, die »abgelehnt wurde, weil sie so einfach und nach allzu viel Spaß aussah«, theoretisiert Vonnegut darüber, dass sich die von den Protagonisten durchlebten Höhen und Tiefen als Kurve darstellen lassen, um so die Form der Geschichte zu verdeutlichen.

Nehmen Sie das klassische Märchen vom Aschenputtel. Die gutherzige Heldin sieht ihre Welt Kopf stehen, als ihre geliebte Mutter stirbt. Aschenputtels Vater heiratet erneut, und seine neue Frau hat zwei missratene Töchter, die Aschenputtel immerzu übel mitspielen. Als wäre das nicht schon genug, stirbt alsbald der Vater, woraufhin Aschenputtel nichts anderes bleibt, als ihrer boshaften Stiefmutter als Magd zu dienen.

---

* Wenngleich Vonnegut möglicherweise zu den Ersten gehört, die diese Idee so überzeugend vorgetragen haben, ist das Thema selbst schon alt. Im 4. vorchristlichen Jahrhundert vertrat Aristoteles die Ansicht, alle Geschichten wiesen gemeinsame Muster und Verläufe auf und bestünden aus drei Hauptbestandteilen. Im Jahr 1863 baute der deutsche Schriftsteller Gustav Freytag auf Aristoteles Modell auf, indem er behauptete, Dramen ließen sich in fünf Teile gliedern: Exposition, steigende Handlung, Höhepunkt/Wendepunkt, fallende Handlung und Katastrophe. In jüngerer Zeit werden von Erzähltheoretikern und Sprachwissenschaftlern bis hin zu Literaturkundlern und sogenannten Script Doctors die unterschiedlichsten Theorien zu Handlungsstrukturen und Geschichtenmustern vorgestellt.

Aber als alles verloren zu sein scheint, wenden sich die Dinge zum Besseren. Aschenputtel begegnet ihrer guten Fee, geht zu einem Ball und verliebt sich in einen schönen Prinzen. Leider ist sie gezwungen, den Ball um Schlag Mitternacht zu verlassen, und ihre Stiefmutter versucht zu verhindern, dass der Prinz sie findet. Am Ende aber sind Aschenputtel und der Prinz vereint, und wenn sie nicht gestorben sind ...

Vonnegut hätte die Form der Geschichte von Aschenputtel in etwa so darstellen können:

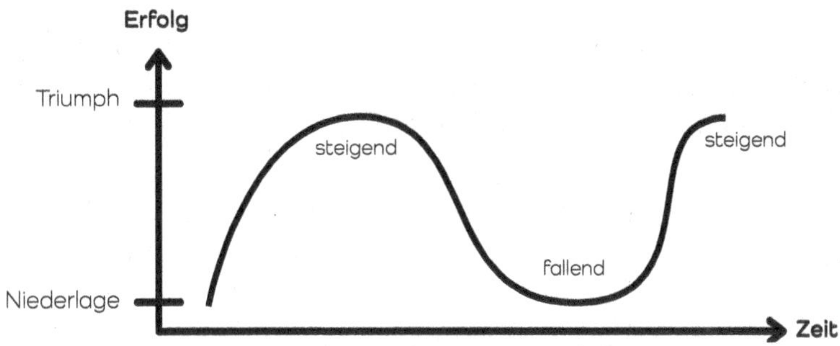

Die Geschichte beginnt negativ. Aschenputtels Eltern sind gestorben, und sie ist die Magd ihrer grausamen Stiefmutter. Die Situation beginnt sich zu verbessern (sie wird zu einem Ball eingeladen und begegnet einem Prinzen), wird dann aber wieder schlechter (sie muss Punkt Mitternacht weglaufen). Zuletzt endet die Geschichte glücklich.

In Anbetracht der Bedeutung von Geschichten ist die Vorstellung, dass sie Formen haben, faszinierend. Und in den Jahrzehnten, die auf Vonneguts Vorstoß folgten, hat das Konzept große Popularität erlangt. Videos von Vonnegut, der über verschiedene Formen spricht, gingen viral, und wichtige Nachrichtenmedien verkündeten atemlos, sämtliche Geschichten der Welt ließen sich auf ein paar wenige Verlaufsmuster reduzieren.

Aber so faszinierend die Idee ist, so schwierig ist es, diese Formen eindeutig zu identifizieren. Einer liest die Geschichte von Aschenputtel so, während ein anderer sie ganz anders liest und in ihr eine andere Form diagnostiziert.

Und selbst wenn Geschichten Formen haben, bleibt immer noch die Frage, welche Rolle sie spielen. Es ist eine Sache festzustellen, dass es verschiedene Typen von Geschichten gibt, und eine andere zu erkennen, ob bestimmte Erzählweisen einer Geschichte mehr Spannung und Wirkungskraft verleihen.

Um diese Fragen zu beantworten, beschäftigten sich einige meiner Kollegen und ich eingehender mit der Wissenschaft der Geschichten. Wir begannen damit, dass wir Zehntausende von Filmen analysierten – von Blockbustern wie *Forrest Gump* und *Matrix* über kleinere Indie-Filme wie *Die Tribute von Panem* und *Argo* bis zu älteren Filmen wie *Der weiße Hai* und die ursprüngliche Fassung von *Star Wars (Krieg der Sterne)*.

Und um ihre Formen quantitativ zu erfassen, analysierten wir die verwendeten Begriffe.[42]

Manche Begriffe sind positiver als andere. Wörter wie »Gelächter«, »Glück«, »Liebe« und »Regenbogen« sind eher positiv.[43] Sie erscheinen häufig in positiven Situationen, und die meisten Menschen haben ein positives Gefühl, wenn sie sie hören.

Wörter wie »Pandemie«, »Begräbnis«, »grausam« und »weinen« hingegen sind eher negativ. Sie repräsentieren missliebige Dinge, die den meisten Menschen ein negatives Gefühl vermitteln.

Wörter wie »jedenfalls«, »wiederholen« oder »Pittsburgh« liegen irgendwo dazwischen. Sie werden in positiven ebenso wie in negativen Situationen verwendet und bringen die meisten Menschen nicht dazu, sich besonders glücklich oder traurig zu fühlen (solange Sie keine ausgesprochene Liebe oder Abneigung gegenüber Pittsburgh hegen).

Wir zerlegten jedes Drehbuch in Dutzende von Abschnitten, die jeweils aus ein paar Hundert Wörtern bestanden, und ermittelten die durchschnittliche Positivität der Wörter jedes Abschnitts.* Teile, in de-

---

* Auch wenn man sich fragen könnte, wie genau solche Messungen sind, so korrelieren sie doch hochgradig mit dem menschlichen Urteil. Textabschnitte, die eine po-

nen es darum ging, dass ein Protagonist seine verlorene Liebe wiederfand, sich mit Freunden zusammentat oder einen verlorenen Schatz entdeckte, erhielten eine eher positive Bewertung, während Teile, in denen es um eine harte Trennung, einen Streit oder den Beinahetod des Helden ging, eher negativ bewertet wurden.

Anschließend zeichneten wir mithilfe dieser Bewertungen den emotionalen Handlungsverlauf jedes Filmes nach: wie positiv oder negativ sich die Dinge in den verschiedenen Phasen der Geschichte entwickelten, ähnlich der Verlaufskurve der Geschichte von Aschenputtel.

Um ein Gespür dafür zu bekommen, wie das aussieht, ist hier die emotionale Verlaufskurve der ursprünglichen Version von *Star Wars.*

Der Hauptprotagonist Luke Skywalker wird ausgesandt, um Prinzessin Leia zu retten und das böse Galaktische Imperium zu zerstören. Es gibt positive Passagen, wenn beispielsweise Luke Freundschaft mit Han Solo schließt und wenn er Prinzessin Leia rettet und dem Todes-

sitivere oder negativere Bewertung erhielten, wurden in der Regel von Menschen ebenso gesehen.

stern entkommt. Aber es gibt auch negative Passagen – etwa dann, wenn Lukes Eltern getötet werden oder Lukes Mentor sich opfert, um anderen die Flucht zu ermöglichen. Am Ende jedoch geht die Geschichte positiv aus: Luke zerstört mithilfe der Stimme seines Mentors das feindliche Schiff und feiert mit seinen Freunden den Sieg.*

Ein positives oder negatives Wort mag wenig bedeuten, aber wenn wir Hunderte von Wörtern gleichzeitig untersuchen, erhalten wir einen recht guten Eindruck vom Geschehen. Wenn Lukes Freund getötet oder der Bauernhof ihres Onkels zerstört wird, fallen viele weitere negative Wörter. Die Protagonisten sind traurig oder weinen oder sie sind voller Hass oder Furcht. Wenn der Bösewicht hingegen getötet oder sein Raumschiff zerstört wird, sind die Wörter im Umfeld wohlgemuter. Die Protagonisten feiern, jubeln, tanzen und umarmen sich und die Sprache ist viel positiver. Die Wörter des Drehbuchs verraten die Natur der Handlung, auch ohne dass wir uns dazu den Film anzuschauen bräuchten.

Nachdem wir diese Kurven gezeichnet haben, können wir nun schauen, ob erfolgreiche Filme bestimmte Muster aufweisen.

Die meisten Menschen bevorzugen positive Erlebnisse gegenüber negativen. Wir werden lieber befördert als entlassen, nehmen lieber geschmacklich ansprechende Speisen zu uns als fade und besuchen lieber Freunde als unseren Zahnarzt. Wer seinen idealen Tag beschreiben soll, füllt ihn in der Regel mit positiven Erlebnissen und lässt die negativen Erlebnisse aus.

Gute Geschichten sehen jedoch anders aus.

---

* Dieses Maß ist nicht perfekt. Das Wort »töten« beispielsweise erscheint sowohl, wenn der Held den Bösewicht tötet (ein wahrlich positiver Moment), als auch, wenn jemand den besten Freund des Helden tötet (ein wahrlich negativer Moment). Auch das Wort »zerstören« unterscheidet nicht, ob es sich bei der zerstörten Sache um das Raumschiff des Bösewichts oder um den Bauernhof des Onkels des Helden handelt. Aber so schwierig es auch sein mag, zu bestimmen, was für einzelne Begriffe zutrifft, vermittelt die durch eine Gruppe von Wörtern ausgedrückte Gefühlslage recht gut, ob gerade etwas Positives oder etwas Negatives geschieht.

Stellen Sie sich eine Geschichte vor, in der alles einfach nur wunderbar ist. Der Hauptprotagonist wird von allen geliebt, alles fällt ihm in den Schoß und er streift ausgelassen durch die Sonnenblumenfelder, während die Vögel vom Glück singen. Die emotionale Verlaufskurve würde ungefähr so aussehen:

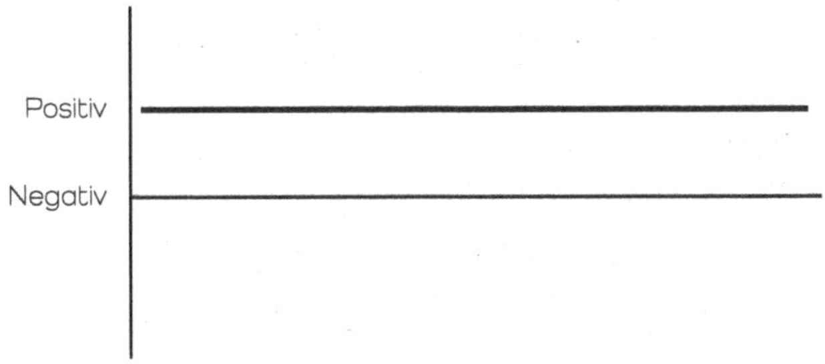

Das ergibt vielleicht einen guten Werbespot für eine Lebensversicherung, aber einen Film? Potenzielle Betrachter würden sich vermutlich etwas anderes suchen, das sie anschauen können.

Aber während die Menschen im Allgemeinen positiven Erlebnissen den Vorzug vor negativen geben, wäre ununterbrochene Positivität in einem Buch oder Film ziemlich langweilig. Bei Geschichten zählt die Spannung. Werden Aschenputtel und der Prinz am Ende glücklich werden oder wird sie für den Rest ihres Lebens die Böden schrubben? Werden Luke und die Rebellenallianz den Todesstern zerstören oder wird die dunkle Seite obsiegen? Wenn die Antworten offensichtlich sind, brauchen wir der Geschichte nicht bis zum Ende zu folgen. Solange aber nicht klar ist, was geschehen wird, bleiben wir dran, um es zu erfahren.

Und deshalb scheinen viele erfolgreiche Geschichten eine ähnliche Struktur zu besitzen. Die Protagonisten müssen diverse Prüfungen und Herausforderungen bestehen, bevor die Geschichte glücklich endet. In *Star Wars* ebenso wie in *Harry Potter* muss beispielsweise der Held über den Tod seiner Eltern hinwegkommen. Er schließt Freundschaften, und die Dinge beginnen eine gute Wendung zu nehmen, als wieder etwas Schlechtes passiert und so weiter. Jedes Hindernis und jeder Stolperstein entlang des Weges sind Hürden, die der Protagonist erst überwinden muss, bevor er seinen Zielpunkt erreicht.

In diesen und ähnlichen Beispielen zeigt die emotionale Verlaufskurve ein Wellenmuster ähnlich einer Bergkette, bei der auf lange Anstiege bis zu hohen Gipfeln ebenso lange Abstiege bis zu tiefen Tälern folgen … und wieder aufwärts.

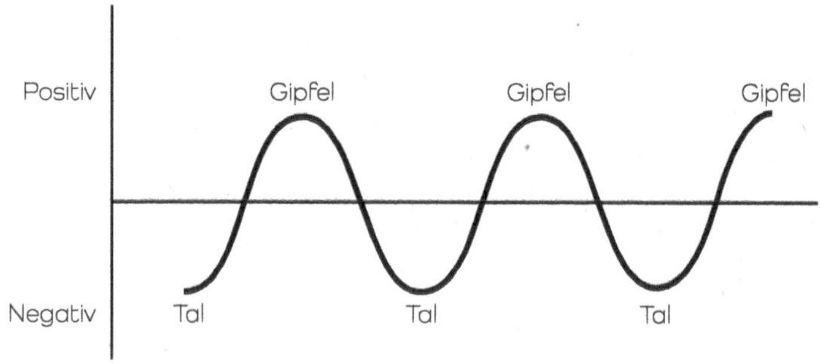

Als wir die Filme analysierten, stellten wir fest, dass die erfolgreicheren unter ihnen einen Wechsel von hochgradig positiven und hochgradig negativen Momenten aufwiesen. Filme, die wiederholt von extremen Tiefpunkten zu extremen Höhepunkten und andersherum wechselten, kamen bei den Zuschauern besser an.

Die spannendsten Folgen von *How I Built This* folgen einem ähnlichen Muster. Ein Entrepreneur hat eine vielversprechende Idee, von der er denkt, dass sie die Welt verändern wird, aber dann springt ein wichtiger Zulieferer in letzter Minute ab. Der Entrepreneur meistert die Herausforderung und beginnt mit dem Vertrieb seines Produkts, aber gerade, als der Umsatz zu steigen beginnt, annulliert ein großer Einzelhändler seine Bestellung. Wie die Gewichte einer Balkenwaage werden die positiven Dinge schon bald durch negative aufgewogen.

Dieses Muster ist einer der Gründe, warum Guy ein so großer Geschichtenerzähler ist. Natürlich fragt er seine Gäste auch nach ihren Erfolgen: den Klienten, die sie überzeugt, den Läden, die sie eröffnet, und den Kunden, die sie gewonnen haben.

Aber er befragt sie auch nach ihren Niederlagen: den Dingen, die nicht funktionierten, dem Geld, das sie verloren, den Sackgassen, in die sie gelaufen, und den Zurückweisungen, die sie erfahren haben.

Aber der Wechsel von Höhepunkten und Tiefpunkten leistet mehr, als sie lediglich menschlicher erscheinen zu lassen. Er führt auch zu einer besseren Geschichte.

Zu hören, wie jemand ein Unternehmen gründet, rasch den Umsatz steigert und es schließlich für 100 Millionen US-Dollar verkauft, ist nicht besonders spannend. Nicht nur enthält es kaum Überraschungsmomente, sondern es bietet den Menschen auch so gut wie keine Identifikationspunkte. Die meisten von uns hatten niemals so unmittelbaren und anhaltenden Erfolg.

Aber von einem Entrepreneur zu hören, der sieben Jahre einen Prototyp nach dem anderen entwickelte, nur um damit jedes Mal wieder auf die Nase zu fallen? Oder von jemandem zu erfahren, der von 279 Einzelhändlern eine Absage bekam, bis der 280. schließlich Ja sagte?

Das ist schon interessanter.

Tiefpunkte oder Täler der Verzweiflung machen die Höhepunkte so viel wirkungsvoller. Es ist schön, zu sehen, wie Aschenputtel und der Prinz miteinander ein glückliches Leben führen, wie es auch schön ist, zu sehen, wie jemand mit seiner Geschäftsidee erfolgreich ist. Aber dasselbe Glück ist noch süßer, wenn der Eindruck entsteht, als hätte die Geschichte gut auch anders enden können.* Siege schmecken noch besser, wenn sie dem Rachen der Niederlage entrissen wurden.

---

* Die Geschichte ist nicht nur interessanter, sondern vermittelt dem Zuhörer auch das Gefühl, er könnte Widrigkeiten in seinem eigenen Leben überwinden. Denn wenn diese Person dazu in der Lage war, warum sollte ich es dann nicht auch können?

Der Wert der Sprunghaftigkeit

Die Betonung der Hürden oder der Wechsel von tief zu hoch und zurück macht Geschichten spannender. Aber wir haben noch etwas anderes herausgefunden. Betrachten Sie folgende Verlaufskurven:

1. Geschichte

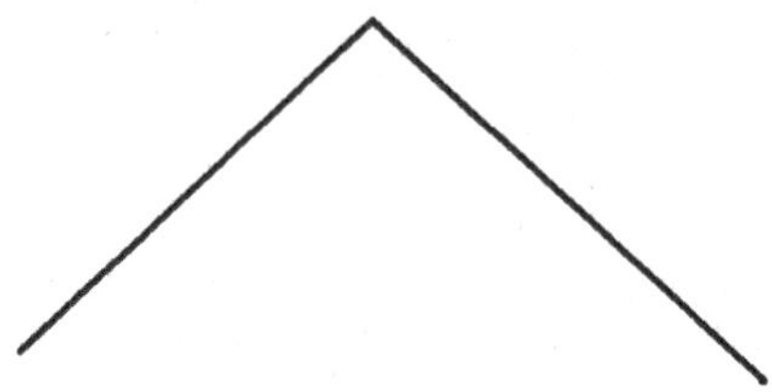

2. Geschichte

Die Hochs und Tiefs sind dieselben, aber die emotionalen Verlaufskurven unterscheiden sich deutlich. In der ersten Geschichte verläuft die Entwicklung glatt. Die Augenblicke werden stetig positiver bis zur Spitze, von der ab sich die Dinge umkehren. Die Kurve verläuft möglicherweise steil, aber gleichbleibend.

Die zweite Geschichte verläuft sehr viel holpriger. Der Höhepunkt ist derselbe, aber anstatt stetig anzusteigen und dann wieder abzufallen, verläuft die Kurve gezackter. Die Dinge bewegen sich in positiver Richtung, um anschließend ins Negative zu drehen, bevor ein erneuter Anstieg folgt.

Was ist besser, ein glatter oder ein gezackter Verlauf?

Die Menschen sind erstaunlich geschickt darin, sich an die Situation anzupassen, in der sie sich befinden. Verstoßen oder entlassen zu werden, ist hart, wenn es passiert, aber wir kommen rasch wieder auf die Beine, finden den Silberstreif und richten den Blick auf eine positivere Zukunft.

Dasselbe gilt für positive Dinge. Einen Traumjob oder ein Traumhaus zu finden, ist im ersten Augenblick wunderbar, aber die anfängliche Begeisterung ebbt rasch ab.

Stellen Sie sich vor, Sie gewinnen im Lotto – nicht nur fünf oder zehn Euro, sondern etwas Substanzielleres: Hunderttausende Euro oder, besser noch, ein paar Millionen. Wie würde sich das anfühlen? Denken Sie, es würde Sie glücklicher machen?

Auf die Frage, wie Erfahrungen wie ein Lottogewinn sich auf ihr Glücksgefühl auswirken würde, geben die meisten Leute ein und dieselbe Antwort: »Spinnst du? Natürlich würde es mich glücklicher machen. Millionen Euro zu gewinnen, wäre fantastisch. Ich könne meine Rechnungen bezahlen, mir das Sportauto kaufen, von dem ich schon immer träume, und womöglich sogar aufhören zu arbeiten. Ein Gewinn im Lotto würde mich *viel* glücklicher machen.«

Aber während die Vorteile eines solchen Gewinns offensichtlich zu sein scheinen, ist die Realität ein wenig komplexer. Zahlreiche Studien haben ergeben, dass ein Gewinn im Lotto, selbst wenn es sich um eine substanzielle Summe handelt, kaum Einfluss auf unser Glücksempfinden hat.[44]

Das mag verrückt klingen: Wie kann der Gewinn einer riesigen Menge Geldes *nicht* unser Glück steigern? Hundertmillionen Menschen kaufen Lottoscheine in der Hoffnung, eines Tages das große Los zu ziehen. Wie kann die Wahrwerdung ihrer Träume die Menschen nicht glücklicher machen?

Jahrzehntelange Forschungen zur sogenannten hedonischen Tretmühle haben jedoch gezeigt, dass die Menschen sich an ihre Situation anpassen oder gewöhnen.[45] Ganz gleich, ob es um positive Dinge wie einen Gewinn im Lotto oder um negative Dinge wie eine Verletzung infolge eines Unfalls geht – die Menschen richten sich in ihrer Situation ein und kehren früher oder später zu ihrem normalen Glückslevel zurück.

Und weil sich die Menschen so leicht gewöhnen, kann die Durchsetzung positiver Dinge mit negativen Dingen in Wahrheit den Genuss steigern. Nehmen Sie Werbespots. Die meisten Menschen hassen sie und so sollten TV-Shows und andere Unterhaltungsformate ohne sie eigentlich mehr Genuss versprechen.

Das Gegenteil ist jedoch der Fall. TV-Shows bieten tatsächlich mehr Genuss, wenn sie von nervigen Werbespots unterbrochen werden[46], unterbrechen diese weniger erfreulichen Momente doch insbesondere den Prozess der Anpassung an das Positivitätslevel der Show.

Denken Sie an den Verzehr von Schokosplittern. Der erste Splitter ist köstlich: süße, schmelzende Herrlichkeit. Der zweite Splitter ist auch noch ziemlich gut. Aber spätestens beim vierten, fünften oder zehnten Splitter in Folge ist die Herrlichkeit verblasst. Wir haben uns daran gewöhnt.

Indem wir positive Erlebnisse mit weniger positiven mischen, können wir den Gewöhnungsprozess jedoch verlangsamen. Indem wir zwischen den Schokosplittern hin und wieder einen Rosenkohl verzehren oder zwischen den Teilen einer TV-Show Werbespots zu sehen bekommen, wird dieser Prozess unterbrochen. Der weniger positive Moment macht den anschließenden positiven wieder neu und damit genussbringender.

Etwas Ähnliches geschieht in Geschichten. Im Finanzsektor bezeichnet »Volatilität« die Schwankungsintensität eines Aktienkurses, eines Vermögenswertes oder eines Marktes. Volatilere Vermögenswerte unterliegen größeren Wertschwankungen. Manchmal steigen die Kurse, manchmal fallen sie, aber diese Entwicklungen sind so wenig vorhersehbar, dass man nur schwer wissen kann, wann was passieren wird.

Dasselbe gilt für Handlungsverläufe. Emotional volatile Geschichten sind voller Überraschungen. Die Dinge mögen sich generell zum Besseren hin bewegen, aber in jedem einzelnen Augenblick lässt sich schwer vorausahnen, ob es gerade besser oder schlechter wird. Um zu den beiden Handlungsverläufen von oben zurückzukehren: Die zweite Geschichte ist sehr viel volatiler.

Erste Geschichte

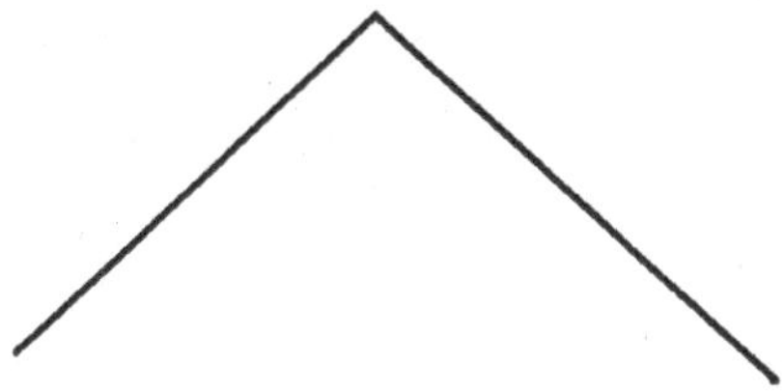

Zweite Geschichte

Und diese Unvorhersehbarkeit macht Geschichten so viel spannender und fesselnder. Und in der Tat: Als wir Tausende von Filmen analysierten, stellen wir fest, dass Volatilität Handlungsstränge besser macht. Die Zuschauer warten gespannt, was als Nächstes passiert, und haben auf diese Weise mehr Spaß daran.

Gute Geschichten sind folglich ein wenig wie Achterbahnen. Erstens ist ein glatter Verlauf, wie wir schon sagten, nicht besonders interessant. Große Höhen und Tiefen versprechen mehr Spaß.

Jenseits solcher Höhen zählen jedoch auch die Veränderungen von Augenblick zu Augenblick. Ist dies der Moment, an dem die Talsohle erreicht ist? Sind wir auf halber Höhe angelangt oder schon fast da? Diese Ungewissheit macht alles viel spannender.*

* Autoren und Produzenten sagen, man könne etwas so Komplexes wie einen Film nicht auf ein paar Datenpunkte reduzieren. Recht haben sie. Filme sind komplex, und ihr Erfolg hängt von einer ganzen Reihe von Dingen ab; Schauspielkunst, Ka-

In der Summe haben diese Ergebnisse zur emotionalen Sprache einige klare Implikationen. Erstens kann Unvollkommenheit ein Plus darstellen. Ob in Einstellungsgesprächen oder anderen Situationen des täglichen Lebens – Menschen verspüren häufig den Wunsch, sich als perfekt darzustellen und Unzulänglichkeiten unter den Teppich zu kehren.

Aber das ist nicht immer die beste Vorgehensweise. Solange jemand bereits als kompetent wahrgenommen wird, kann das Eingeständnis von Unzulänglichkeiten von Vorteil sein. Jobkandidaten beispielsweise, die bereits ein gutes Bild von sich abgegeben haben (und zum zweiten Interview eingeladen werden) machte das Eingeständnis von Fehlern aus der Vergangenheit nur noch sympathischer und nicht weniger sympathisch. Nicht nur beweist das aktive Eingeständnis Verantwortungsbereitschaft, sondern es wirft auch ein menschlicheres Licht auf die betreffenden Personen. In ähnlicher Weise steigert ein kompetenter Manager möglicherweise seine Beliebtheit bei seinen Mitarbeitern, wenn er eigene Fehler aus der Vergangenheit nicht verschweigt.

Dabei sollte es sich jedoch um weniger bedeutende Schnitzer handeln. Ein über das Jackett verschüttetes Glas oder ein kleiner Irrtum kann die Menschen nahbarer erscheinen lassen. Ein folgenreicher Fehler im zentralen Bereich der jeweiligen Tätigkeit wird vermutlich schon negativer gesehen werden.

Setzen Sie zweitens auch Rückschläge bewusst ein. Auf die Bitte hin, ihre Geschichte zu erzählen, ihren Hintergrund zu erklären oder in anderer Weise über sich zu sprechen, neigen die meisten Menschen dazu, sich auf die Highlights zu beschränken. In ihren Augen sind Rückschläge und Niederlagen Schandflecken, und einen positiven Ein-

---

mera, Musik, Regie und Handlung sind nur einige davon. Die Geschichte kann großartig sein, aber wenn die Rollen falsch besetzt sind oder die Regie nicht gut, kommt die Geschichte nicht zur Geltung. Aber einfach nur zu sagen, dass Filme komplex sind, trifft nicht den Punkt. Nur weil sie kompliziert sind, heißt das nicht, dass es nicht bestimmte Ansätze gibt, sie besser zu machen.

druck könnten sie nur hinterlassen, indem sie sich in ihrer Selbstbeschreibung auf die positiven Seiten beschränkten.

Dieser Reflex führt jedoch nicht immer zum Ziel. Jeder Mensch hat mit Widrigkeiten zu kämpfen. Jeder scheitert gelegentlich oder wird den an ihn gestellten Erwartungen nicht gerecht. Und das Eingeständnis solcher Herausforderungen lässt uns menschlicher erscheinen und hilft anderen, einen Bezug zu unserer Geschichte zu finden.

Indem wir verstehen, was eine gute Geschichte ausmacht, können wir drittens alle bessere Geschichtenerzähler werden. Die wenigsten von uns sind geborene Unterhalter. Wir sind nicht der Typ im Irish Pub, der sich einfach an die Bar stellt und sein Publikum fesselt.

Aber mit dem richtigen Training und genug Übung wird Geschichtenerzählen zu einer Kunst, die jeder erlernen kann. Indem wir verstehen, wie Geschichten funktionieren, und indem wir uns mit der Wissenschaft dahinter vertraut machen, können wir jeder Geschichte mehr Wirkung verleihen. Jede Geschichte wird großartig, sobald wir auch die Hürden sichtbar machen und so eine Abfolge von Tiefpunkten und Höhepunkten erzeugen, und indem wir Momente mischen und so auf die Kraft der emotionalen Volatilität setzen.

Den Kontext berücksichtigen

Bislang haben wir zwischen positiven und negativen Emotionen unterschieden. Manche Dinge fühlen sich gut an und andere schlecht. Wörter wie »Lachen« und »Glück« sind positiv und Wörter wie »Hass« und »Weinen« negativ.

Ein anderes wichtiges Unterscheidungsmerkmal wird dabei häufig übersehen.

Es ist Freitagabend und Sie suchen nach einem geeigneten Restaurant. Sie sind unterwegs in einer anderen Stadt und machen sich online auf die Suche. Ein Restaurant sieht vielverheißend aus, ist aber wegen Renovierung geschlossen. Ein anderes hat eine interessante Speisekarte, scheint aber allzu weit vom Hotel entfernt zu liegen.

Zuletzt bleiben zwei Restaurants, die auf Sie einen guten Eindruck machen. Beide sind nur einen Fußmarsch entfernt und bieten eine interessante Speisenauswahl zu moderaten Preisen. Bevor Sie sich für eines der beiden entscheiden, werfen Sie einen Blick auf die Onlinerezensionen.

Beide Restaurants haben gleichermaßen positive Bewertungen mit einem Schnitt von 4,7 von 5 Sternen. »Ein wunderbarer Ort«, heißt es in einer Bewertung für das erste, »und es war ein Genuss, hier zu speisen.« Und in einer Bewertung für das zweite heißt es: »Ein perfekter Ort, und es hat sich gelohnt, hier zu speisen.«

Für welches Restaurant würden Sie sich entscheiden?

Wenn Sie das erste bevorzugen, sind Sie damit nicht allein. Als Hunderte Menschen gebeten wurden, eine ähnliche Entscheidung zu treffen, wählten 65 Prozent von ihnen die erste Option. Und der Grund hat mit dem Unterschied zwischen Positivität und Emotionalität zu tun.

Wenn wir uns für ein Restaurant entscheiden, ein Produkt kaufen oder generell Entscheidungen treffen, berücksichtigen wir häufig die Reaktionen anderer. Gefiel ihnen das Restaurant oder nicht? Sind die Bewertungen positiv oder negativ?

Das leuchtet ein. Wir möchten in guten Restaurants speisen und schlechte vermeiden. Wir wollen Dinge kaufen, die auch anderen gefallen, und Dinge vermeiden, an denen auch andere keinen Gefallen finden. Folglich denken wir, dass eine positive Bewertung durch andere die Wahrscheinlichkeit bietet, dass auch unser Eindruck ein positiver sein wird.

Aber die Unterscheidung zwischen positiv und negativ oder gut und schlecht hilft uns hier nur bedingt weiter. Fast alle Restaurantbewertungen auf Yelp beispielsweise betragen 5 Sterne und die durchschnittliche Produktbewertung auf Amazon liegt bei 4,2 von 5 Sternen. Die meisten Produkte und Dienstleistungen erhalten Bewertungen von 4 oder 5 Sternen, was es schwer macht, aus ihnen irgendetwas abzuleiten.

Höhere Sternebewertungen sind im Übrigen nicht immer diagnostisch. Forschende, die sich mehr als 100 Produktkategorien angeschaut haben, fanden beispielsweise nur einen geringen Zusammenhang zwischen Produktqualität und Amazon-Bewertungen.[47] Auch in vielen Buchgenres stehen höhere Bewertungen kaum in Bezug zum Umsatz.[48]

Wenn also Positivität nicht immer etwas über Qualität oder Erfolg aussagt, was dann?

Es folgen einige Paare von Begriffen, die dieselbe allgemeine Gütestufe oder denselben Positivitätsgrad ausdrücken.

wunderschön | erstklassig
umwerfend | bemerkenswert
kindisch | unklar
abstoßend | dumm

»Wunderschön« und »erstklassig« beispielsweise bezeichnen beide Dinge, die wirklich gut sind, »umwerfend« und »bemerkenswert« bezeichnen Dinge, die gut sind, aber nicht so gut wie »wunderschön« und »erstklassig«. Als Hunderte von Menschen gebeten wurden, verschiedene Wörter nach ihrer Positivität zu bewerten, erhielten *beautiful* (»wunderschön«) und *best* (»erstklassig«) auf einer Skala [die Werte beziehen sich immer auf die englischen Begriffe, Anm. d. Red.] von 0 bis 9 beide den Wert 8,4 und damit einen der höchsten Positivitätswerte überhaupt.

Dasselbe gilt für eher negative Paare. »Abstoßend« und »dumm« bezeichnen beides Dinge, die wirklich schlecht sind, und »kindisch« und »unklar« bezeichnen beides Dinge, die schlecht sind, aber nicht so schlecht wie »abstoßend« und »dumm«.

Aber während die Begriffe in den einzelnen Paaren jeweils dieselbe Stufe von gut oder schlecht bezeichnen, unterscheiden sie sich in einer anderen Dimension: ihrer Emotionalität oder dem Grad, in dem sie eine auf Gefühlen und emotionalen Reaktionen basierende Haltung ausdrücken.[49]

Immer wenn Menschen eine Haltung oder Einstellung zum Ausdruck bringen, können sie es auf verschiedene Weisen tun. Sie können sagen, dass sie einen Film »lieben«, »hassen«, »mögen« oder »darauf verzichten können«. Sie können sagen, ein Restaurant sei »fantastisch«, »super«, »mittelmäßig« oder »fürchterlich«. Essen kann »köstlich« oder »widerlich« sein, ein Service kann »ausgezeichnet« oder »unterdurchschnittlich«, »elektrisierend« oder »exzellent« sein.

Diese Wörter zeigen nicht nur an, wie sehr etwas jemandem gefällt, sondern auch, worauf diese Bewertung beruht (auf Gefühlen oder auf anderen Faktoren).

Denken Sie an ein Restaurant. Wenn jemand sagt, dass er das Essen »genießt« oder das Ambiente »toll« findet, zeigt er damit, dass seine Haltung von seinen Gefühlen bestimmt ist – seiner emotionalen Reaktion auf den Ort. Wenn er sagt, das Essen sei »gesund« oder »moderat im Preis«, gefällt es ihm zwar immer noch, aber er drückt damit zugleich aus, dass seine Einstellung eher Resultat gedanklicher Überlegungen ist.

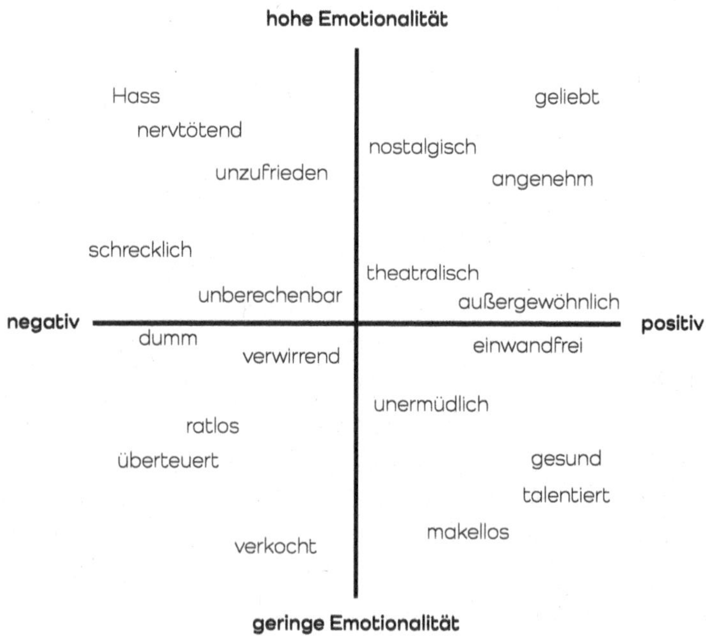

Ähnliches gilt für ein Auto. Wenn jemand sagt, es mache »Spaß«, es zu fahren, oder es sehe »fantastisch« aus, basiert seine Einstellung eher auf Gefühlen. Wenn er sagt, es sei »gut gebaut« oder »sparsam im Verbrauch«, spielen Gefühle eine geringere Rolle.

Insgesamt können Begriffe also nicht nur nach ihrer Positivität und Negativität oder nach gut und schlecht geordnet werden, sondern auch nach ihrer Emotionalität oder inwiefern sie Ausdruck einer gefühlsbasierten Reaktion sind.

Restaurants mit emotionaleren Rezensionen erhalten mehr Reservierungen, Filme mit emotionaleren Rezensionen fahren mehr Geld ein und Bücher mit emotionaleren Besprechungen verkaufen sich in größeren Stückzahlen.[50] Die Verwendung einer emotionaleren Sprache zeugt von stärkeren Einstellungen, was möglicherweise dazu führt, dass ihre Erfahrungsberichte andere stärker beeindrucken.[51]

Eine emotionale Sprache besitzt jedoch nicht immer die größere Überzeugungskraft. Ob sie besser geeignet ist, andere zu einem bestimmten Verhalten zu bewegen, hängt davon ab, von welcher Art von Dingen wir sie zu überzeugen versuchen.

Produkte oder Dienstleistungen lassen sich eher unter dem Genussaspekt oder unter dem Nützlichkeitsaspekt beschreiben. Musik, Blumen und andere hedonische Dinge werden für den Genuss und die Freude konsumiert, die sie uns bieten. Wir hören Musik, weil es Spaß macht, und wir kaufen Blumen, weil sie uns beglücken.

Klebstoff, Benzin, Toaster und andere nützliche Dinge hingegen werden eher aus funktionellen oder praktischen Gründen konsumiert. Wir kaufen Leim, um einen Stuhl zu reparieren, tanken Benzin, damit unser Auto fährt, und kaufen einen Toaster, um, nun ja, unser Brot zu toasten. Nützliche Dinge sind häufig eher kognitiver oder instrumenteller Natur; sie werden gekauft, um ein Bedürfnis zu erfüllen.*

* Selbst bei denselben Produkten können bestimmte Eigenschaften eher den Nützlichkeitsaspekt und andere den Genussaspekt betreffen. Die Federeigenschaften von Laufschuhen oder der Benzinverbrauch eines Autos sind Nützlichkeitseigen-

Als Forschende die Wirkung emotionaler Sprache in Zehntausenden von Amazon-Rezensionen unter die Lupe nahmen, stellten sie fest, dass emotionale Sprache in diesen zwei Arten von Bereichen verschiedene Wirkungen zeigte.[52]

Wie schon erwähnt, steigerte eine emotionale Sprache bei hedonischen Dingen wie Musik, Filmen und Romanen die Wirkung. Emotionale Rezensionen waren hilfreicher und weckten bei den Konsumenten ein stärkeres Kaufinteresse.

Um etwa auf die Restaurantentscheidung zurückzukommen, so wurden beide Restaurants in vielerlei Hinsicht ähnlich beschrieben. Beide zitierten Beschreibungen verwendeten extrem positive Begriffe.

Erstes Restaurant	Zweites Restaurant
»Es ist ein wunderbarer Ort, und es war ein Genuss, hier zu speisen.«	»Es ist ein perfekter Ort, und es hat sich gelohnt, hier zu speisen.«

Aber während die Beschreibungen gleichermaßen positiv sind, verwendete die Beschreibung des ersten Restaurants eine emotionalere Sprache. »Wunderbar« ist emotionaler als »perfekt« und »Genuss« klingt emotionaler als »es hat sich gelohnt«.

Die gesteigerte Emotionalität wiederum verleitete mehr Menschen dazu, sich ebenfalls für dieses Restaurant zu entscheiden.

Bei utilitaristischen Produkten jedoch verhält es sich umgekehrt. Bei Rasierern ging Emotionalität nach hinten los. Emotionale Rezensionen waren weniger hilfreich und waren weniger geeignet, Konsumenten zum Kauf des betreffenden Produkts zu bewegen.

Denn Emotionalität ist zwar gut bei Genussartikeln, aber schlecht bei Gebrauchsartikeln. Bei der Auswahl und Verwendung hedonischer Produkte und Dienstleistungen sind Emotionen ein entscheidender Faktor. Die Menschen wünschen sich, dass Sportwagen aufregend,

---

schaften, während die Farbe der Schuhe oder das Design des Autos eher hedonischer Natur sind.

Filme spannend und Ferien unterhaltsam sind. Wenn also emotionale Begriffe zur Beschreibung hedonischer Dinge verwendet werden, finden die Menschen mehr Gefallen daran.

Aber wenn es um die Entscheidung für Gebrauchsprodukte und -dienstleistungen geht, besteht das wirkliche Ziel nicht darin, Gefühle zu wecken. Die Menschen wünschen sich einen Kleber, der rasch aushärtet, billiges Benzin und einen Toaster, der leicht zu bedienen ist. Gebrauchsgegenstände werden häufig gekauft, um eine bestimmte Aufgabe zu verrichten, und die Menschen entscheiden sich für ein Produkt, weil ihre Gedanken (und nicht ihre Gefühle) ihnen sagen, dass es dafür gut geeignet ist.

Während es also Menschen geben mag, die einen Mixer als »wunderbar« oder »eine Freude« bezeichnen, führt das nicht notwendigerweise dazu, dass auch andere ihn kaufen wollen. Eine so emotionale Sprache bewirkt sogar häufig das Gegenteil, weil sie dem widerspricht, was andere sich von dem gesuchten Produkt erwarten. Das kann sogar so weit gehen, dass ein solches Lob das Vertrauen in das Gesagte und die Person, die es sagt, untergräbt.

Insgesamt ist es also wichtig, nicht nur die Positivität der Sprache im Blick zu haben, sondern auch deren Emotionalität.

Wenn wir ein Produkt vermarkten, eine Idee verkaufen oder Werbung in eigener Sache machen, verwenden wir häufig eine positive Sprache. Unsere Produkte sind »großartig«, unsere Ideen sind »innovativ« und wir sind »fleißig«. Essen ist »fantastisch«, die Blockchain »revolutionär« und unsere Schreibfähigkeiten »ausgezeichnet«. (Wirklich. Das sind sie. Ungelogen.)

Aber es reicht nicht, nur positive Dinge zu sagen. Wir müssen auch den Kontext berücksichtigen. »Brillant«, »wunderbar«, »ausgezeichnet«, »spitzenmäßig« sind alles Begriffe, die ausdrücken, dass etwas wirklich, wirklich gut ist. Aber sie beinhalten unterschiedlich viel Emotionalität und können folglich je nach Kontext mehr oder weniger effektiv sein.

Wenn wir beispielsweise ein Produkt, eine Dienstleistung oder ein Erlebnis vermarkten, können wir uns fragen: Ist es eher hedonisch oder utilitaristisch? Kaufen die Menschen es, weil es ihnen Genuss bereitet, oder erfüllt es eher funktionale und praktische Zwecke?

Wenn es eher um den Genuss geht, passen Wörter wie »wunderbar« und »schön« richtig gut. Indem wir einen Film als »herzerwärmend«, ein Reiseziel als »inspirierend« oder eine Meditations-App als »fantastisch« bezeichnen, deuten wir nicht nur an, dass diese Dinge gut sind, sondern wir machen auch anderen Mut, sie sich zu kaufen und sich an ihnen zu erfreuen.

Wenn das Produkt, die Dienstleistung oder die Erfahrung aber eher mit Funktionalität zu tun hat, könnten dieselben positiven Beschreibungen kontraproduktiv sein. Weniger emotionale Begriffe wie »brillant«, »makellos« oder »perfekt« sind dann überzeugender. Indem wir beispielsweise eine Diktier-App als »brillant« und nicht »wunderbar« bezeichnen, erhöhen wir die Wahrscheinlichkeit, dass sich andere davon anregen lassen, diese App ebenfalls zu kaufen und zu verwenden.

Dasselbe gilt für Beschreibungen der eigenen Person. Wenn wir einen Lebenslauf verfassen, eine Jobbewerbung ausfüllen oder ein Datingprofil erstellen, betreiben wir ständig Werbung in eigener Sache. Natürlich tendieren wir dazu, unsere positiven Seiten herauszustreichen und Negatives wegzulassen, und wir verwenden Begriffe wie »Spaß« vielleicht in einem Datingprofil, aber nicht in einer Jobbewerbung. Aber dahinter steckt noch mehr.

Bei Lebensläufen und Jobbewerbungen haben die meisten Leser den utilitaristischen Aspekt im Auge. Wie beim Kauf eines Produkts, das einen Bedarf deckt, suchen sie nach jemandem, der ein Problem lösen und einen Wert schaffen kann.

Es reicht also nicht, dass wir positive Adjektive verwenden – es müssen auch die richtigen sein. In den meisten Situationen ist weniger Emotionalität sicherlich besser, während eine emotionale Sprache leicht nach hinten losgeht. Es sei denn, das Unternehmen ist stolz auf seine Kultur und versteht seine Mitarbeiter als »Teil der Familie«.

Dinge wie Datingprofile hingegen sind in der Regel eher hedonischer Natur. Die Menschen suchen nicht nach einer Problemlösung, sondern nach jemandem, der sie glücklich machen wird. Emotionalität hilft hier also wahrscheinlich weiter – nicht nur positive Wörter, sondern die richtige Art von positiven Wörtern.

Eine emotionale Sprache ist also je nach Art der sozialen Interaktion unterschiedlich vorteilhaft. In vielen Gesprächen geht es darum, etwas zu erreichen. Meetings dienen der Entscheidungsfindung, Kundenservicegespräche der Problemlösung und Verkaufsgespräche der Anbahnung eines Geschäfts.

Häufig denken die Menschen, es sei ratsam, gleich auf das wichtigste Anliegen zu sprechen zu kommen, doch in Wahrheit ist das nicht die beste Vorgehensweise. Als wir Hunderte von Problemlösungsgesprächen analysierten, stellten wir fest, dass der Schlüssel darin bestand, zuerst eine gewisse Nähe herzustellen und eine herzlichere, emotionalere Sprache zu verwenden, um sich anschließend dem eigentlichen Gesprächsanliegen zuzuwenden.[53]

Beziehungsaufbau (oder -pflege) schafft die Voraussetzungen für alles Weitere. Damit erzeugen wir menschliche Nähe und stärken den Zusammenhalt.

Eine herzliche, emotionale Sprache eignet sich deshalb besonders für den Gesprächsbeginn. Im Kundenservicekontext beispielsweise ist es effektiver, als Erstes zu fragen: »Wie kann ich Ihnen helfen?« (»helfen« ist ein emotionales Wort) und nicht: »Wie kann ich Ihr Problem lösen?«

Aber so nützlich emotionale Sprache zu Beginn des Gesprächs ist, so kontraproduktiv kann sie im weiteren Verlauf des Gesprächs sein. Nett zu sein, ist schön und gut, aber irgendwann müssen Entscheidungen getroffen und Probleme gelöst werden.

Und das ist der Punkt, an dem eine weniger emotionale und dafür sachlichere Sprache wichtig wird. Als Kundenservicevertreter zu Beginn des Gesprächs eine emotionalere und im späteren Verlauf eine sachlichere Sprache verwendeten, waren die Kunden zufriedener mit der Interaktion und kauften am Ende mehr.

Es reicht nicht, Probleme zu lösen. Und es reicht nicht, Nähe zu schaffen. Vielmehr geht es darum, zuerst Nähe zu schaffen und anschließend Probleme zu lösen.

Ungewissheit aktivieren

Positivität und Emotionalität sind zwei Arten, wie Worte Emotionen vermitteln und Einstellungen und Verhaltensweisen beeinflussen können. Aber wir sollten hier noch einen weiteren Aspekt erwähnen.

Wie jeder bezeugen kann, der schon einmal eine Präsentation gegeben hat, ist es alles andere als einfach, das Interesse der Zuhörer wachzuhalten. Virtuelle Meetings haben dieses Problem nur weiter verschärft. Die Präsentation ist nur ein weiteres Fenster auf den Monitoren der Teilnehmer. Das E-Mail-Programm ist ständig geöffnet, und die Leute können leicht Aufmerksamkeit heucheln und gleichzeitig mit den Gedanken anderswo sein.

Jeder, der einen Text verfasst, steht vor einer ähnlichen Aufgabe. Verleger, Medienunternehmen, Vermarkter und Influencer – sie alle versuchen, die Aufmerksamkeit des Publikums auf sich zu lenken und zu halten. Aber die schiere Menge verfügbarer Optionen macht diese Aufgabe zunehmend schwierig. Nachrichtenartikel konkurrieren mit Dutzenden von Alternativangeboten, und anstatt einen Artikel von Anfang bis Ende zu lesen, werfen die meisten Menschen nur einen kurzen Blick darauf, um sich gleich schon wieder anderen Inhalten zuzuwenden.

Vor dem Hintergrund dieser endlosen Ablenkung herrscht häufig die Vorstellung vor, »interessante« Dinge würden hier erfolgreich sein, während alles Übrige das Nachsehen hätte. Artikel über hippe technische Neuheiten, Promiklatsch und Sportergebnisse erhielten viel Aufmerksamkeit, während »schwerere« Themen wie Klimawandel oder Datenschutz die Menschen nur langweilen.

Sind die Autoren von Texten zu weniger spannenden Themen also zum Scheitern verurteilt? Oder gibt es Möglichkeiten, die Spannung zu erhöhen, obwohl die Themen selbst auf den ersten Blick weniger attraktiv erscheinen?

Ein verbreiteter Ansatz ist die Verwendung sogenannter »Clickbaits«. Reißerische Schlagzeilen wie »Lesen Sie dies, bevor Sie Amazon Prime erneuern« oder »Sechs häufige Gründe, warum Sie zunehmen« erzeugen Neugier und verleiten Seitenbesucher dazu, auf diese Links zu klicken, um mehr zu erfahren.

Schlechte Präsentationen greifen häufig zu einer ähnlichen Taktik. Mit überflüssigen Cartoons, Bildern von Promis oder anderen Kniffs lenken sie die Aufmerksamkeit auf sich und erhöhen ihre vermeintliche Relevanz.

Aber so vielversprechend solche Techniken auch sein mögen, sie lösen dieses Versprechen nur selten ein.

Solche Lockmethoden eignen sich hervorragend dafür, Aufmerksamkeit zu erzeugen, aber sie können sie nur selten halten. Überschriften wie »Führender Arzt enthüllt das schlimmste Kohlenhydrat, das Sie zu sich nehmen« verleiten potenzielle Leser zum Klicken, aber sobald sie den Artikel zu lesen beginnen, werden sie häufig enttäuscht. Zwar steht in dem Artikel etwas über Kohlenhydrate, aber nur selten werden die hochtrabenden Versprechen der reißerischen Überschrift erfüllt. Die Leser, die auf den Link geklickt haben, lesen dann ein paar Sätze und sind schon wieder weg. Sie lesen niemals den gesamten Inhalt.

Dasselbe gilt für unterhaltsame Auflockerungen in Präsentationen. Gelegentlich provozieren sie Heiterkeit oder verleiten die Anwesenden dazu, von ihren Laptops aufzuschauen, aber führen nicht dazu, dass sie sich eingehender mit der Materie befassen. Sie wecken Aufmerksamkeit, können diese aber nicht halten.

In diesen und ähnlichen Situationen ist der Unterschied zwischen dem Wecken und dem Aufrechterhalten von Aufmerksamkeit entscheidend. Die Absender von E-Mails wollen nicht, dass die Empfänger sie lediglich öffnen; sie wollen, dass die E-Mails gelesen werden. Führungskräfte wollen nicht nur, dass ihre Beschäftigten ihren Präsentationen beiwohnen, sondern dass sie sie aufmerksam verfolgen und das Gesagte verinnerlichen. Und gemeinnützige Organisationen, Urheber und Content-Vermarkter wollen nicht nur, dass ihre Adressaten einmal kurz auf ihre Policy Briefs, YouTube-Videos und Whitepapers schauen, sondern dass sie sich Zeit nehmen und den Inhalt erfassen.

Um zu ergründen, was wirklich Aufmerksamkeit fesselt, analysierten einige meiner Kollegen und ich, wie fast eine Million Menschen Zehntausende von Onlineartikeln konsumierten – nicht nur, ob jemand auf einen Artikel klickte, sondern wie viel er davon las; ob er sich mit der Überschrift begnügte oder mehrere Absätze las, ob er die Einleitung überflog und anschließend die Seite verließ, oder ob er den Artikel bis zu Ende las.

Manche Themen fesselten die Aufmerksamkeit der Leser besser als andere. Artikel zu Sportthemen beispielsweise erzielten in der Regel eine längere Verweildauer als Artikel über Weltnachrichten, und Restaurantbesprechungen konnten die Aufmerksamkeit der Leser besser fesseln als Artikel zu Bildungsfragen.

Aber unabhängig vom Thema eines Artikels war auch wichtig, wie er geschrieben war. Eine emotionale Sprache war besonders geeignet, die Aufmerksamkeitsspanne zu verlängern. Je emotionaler die Sprache, in der ein Artikel geschrieben war, desto größer war die Wahrscheinlichkeit, dass die Leser weiterlasen.

Ein genauerer Blick zeigte uns, dass nicht alle Emotionen den gleichen Effekt hatten. Während manche Emotionen halfen, die Aufmerksamkeit aufrechtzuerhalten, wirkten andere eher abschreckend. So war die Bereitschaft, einen Artikel bis zu Ende zu lesen, um 30 Prozent größer, wenn dieser Gefühle der Angst und Besorgnis auslöste, als wenn er die Leser traurig machte.

Und wenn wir wissen wollen, warum das so ist, müssen wir zuerst verstehen, wie eine emotionale Sprache das Bild prägt, das sich die Menschen von der Welt machen.

Nehmen Sie Wut und Angst. Beides sind negative Zustände. Wütend zu sein, fühlt sich nicht gut an. Angst zu haben, ist ebenso unangenehm.

Aber mögen sich diese Gefühle auch in mancherlei Hinsicht ähneln, so vermittelt uns das eine ein sehr viel stärkeres Gefühl der Gewissheit als das andere.

Denken Sie an das letzte Mal, als Sie wütend waren: Eine Fluggesellschaft ließ Ihren Koffer verloren gehen, ein Schiedsrichter hat falsch gepfiffen oder eine Kundenservice-Hotline gab das Besetztzeichen, nachdem Sie bereits eine Ewigkeit in der Warteschlage gewartet hatten.

Sie spürten vermutlich ein hohes Maß an Gewissheit: Sie waren sich sicher, dass die Fluggesellschaft, der Schiedsrichter oder die Hotline schuld war. Und in der Tat: Wenn wir wütend sind, sehen wir uns in der Regel im Recht. Anstatt zu zweifeln oder zu zögern, empfinden wir rechtschaffene Entrüstung und sehen das Recht auf unserer Seite.

Angst hingegen geht selten mit solchen Gefühlen der Gewissheit einher. Denken Sie an das letzte Mal, als Sie Angst verspürten. Vielleicht fürchteten Sie, dass eine Fluggesellschaft ihr Gepäck verloren haben könnte, dass Ihre Mannschaft am Ende womöglich verlieren oder man Sie weitere 30 Minuten in der Warteschleife hängen lassen würde. Wir verbinden Angst mit Ungewissheit. Meistens geht sie mit Zweifeln, Mehrdeutigkeit und Unsicherheit einher. Wir wissen nicht, was geschehen wird, und fürchten, dass es etwas Schlechtes sein könnte.*

Positive Emotionen gehen ebenfalls mit unterschiedlichen Graden der Gewissheit einher. Stolz beispielsweise ist eher mit Gewissheit verbunden, während Hoffnung häufig mit Ungewissheit assoziiert ist.

	Positiv	**Negativ**
Gewissheit	Glück Stolz Spannung	Wut Abscheu
Ungewissheit	Überraschung Hoffnung	Angst Überraschung

* Je nach Situation kann Traurigkeit mit Gewissheit oder Ungewissheit assoziiert sein. Manchmal fühlen wir uns traurig und gewiss (wenn beispielsweise ein Hund stirbt oder ein Freund fortzieht), und manchmal geht Traurigkeit mit Ungewissheit einher (wenn beispielsweise ein Hund krank ist oder ein Freund erwägt wegzuziehen).

Es stellte sich heraus, dass diese Unterschiede, was die Gewissheit betrifft, entscheidenden Einfluss auf die Dauer der Aufmerksamkeitsspanne haben. Ein Blick auf Tausende von Texten zeigte uns, dass von Ungewissheit gekennzeichnete Emotionen mehr Engagement wecken. Eine Sprache, die von Ungewissheit gekennzeichnete Emotionen wie Angst oder Überraschung hervorrief, verleitete die Leser zum Weiterlesen, während eine Sprache, die von Gewissheit gekennzeichnete Emotionen wie beispielsweise Abscheu hervorrief, den gegenteiligen Effekt hatte.

Ungewissheit verleitete die Leser dazu, länger zu verweilen, um Klarheit in den Dingen zu bekommen, die ihnen bislang noch unklar waren. Solange sie nicht sicher waren, was als Nächstes passieren oder wie etwas ausgehen würde, blieben sie dran, um es herauszufinden. Wie die Ungewissheit, ob es regnen wird, uns möglicherweise dazu verleitet, eine Regen-App zu konsultieren, brachte die Ungewissheit, wie sich die Dinge entwickeln würde, die Menschen dazu, weiterzulesen, um hier Klarheit zu gewinnen.

Diese Ergebnisse haben einige wichtige Implikationen. Erstens kommt es, wie bei vielen Dingen, über die wir bereits gesprochen haben, nicht allein darauf an, worüber gesprochen wird, sondern auch, wie darüber gesprochen wird. Manche Themen, Ideen, Präsentationen oder Texte sind möglicherweise von Natur aus interessanter. Vermutlich sind die Menschen begieriger zu erfahren, wie sie ihr Gehalt verdoppeln können, als wie sie die Ausgaben ihres Unternehmens für Flugtickets drücken können. Artikel über die Geheimnisse des Abnehmens stoßen möglicherweise auf größeres Interesse als Artikel über den Klimawandel oder die Steuerpolitik.

Aber es ist keineswegs so, dass manche Dinge nun einmal interessant und andere zum Scheitern verurteilt sind. Mit der richtigen Sprache und den richtigen magischen Worten können wir die Aufmerksamkeit auf beliebige Dinge lenken – ganz gleich, ob sie auf den ersten Blick spannend erscheinen oder nicht.

Das ist eine gute Nachricht für Menschen und Organisationen, die versuchen, andere für scheinbar wenig spannende Themen zu interessieren. Selbst wenn das Gebiet für sich genommen wenig Spannendes zu bieten hat, kann die richtige Sprache die Lücke schließen. Wenn wir eine Präsentation vorbereiten, eine E-Mail schreiben oder ganz allgemein einen Text verfassen, können wir mit den richtigen Worten beliebige Inhalte ansprechender gestalten. Der Stil macht die Unzulänglichkeiten des Themas wett.

Zweitens: Als wirksames Mittel, um mehr Interesse zu wecken, bietet sich eine emotionale Sprache an. Häufig denken wir, Fakten seien der richtige Weg, um andere zu überzeugen. Wir zählen die Merkmale eines Produkts auf, um Kunden zum Kauf zu bewegen, wir zählen Gründe auf, um Kollegen zu überreden, ihre Meinung zu ändern, oder wir füllen Präsentationen mit endlosen Statistiken, die irgendetwas Wichtiges beweisen sollen. Und Fakten sind in der Tat nützlich. Nur eben nicht immer.

Denn häufig langweilen wir mit ihnen unsere Zuhörer zu Tode. Oder sie nutzen unsere Präsentation als Gelegenheit, durch die sozialen Medien zu scrollen oder ihre E-Mails zu checken.

Es fällt schwer, Menschen zu überzeugen, solange wir nicht ihre Aufmerksamkeit haben, und das ist der Punkt, an dem uns eine emotionale Sprache helfen kann. Wollen Sie jemandes Einstellung ändern? Dann erzählen Sie ihm nicht nur, warum das wichtig ist, sondern wecken Sie mittels emotionaler Sprache sein Interesse und bringen Sie ihn so dazu, Ihnen seine Aufmerksamkeit zu schenken.

Drittens: Eine emotionale Sprache kann das Interesse der Leser oder Zuhörer verstärken. Dabei ist jedoch entscheidend, welche Emotionen wir ansprechen. Zwar sind manche Emotionen positiv und andere negativ, aber es geht nicht allein darum, den Menschen ein gutes oder ein schlechtes Gefühl zu vermitteln. Ein Gefühl des Stolzes oder der Glückseligkeit kann sogar dazu führen, dass die Menschen weniger aufmerksam zuhören.

Denn die Aufrechterhaltung der Aufmerksamkeit hat weniger damit zu tun, ob sich jemand gut oder schlecht fühlt, sondern vielmehr mit der Erzeugung einer Neugier, die in dem Zuhörer den Wunsch erzeugt, mehr zu erfahren. Mit Ungewissheit verbundene Emotionen und eine Sprache, die solche Emotionen weckt, sind im Allgemeinen besser geeignet, das Interesse der Zuhörer wachzuhalten. Wer schon weiß, wie das Spiel ausgehen wird, hat keinen Grund mehr, sich noch den Rest anzuschauen. Solange der Ausgang aber ungewiss ist, bleibt das Interesse groß, den weiteren Verlauf mitzuerleben.

SO ERZEUGEN SIE MAGIE

Die meisten Menschen würden sich wünschen, sie könnten besser kommunizieren, bessere Geschichten erzählen, bessere Gespräche führen, bessere Präsentationen geben oder bessere Texte verfassen. Zu all dem und noch zu vielem Weiteren sind wir fähig, sobald wir den Wert einer emotionalen Sprache verstanden haben. Tun Sie Folgendes, um von der Kraft der Emotionen zu profitieren:

1. **Betonen Sie die Hindernisse.** Wenn Sie sich bereits den Ruf der Kompetenz erworben haben, ernten Sie damit, dass Sie Fehler und Niederlagen aus der Vergangenheit offen eingestehen, nur mehr und nicht weniger Sympathie.
2. **Schaffen Sie eine Achterbahn.** Die besten Geschichten verbinden Hochs mit Tiefs. Um also das Interesse Ihres Publikums zu steigern, tun Sie gut daran, im richtigen Augenblick auch Negatives zur Sprache zu bringen. Indem Sie über Ihre Momente des Scheiterns sprechen, erstrahlen Ihre Erfolge in noch hellerem Licht.
3. **Vermischen Sie die Momente.** Dasselbe gilt für Momente. Glatte Verläufe sind einfach, wecken aber nicht das größte Interesse. Fesseln Sie also die Aufmerksamkeit Ihrer Leser oder Zuhörer, indem Sie die Dinge ein wenig aufmischen.

4. **Berücksichtigen Sie den Kontext.** Wenn Sie andere überzeugen wollen, genügt es nicht, ihnen etwas Positives zu erzählen. Eine emotionale Sprache kann bei hedonischen Themen wie Film oder Ferien hilfreich sein, ist aber kontraproduktiv in stärker utilitaristischen Bereichen wie Jobbewerbungen oder Software.
5. **Schaffen Sie zuerst Nähe und wenden Sie sich anschließend der Problemlösung zu.** Um Probleme zu lösen, müssen wir Menschen verstehen. Anstatt also gleich zu beginnen, an der Lösung zu arbeiten, sollten Sie zuerst menschliche Nähe schaffen. Verwenden Sie anfangs eine herzlichere, emotionalere Sprache, um geeignete Voraussetzungen für die anschließende sachliche Diskussion zu schaffen.
6. **Profitieren Sie von Ungewissheit.** Die richtigen Worte können jedes Thema und jede Präsentation fesselnd machen. Wecken Sie Emotionen der Ungewissheit (wie beispielsweise Überraschung), um Ihre Zuhörer bei der Stange zu halten.

Wenn wir die Sprache der Emotionen verstehen, können wir Einfluss darauf nehmen, wie wir wahrgenommen werden. Wir werden bessere Geschichtenerzähler und sind in der Lage, unsere Zuhörer zu fesseln und interessantere Texte zu verfassen.

Als Nächstes wollen wir uns den letzten Typ magischer Worte genauer anschauen, bei dem es um Ähnlichkeit geht.

6
Ähnlichkeiten (und Unterschiede) nutzen

Warum wird der eine befördert und der andere nicht? Warum wird der eine Song ein Hit und fällt der andere durch? Und warum sind manche Bücher, Filme und TV-Shows erfolgreich und andere nicht?

Um diese Fragen zu beantworten, müssen wir an einer ganz anderen Stelle beginnen. Und zwar bei einer Flasche Bier.

Es war Ende Januar. Tim Rooney trank seine erste Flasche Left Hand 400 Pound Monkey. Es war nicht sein Lieblingsbier. Es war okay, aber nicht überwältigend – etwas süßlich, etwas butterig und etwas zu bitter. Insgesamt ein wenig schwach. Bestenfalls drei von fünf Sternen.

In den Jahren seither hat Tim viele Biere getestet. Es lässt sich schwer ermitteln, wie viele es genau waren, aber es müssen mindestens 4200 Flaschen gewesen sein. Denn so viele Biere hat er auf RateBeer.com bewertet: helle und dunkle Biere, Pils und Porter, Alt- und Starkbiere – von Massenmarken, wie man sie im Supermarkt findet (wie Michelob Light), bis zu Spezialbieren (wie Bourbonic Plague von Cascade Brewing oder Rumpkin von der Avery Brewing Company).

Sein Favorit war The Abyss von Deschutes Brewery (fünf Sterne: »Voller und extrem dichter Körper, ölig, weiche Karbonisierung, mit langem, leicht bitterem Abgang. Wunderbar!«). Am wenigsten gefiel ihm Cave Creek Chili Beer von der Black Mountain Brewing Company (0,5 Sterne: »Ich liebe Chili und ich liebe Bier, aber dieses Gesöff ist FÜRCHTERLICH. Überhaupt keine gute Kombination. Zweimal genippt und in den Abguss damit!«). Dazwischen liegen Tausende von Bieren mit Beschreibungen von »leicht süßlich« bis »klar und knackig mit goldenem Anstrich«.

Tim ist einer von Hunderttausenden von Bierliebhabern, die RateBeer nutzen. Die Website wurde im Jahr 2000 als ein Ort gegründet, wo Biertrinker Informationen und Meinungen austauschen konnten, und hat seither über elf Millionen Bewertungen gesammelt. Heute gilt sie als eine der meistgepriesenen, bestrecherchierten und verlässlichsten Quellen für Bierinformationen.

Aber im Jahr 2013 begannen sich Wissenschaftler von der Stanford University aus einem ganz anderen Grund für die Seite zu interessieren: Sie wollten sprachliche Entwicklungen studieren.

Gruppen verändern sich fortlaufend. Neue Mitglieder treten ihnen bei, alte gehen weg und somit sind die Dinge immerzu in Bewegung. Eine Gruppe von Arbeitskollegen isst vielleicht regelmäßig im Konferenzsaal zu Mittag, aber allmählich treten neue Mitarbeiter an die Stelle der alten, die in den Ruhestand gehen, und irgendwann nimmt womöglich das Interesse ab.

Die Forschenden interessierten sich für diese Veränderungen, aber im Kontext der Sprache. Wie entwickeln sich die von den Gruppenmitgliedern verwendeten Worte mit der Zeit? Verändern die neu hinzugekommenen Mitglieder ihre Sprache, während sie in die Gruppe hineinwachsen? Und lassen diese Veränderungen erkennen, wie lange eine Person Mitglied der Gruppe bleiben wird?

RateBeer lieferte dafür das perfekte Testgelände. Die Bewertungen eines jeden Monats dienten als Momentaufnahme dafür, wie die

Menschen zu diesem Zeitpunkt von der Sprache Gebrauch machten. Und weil viele Nutzer mehrere Bewertungen abgaben, konnten die Forschenden ohne Mühe nachverfolgen, wie sich ihre Sprache entwickelte – von dem Augenblick, in dem sie sich der Nutzergemeinde anschlossen, bis zu ihrem letzten Post.

Nehmen wir beispielsweise den Geruch des Bieres. In den Anfangsjahren der Website verwendeten die Bewertenden mit Vorliebe das Wort *aroma* für diese Diskussionen (zum Beispiel: *It had a faint aroma of hops* – »Es hatte eine schwache Hopfennote«). Mit der Zeit jedoch gingen sie vermehrt dazu über, den Buchstaben *S* für *smell* zu verwenden (zum Beispiel: *It had a faint S of hops* – »Es roch schwach nach Hopfen«).

Die Verwendung von Obstassoziationen wie Pfirsich oder Ananas änderte sich ebenfalls. Selbst wenn es um dieselben Biere ging, begannen die Bewertenden mit der Zeit, fruchtigere Vergleiche zu wählen (zum Beispiel: »leichter Anflug von Zitrus« oder »tropische Würze«) zur Beschreibung von Geschmack und Anmutung eines Bieres. Das Bier selbst veränderte sich nicht, aber die Art, wie die Menschen es beschrieben.

Niemand schickte ein Memo herum, dass man künftig so schreiben möge, und es gab kein Meeting, auf dem sich die Menschen darauf verständigt hätten, ihren Sprachstil zu verändern. Aber die Terminologie veränderte sich dennoch mit der Zeit. Wie ein lebender Organismus wandelte sich die Sprache der Gruppe.

Die Bewertenden selbst veränderten ihren individuellen Sprachstil. Wenn sie längere Zeit auf der Website verbrachten, begannen sie, sich der Sprache der Gruppe anzupassen. Vergleicht man beispielsweise die frühen Bewertungen ein und derselben Personen mit ihren späteren, fallen bestimmte Unterschiede auf: Nicht nur verwendeten sie zunehmend Begriffe aus der Bierfachsprache wie »Karbonisierung« und »Schaumhaftvermögen«, sondern sie nutzten auch seltener Worte wie »ich« oder »mein«. Sie schrieben seltener »Ich denke …« oder »Meines Erachtens …« und hielten sich häufiger an die Standardform der Website für Bewertungen, die sich wie eine Liste von objektiven Fakten lesen.

Für eine gründlichere Analyse berechneten die Forschenden, wie ähnlich die Sprache eines Bewertenden der Sprache der übrigen Mitglieder der Nutzergemeinde war – wie sehr die verwendeten Worte dem Rest der zum selben Zeitpunkt auf RateBeer veröffentlichten Bewertungen glichen.

Sie stellten fest, dass sich das Verhalten der Menschen auf der Website in zwei klar unterscheidbare Phasen gliederte. Wenn sie neu zur Website kamen, waren sie vergleichsweise flexibel. Sie lernten die Sprache der Nutzergemeinde und begannen, sie selbst zu verwenden und die Gepflogenheiten der anderen zu übernehmen.

Auf eine erste Phase der Anpassung folgte jedoch eine konservativere Phase. Die Nutzer übernahmen nicht länger neue Begriffe und Formulierungen, und ihre Sprache verkalkte. Die Nutzergemeinde und ihre Normen entwickelten sich weiter, aber die älteren Nutzer hielten mit diesen Veränderungen nicht länger Schritt.

Aus der Sprache eines Nutzers ließ sich auch vorhersagen, wie lange er auf der Website Bewertungen abgeben würde. Manche blieben über Jahre, während andere nach wenigen Monaten wieder abtauchten. Wie lange jemand bleiben würde, ließ sich bereits vorher aufgrund seiner Sprache erahnen. Bei Nutzern, die sich weniger stark an die sprachlichen Konventionen der Website anpassten oder deren Anpassungsphase schneller endete, war die Wahrscheinlichkeit größer, dass sie irgendwann nicht mehr wiederkamen. Aufgrund der ersten Bewertungen ließ sich abschätzen, wie lange jemand sich aktiv einbringen würde.

Ihre Sprache verriet, wie sie sich in Zukunft verhalten würden, selbst wenn ihnen selbst das noch nicht bewusst war.

In den ersten fünf Kapiteln dieses Buches sprachen wir über die verschiedenen Typen von magischen Worten: Worte, die das Tun oder das Sein herausstellen; Worte, die Selbstsicherheit ausstrahlen; Worte, die die richtigen Fragen stellen; Worte, die konkreter oder abstrakter sind; und Worte, die Gefühle ausdrücken.

Aber wenn wir Sprache und ihre Wirkung wirklich verstehen wollen, müssen wir ihren Kontext mitberücksichtigen: wie die Worte einer Person mit den Worten anderer Personen in Bezug stehen.

Und hier kommt die Bierstudie ins Spiel. Denn sie macht deutlich, dass es manchmal weniger darum geht, ob Worte gut oder schlecht sind, sondern welche sprachlichen Ähnlichkeiten bestehen. In diesem Fall war die Ähnlichkeit des sprachlichen Ausdrucks korreliert mit der Dauer der aktiven Mitgliedschaft in der Nutzergemeinde der Website.

Verschiedenheit der Sprache hilft uns aber nicht nur, zu verstehen, wie wahrscheinlich es ist, dass jemand länger aktives Mitglied der Nutzergemeinde einer Website bleiben wird. Um von dieser Erkenntnis zu profitieren, müssen wir (1) wissen, wann Ähnlichkeit wichtig ist, (2) wann Verschiedenheit wichtig ist und (3) wie der richtige Ablauf aussieht.

Ähnlichkeit demonstrieren

Organisationskultur ist heute ein heißes Thema: wie man eine starke Kultur errichtet, pflegt und die richtigen Mitarbeiter für sie findet.

Aber was ist damit konkret gemeint? Lässt sich eine Organisation jenseits einer vagen Vorstellung von Überzeugungen und Werten messen? Und wirkt sich die Tatsache, ob jemand in die Organisationskultur »passt«, auf die Qualität seiner Arbeit aus?

Wie die Onlinebiertrinkergemeinde haben auch Organisationen ihre eigene Terminologie und ihre sprachlichen Normen. Unterschiedliche Berufsgruppen haben unterschiedliche Sprachstile. Start-up-Gründer sprechen von »Pivotisierung«, Einzelhändler von »Omnichannel« und Händler von der Wall Street von *pikers* – »vorsichtige Händler« – und *junked up* – »optimistisch bezüglich einer Kursentwicklung«.

Abgesehen von Slang und Terminologie gibt es jedoch noch andere Dimensionen, in denen sich die von Unternehmen und Branchen verwendeten Sprachen unterscheiden können. Manche neigen zu kürzeren, andere zu längeren Sätzen. Manche tendieren zu einer konkreteren, andere zu einer abstrakteren Ausdrucksweise.

Um die Beziehung zwischen Sprache und beruflichem Erfolg genauer zu untersuchen, nahm eine Gruppe von Wissenschaftlern eine Datenquelle unter die Lupe, an die wir für gewöhnlich kaum Gedanken verschwenden: E-Mails.[54] Im Unterschied zu den Nutzern von RateBeer.com verfassen Beschäftigte keine Onlinebewertungen. Aber sie schreiben E-Mails. Und zwar viele: E-Mails, in denen sie Kollegen um Informationen bitten, und E-Mails, in denen sie anderen Feedback zu ihrer Arbeit geben; E-Mails mit Präsentationsentwürfen und E-Mails zwecks Vereinbarung eines Termins für ein Kundenmeeting. Tausende von Memos zu allen nur erdenklichen Themen.

Nehmen Sie sich spaßeshalber eine Minute, öffnen Sie Ihren »Gesendet«-Ordner und schauen Sie, was sich darin befindet. Vielleicht kommt Ihnen der Inhalt wie gewöhnlicher beruflicher oder privater Kleinkram vor. Triviale Dinge. Meistens stimmt das auch. Aber es sind nicht irgendwelche beruflichen oder privaten Dinge. Es sind *Ihre* beruflichen und privaten Dinge.

Diese Anmerkungen zum Kopf eines bestimmten Dokuments oder zur Abbildung auf Folie 23 einer PowerPoint-Präsentation mögen unbedeutend erscheinen, aber sie liefern eine Momentaufnahme dessen, was sich in Ihrem Arbeitsleben abspielt – nicht nur, wie verschiedene Projekte und Entscheidungen voranschreiten, sondern wie Sie sich als Kollege, Führungskraft oder vielleicht sogar als Freund entwickeln. Sie sind wie die Tonscherben oder Zeugnisse einer alten Zivilisation und stellen sie in Ihrem Büro dar. Und folglich liefern sie viele Informationen über Sie und darüber, wie Sie sich im Laufe der Zeit verändert oder nicht verändert haben.

Die Wissenschaftler studierten Daten aus fünf Jahren – mehr als zehn Millionen E-Mails, die sich Hunderte von Beschäftigten eines mittelgroßen Unternehmens einander schickten. Alles, was Susan aus der Buchhaltung an Tim aus der Personalabteilung schickte und was Lucinda aus dem Vertrieb an James aus der F&E-Abteilung zusandte.

Dabei interessierte die Forschenden nicht, wie viele E-Mails es waren oder wer seine E-Mails an wen schickte, sondern die Worte, die in diesen E-Mails verwendet wurden.

Und genau hier wird es noch interessanter. Statt auf den Inhalt dessen, worüber die Mitarbeiter sprachen (wie etwa die Kopfzeilen von Dokumenten oder die Inhalte von PowerPoint-Folien) fokussierten die Forschenden sich auf etwas ganz anderes: den Sprachstil der Mitarbeiter.

Wenn wir eine E-Mail lesen, am Telefon sprechen oder uns eine Kommunikation anschauen, fokussieren wir uns in der Regel auf den Inhalt. Nehmen Sie dieses Kapitel. Wenn ich Sie bitten würde, etwas zur Sprache zu sagen, würden Sie vermutlich an das Thema denken, von dem der Text handelt. Das Kapitel begann beispielsweise mit der Onlinebiertrinkergemeinde, um dann zur Erörterung der in E-Mails verwendeten Sprache überzuleiten.

Dasselbe lässt sich über E-Mails sagen. Wenn Sie gebeten werden, sich Ihre E-Mails anzuschauen und etwas zur verwendeten Sprache zu sagen, würden Sie sich vermutlich auf die wesentlichen Themen fokussieren. Da gab es diverse E-Mails zu diesem Meeting, weitere E-Mails zu einem bestimmten Projekt und einige wenige zu jener großen Abschiedsparty, die Sie für einen Mitarbeiter planen, der demnächst in den Ruhestand geht.

All das sind Beispiele für den Inhalt – das Thema, um das es geht.

Aber so wichtig der Inhalt auch ist, es gibt noch eine weitere Dimension, die häufig übersehen wird: den Sprachstil. Betrachten Sie den Satz *They said to follow up in a couple weeks* – »Sie sagten, wir dürften uns in einigen Wochen noch einmal bei ihnen melden«. Der Inhalt (erneute Kontaktierung nach ein paar Wochen) gibt eine Vorstellung vom Geschehen. Eingebettet in den Inhalt sind jedoch Wörter wie *they*, *to* und *a*.

Diese Pronomen, Artikel und anderen Stilwörter treten häufig in den Hintergrund. Häufig nehmen wir nicht einmal wahr, dass sie da sind. Wahrscheinlich mussten Sie sogar, nachdem ich sie erwähnte, erst einmal genauer hinschauen, um sie in dem Satz zu erkennen. Sie sind fast unsichtbar. Die Menschen übergehen sie schlicht, während sie zwischen den Substantiven, Verben und Adjektiven springen, die den sprachlichen Inhalt – das »Gesagte« – verkörpern.

Aber auch wenn sie häufig übersehen werden, liefern diese Stilwörter in Wahrheit eine Menge Informationen. Die Sprechenden können den Inhalt ihrer Kommunikation nur in bedingtem Umfang variieren. Wenn wir einen Kunden fragen, wann wir uns wieder bei ihm melden dürfen, und er sagt: »in ein paar Wochen«, ist die eine oder andere Version dieser Worte wohl unumgänglich, um diese Idee auszudrücken.

Aber *wie genau* wir diese Idee kommunizieren, steht ganz bei uns. Wir könnten sagen: *They said to follow up in a couple weeks* – »Sie sagten, wir dürften uns in ein paar Wochen wieder bei ihnen melden«, *Following up a couple weeks from now would be good* – »Wenn wir uns in einigen Wochen wieder bei ihnen melden, wäre das gut« oder alle möglichen Variationen. Und während diese Unterschiede gering erscheinen mögen, bieten sie Erkenntnisse über den Verfasser des Satzes selbst, weil sie zeigen, wie jemand kommuniziert: von seiner Persönlichkeit und seinen Vorlieben bis dazu, wie klug er ist und ob er lügt.[55]

Die Forschenden analysierten den Sprachstil der Mitarbeiter. Sie interessierte insbesondere, wie ähnlich die Sprachstile der einzelnen Mitarbeiter zueinander waren.

Mit anderen Worten: Sie interessierte die kulturelle Übereinstimmung; ob die Mitarbeiter von Sprache in ähnlicher Weise Gebrauch machten wie die Menschen um sie herum; ob jemand in der Kommunikation mit jemanden, der viele Personalpronomen (wie *we* oder *I*) verwendete, ebenfalls solche Personalpronomen verwendete, oder ob er Artikel (wie *a* oder *the*) und Präpositionen (wie *in* oder *to*) in ähnlichem Umgang nutzte wie seine Kollegen.

Die Ergebnisse waren bemerkenswert. Ähnlichkeit brachte Erfolg. Mitarbeiter, die einen ähnlichen Sprachstil pflegten wie ihre Kollegen, wurden dreimal häufiger befördert. Sie erhielten bessere Leistungsbewertungen und höhere Boni.

In gewisser Weise waren das großartige Neuigkeiten. Wenn Sie gut zu Ihrem neuen Job passen, stehen die Aussichten gut, dass Sie erfolgreich sein werden.

Aber was ist mit allen übrigen? Was geschieht mit jenen, die nicht »harmonieren«?

Und tatsächlich waren Menschen mit einem anderen Sprachstil weniger erfolgreich. Ihnen wurde viermal häufiger gekündigt.

Sind Menschen, die von Anfang an nicht »harmonieren«, folglich chancenlos?

Nicht ganz. Denn anstatt nur darauf zu schauen, wie die Menschen anfangs »harmonierten«, schauten sich die Forschenden auch an, wie sich die kulturelle Übereinstimmung mit der Zeit veränderte – ob sich manche Mitarbeiter besser anpassen konnten als andere.

Wie in der Biertrinkergemeinde passten sich auch hier die neuen Mitarbeiter rasch an. Nach einem Jahr im Unternehmen hatten sie die sprachlichen Normen der Organisation übernommen.

Nicht jeder passte sich jedoch im selben Maße an. Manche passten sich schneller und manche langsamer an.

Die Anpassungsfähigkeit wiederum erwies sich als Erfolgsfaktor. Während sich erfolgreiche Mitarbeiter anpassten, ließ sich ein solcher Anpassungsprozess bei denen, denen früher oder später gekündigt wurde, nicht beobachten. Sie starteten mit einer geringen kulturellen Übereinstimmung, und diese Nichtübereinstimmung nahm mit der Zeit weiter zu.

Sprachliche Ähnlichkeit half sogar, zwischen Mitarbeitern zu unterscheiden, die im Unternehmen blieben, und jenen, die von sich aus das Unternehmen verließen, um anderswo Chancen wahrzunehmen – nicht, weil ihnen gekündigt wurde, sondern weil sie bessere Angebote erhielten. Diese Leute starteten früh mit der Assimilierung, aber irgendwann begann ihre Sprache wieder stärkere Abweichungen von der Sprache ihrer Kollegen zu zeigen. Ungeachtet ihrer erkennbaren Fähigkeit zur Anpassung hörten sie irgendwann auf, sich darum zu bemühen, und ließen so ihre Absicht durchblicken, früher oder später den Hut zu nehmen.

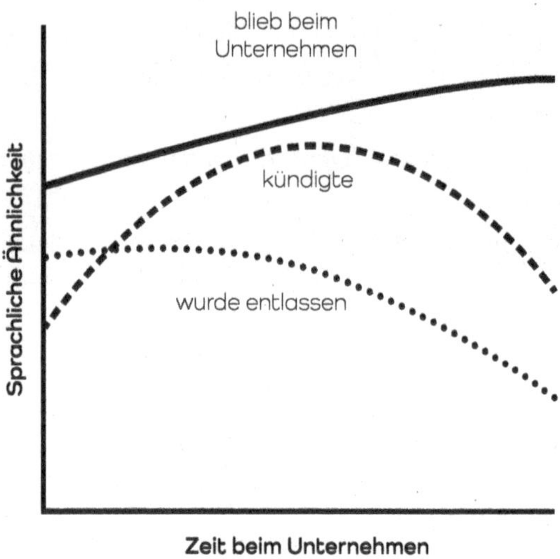

Anpassungsfähigkeit erwies sich als wichtiger als die anfängliche kulturelle Übereinstimmung. Mitarbeiter, die bereits zu Beginn ihrer Zeit im Unternehmen eine gute Übereinstimmung zeigten, waren erfolgreich, aber noch erfolgreicher waren jene, die sich rasch an die sich verändernden Normen anzupassen wussten. Kulturelle Passform ist nichts, was uns angeboren sein muss; wichtig ist nur, dass wir bereits sind, uns mit der Zeit anzupassen.

Die E-Mail-Studie unterstreicht die Vorteile der Übereinstimmung. Die Verwendung einer ähnlichen Sprache kann zu besseren Leistungsbewertungen, höheren Boni und verbesserten Beförderungsaussichten führen. Und die Vorteile der Ähnlichkeit gehen weit über das Leben im Büro hinaus. Leute, die bei einem Date eine ähnliche Sprache wie die mit ihnen verabredete Person sprechen, lassen sich häufiger auf eine zweite Begegnung ein; Studenten, die einen ähnlichen Sprachstil pflegen, freunden sich häufiger miteinander an; und bei Paaren, die ein ähnliches Sprachnutzungsverhalten haben, ist die Wahrscheinlichkeit größer, dass sie drei Monate später noch immer zusammen sind.[56]

Die Verwendung einer ähnlichen Sprache kann den Austausch erleichtern, menschliche Nähe schaffen und die Wahrnehmung verstärken, dass man zum selben »Stamm« gehört. All das wiederum verstärkt die wechselseitige Sympathie, Vertrauen und eine Vielzahl positiver nachgelagerter Effekte.

Aber ist Übereinstimmung immer eine gute Sache? Oder gibt es vielleicht Situationen, in denen Unterschiede besser sind?

Um das herauszufinden, musste ich mich in die Musikbranche begeben.

Unterschiede hervorheben

An einem kühlen Herbstnachmittag machte Montero Hill Musik, wo er es immer tat: in seinem Schlafzimmer. Besser gesagt: im Schrank in seinem Schlafzimmer. Oder im Schrank im Haus seiner Großmutter. Wo immer es gerade stiller war.

Wie viele angehende Musiker probierte der 19-jährige College-Abbrecher verschiedene Dinge aus im Versuch, einen Hit zu landen. Er postete Songs auf SoundCloud und mühte sich ab, eine Fangemeinde aufzubauen.

Als er sich an Halloween auf der Suche nach einem Rhythmus durch YouTube klickte, stieß er auf etwas, das ihn ansprach: die überarbeitete Fassung eines Nine-Inch-Nails-Tracks, hergestellt von einem Möchtegernproduzenten aus den Niederlanden, der ebenfalls Musik im Schafzimmer machte.

Montero erwarb die Rechte auf den Rhythmus für 30 US-Dollar, hinterlegte ihn mit einigen Zeilen Text und veröffentlichte wenige Wochen später einen Song.

Die Wahrscheinlichkeit, dass aus einem Song ein Hit wird, ist extrem gering. Und für neue Künstler oder solche ohne einen Radio-Airplay-Vertrag ist sie noch geringer.

Auf SoundCloud gibt es mehrere Hundertmillionen Songs, und täglich kommen Hunderttausende hinzu. Nur wenige werden mehr als eine Handvoll Male gespielt, und von diesen stammen die meisten von Künstlern, die bereits eine große Fangemeinde haben.

Aber dieser Song war anders. Diese Song durchbrach alle Schranken.

»Old Town Road« von Montero (oder Lil Nas X, als der er heute bekannt ist) wurde viele Milliarden Mal gespielt. Mehr als zehn Millionen Einheiten des Songs wurden verkauft und mit einer Verweildauer von 19 Wochen an der Spitze der Charts schrieb er *Billboard*-Geschichte. Mit ihm wurde Lil Nas X ein allseits bekannter Name, mit der Folge, dass das *Time Magazine* ihn zur einflussreichsten Person des Internets kürte – nicht schlecht für einen Jugendlichen, der in seinem Schafzimmer ein wenig Musik machte.

Aber was machte »Old Town Road« so erfolgreich? Und könnte der Erfolg des Songs uns etwas darüber sagen, warum etwas plötzlich viral geht?

Branchenvertreter, Kulturkritiker und Verbraucher wundern sich seit Langem, warum manche Songs erfolgreich sind und andere nicht. Manche werden millionenfach gestreamt, während andere so gut wie ungehört bleiben. Auf jeden Song wie »Old Town Road«, der die Charts zum Kochen bringt, kommen Tausende wenn nicht gar Zehntausende, die niemals zünden.

Eine Möglichkeit ist, dass hier der reine Zufall am Werk ist – dass es pures Glück ist, wenn ein bestimmter Song das große Los zieht. Selbst sogenannte Experten tun sich schließlich schwer, die Spreu vom Weizen zu trennen. Elvis wurde gesagt, er solle lieber wieder Lastwagen fahren. Den Beatles wurde mitgeteilt, die Zeit der Gitarrenensembles sei vorbei. Lady Gaga wurde erzählt, ihre Musik sei zu »tanzorientiert«, um auf dem Markt erfolgreich zu sein. Selbst wenn eine gewisse Logik hinter der Entstehung von Hits stehen mag, scheint die tiefere Wahrheit häufig schwer zu erkennen.

Um jedoch zu sehen, ob hier nicht doch etwas mehr Systematik am Werk ist, begannen Grant Packard und ich vor ein paar Jahren, nach den Charakteristika eines Hits zu forschen.[57] Jeder Song ist anders, aber wir fragten uns, ob erfolgreiche Songs nicht doch etwas gemeinsam hätten. Insbesondere interessierte uns, ob sie anderen Songs ihres Genres eher ähnelten oder ob sie eher von diesen abstachen. Und als Maß für die Ähnlichkeit untersuchten wir die Themen, die von den einzelnen Songs behandelt wurden.

Bei manchen Songs sind die Hauptthemen leicht zu erkennen. »Endless Love« von Diana Ross und Lionel Richie ist ganz klar ein Liebeslied. Nicht nur finden wir *love* im Titel, sondern der Text beginnt mit *My love*, im dritten Vers kommt *love* vor und insgesamt taucht das Wort *love* in dem Song zwölfmal auf.

Ähnliches gilt für Songs wie »We found love« von Rihanna, »I'll Make Love to You« von Boyz II Men und »Because You Loved Me« von Céline Dion. Ihre Titel und Texte machen es einfach, sie als Liebeslieder einzustufen, und vielen gelten sie als die besten und beliebtesten Liebeslieder aller Zeiten.

Aber andere Songs sind schwerer einzuordnen. »Torn« von Natalie Imbruglia beispielsweise handelt von Liebe und der emotionalen Herausforderung einer harten Trennung. Aber das Wort *love* findet sich in dem Song kein einziges Mal. Es taucht weder im Titel noch im Text auf. Dasselbe gilt für Liebeslieder wie »Leaving on a Jet Plane« von Peter, Paul und Mary und für »Don't Speak« von No Doubt.

Und mag es auch in manchen Songs klar um Liebe gehen, ist damit noch nicht gesagt, dass alle Liebeslieder einander ähneln. »Can't Help Falling in Love« von Elvis Presley und »Before He Cheats« von Carrie Underwood handeln beide von der Liebe, aber die Ähnlichkeit zwischen ihnen ist gering. Manche Liebeslieder (wie »Walking on Sunshine« von Katrina and the Waves) handeln von glücklicher, positiver Liebe, andere handeln von unerwiderter Liebe und wieder andere (wie »You Oughta Know« von Alanis Morissette) von der Wut auf einen oder eine Ex.

Zu sagen, alle diese Songs handelten von demselben Gegenstand, wäre, wie wenn wir *chocolate cake* – »Schokoladenkuchen« – und *crab cakes* – »Krabbenküchlein«– gleichsetzen würden. Abgesehen davon, dass sie beide das Wort *cake* enthalten, verbindet sie ansonsten wenig.

Abseits der Liebeslieder wird die Lage noch schwieriger. Wovon handelt »Hey Jude« von den Beatles? Oder »When Doves Cry« von Prince? Manche Menschen denken, in »Born in the U.S.A.« von Bruce Springsteen beispielsweise ginge es um Patriotismus und amerikanischen Stolz, während darin in Wahrheit von der beschämenden Behandlung der Vietnamkriegsveteranen durch die Vereinigten Staaten die Rede ist.

Was ich damit sagen will, ist: Die Wahrnehmung der Menschen ist vielleicht nicht der zuverlässigste Indikator für die Hauptthemen eines Songs. Anstatt Menschen um Hilfe zu bitten, fragen wir also besser einen Computer.

Stellen Sie sich vor, Sie wären ein Highschool-Schüler, der gerade in eine neue Stadt gezogen ist. Sie kennen niemanden in Ihrer neuen Schule und wissen nicht, wer mit wem befreundet ist. Sie sind also auf Beobachtungen angewiesen. Wenn Sie beispielsweise Danny und Eric wiederholt zusammen sehen, nehmen Sie an, sie seien Freunde. Wenn einer von ihnen häufiger Zeit mit Lucy verbringt oder sie alle gemeinsam rumhängen, schließen Sie daraus vermutlich, dass sie zu ein und derselben Gruppe gehören.

In derselben Weise schaffen Sie möglicherweise weitere Gruppierungen, je nachdem, wen Sie mit wem zusammen sehen: die Sportlichen, die Streber, die Gamer und die Theaterbegeisterten.

Diese Gruppen sind nicht klar abgegrenzt, geben aber einen Eindruck von der Struktur der Klasse. Erstens hocken nicht alle Mitglieder einer Gruppe ständig zusammen. Vielleicht sehen Sie zwei Gamer vor Schulbeginn miteinander reden und später zwei andere Gamer, wie sie gemeinsam für das Mittagessen anstehen. Aber indem Sie wechselnde Paare oder Teilmengen häufig genug zusammen sehen, erhalten Sie einen Eindruck davon, wer zur Gesamtgruppe gehört.

Zweitens: Manche Personen sind stärker mit einer bestimmten Gruppe verbunden als andere. Vielleicht ist Lucy häufiger als Eric dabei, wenn die Sportler sich treffen. Eric taucht hier vielleicht im Schnitt nur jedes fünfte Mal auf.

Dieselbe Idee lässt sich auf Worte übertragen. In derselben Weise, wie wir daraus, wer Zeit mit wem verbringt, auf Gruppenzugehörigkeiten schließen können, fördert ein statistischer Ansatz namens Topic Modeling auf der Basis des gemeinsamen Erscheinens von Wörtern die zugrunde liegenden Themen und Stichpunkte zutage.[58]

Wenn beispielsweise Songs, in denen das Wort *love* vorkommt, häufiger auch die Begriffe *feel* und *heart* enthalten, könnten wir alle diese Begriffe zu einer Gruppe zusammenfassen. Wenn *bounce* und *clap* oder *jump* und *shake* häufig zusammen auftauchen, können wir sie in eine Gruppe packen. Topic Modeling durchforstet Songs (und andere Texte) nach Begriffen, die gemeinsam auftauchen, und bildet aus ihnen entsprechend der Häufigkeit ihres gemeinsamen Erscheinens Gruppen.

Dafür ist es wohlgemerkt nicht erforderlich, die Gruppen im Voraus zu definieren. Anstatt zu entscheiden, dass es so etwas wie Liebeslieder geben muss, lässt Topic Modeling die Themengruppen den Daten entspringen. Die Wortmuster in den Songs entscheiden darüber, welche Gruppen es gibt und wie viele es geben sollte. Zum Beispiel könnte es zwei oder drei verschiedene Arten von Liebe geben, oder es könnte Themen wie Familie oder Technologie geben, von denen den Zuhörern womöglich gar nicht bewusst ist, dass es sie gibt. Aber der Blick auf die Songs und die Begriffe, die in ihnen erscheinen, bringen die Hauptthemen zum Vorschein.

In unserem Fall haben wir durch Anwendung dieser Methode auf Tausende von Songs die Hauptthemen der Songtexte identifiziert. Wie zu erwarten war, erwies sich *love* als ein solches Hauptthema. Neben feuriger Liebe (mit Begriffen wie *love*, *fire* und *burn*) gab es beispielsweise auch die unsichere Liebe (mit Begriffen wie *love*, *need* und *never*).

Aber es gab auch andere Themen. Körperbewegung (mit *bounce*, *jump* und *shake*), Tanzschritte (mit *bop*, *twerk* und *mash*) und Mädchen und Autos (mit *girl*, *road*, *kiss* und *car*), um nur einige zu nennen.

Die meisten Songs wiesen eine Mischung von Themen auf. »I Wanna Dance with Somebody (Who Loves Me)« von Whitney Houston handelt sicherlich vom Tanzen, aber es ist auch ein Liebeslied. Andere Songs kreisten um die Familie und um Positivität. Wie Highschool-Schüler gleichzeitig Sportler und Gamer oder Theaterbegeisterte und Klassenclowns sein könnten, so können auch Songs mehrere Themen haben, die teils stärker und teils schwächer zum Vorschein kommen.

Thema	Beispielwörter
Wut und Gewalt	bad, dead, hate, kill, slay
Körperliche Bewegung	body, bounce, clap, jump, shake
Tanzbewegungen	bop, dab, mash, nae, twerk
Familie	American, boy, daddy, mamma, whoa
Feurige Liebe	burn, feel, fire, heart, love
Mädchen und Autos	car, drive, girl, kiss, road
Positivität	feel, like, mmm, oh, yeah
Spiritualität	believe, grace, lord, one, soul
»Street Credibility«	ass, bitch, dope, rich, street
Ungewisse Liebe	ain't, can't, love, need, never

Indem wir zählten, wie häufig Begriffe aus den einzelnen Themengruppen in einem gegebenen Song vorkamen, quantifizierten wir den Grad der Beschäftigung dieses Songs mit den Themen. Indem wir anschließend den Durchschnitt über alle Songs eines Genres bildeten, bekamen wir ein Gefühl dafür, worum es in den einzelnen Genres in der Hauptsache ging.

Countrysongs beispielsweise handelten häufig von Mädchen und Autos (über 40 Prozent der Texte drehten sich um dieses Thema) und nicht so häufig von Körperbewegungen. Rapsongs sprachen viel über Street Credibility und weniger über Liebe. Dance- und Rocksongs sprachen mehr über feurige Liebe, während Popsongs verstärkt von unsicherer Liebe handelten.

Zuletzt analysierten wir die Beziehung zwischen der Abweichung von der Norm und dem Erfolg eines Songs: ob Popsongs häufiger über ähnliche Dinge sprachen wie andere Songs ihres Genres oder ob abweichende Inhalte dominierten.

Mochten Countrysongs auch überwiegend von Mädchen und Autos handeln, so folgten sie dieser Norm doch in unterschiedlichem Maße. Das Thema konnte stärker oder weniger stark im Vordergrund stehen. In ähnlicher Weise ging es in den meisten Rocksongs um feurige Liebe, aber daneben gab es auch solche, in denen unsichere Liebe und Tanzbewegungen eine größere Rolle spielten. Durch den Vergleich der Songs ein und desselben Genres miteinander erhielten wir einen Eindruck davon, wie stark sie der Norm entsprachen und ob dieser Umstand Einfluss auf die Beliebtheit eines Songs hatte.

Es stellte sich heraus, dass von der Norm abweichende Songs erfolgreicher waren. Ein Countrysong über Mädchen und Autos beispielsweise schnitt ziemlich gut ab, aber die Wahrscheinlichkeit, ein Hit zu werden, war bei einem Song, der von atypischen Themen wie Tanzbewegungen oder Street Credibility handelte, noch größer. Je mehr sich ein Songtext von seinem Genre abhob, desto beliebter pflegte er zu sein.

Und das erklärte sich nicht allein daraus, dass berühmte Künstler häufiger atypische Texte verwenden oder atypische Songs häufiger gesendet werden. Selbst unter Berücksichtigung all dieser und Dutzender weiterer potenzieller Störfaktoren verkauften die atypischen Songs immer noch mehr Exemplare und wurden häufiger gestreamt.

Und wenn bestimmte Songs in mehreren Genres zu Hause waren, brachten sie es in den Charts regelmäßig dort auf die besseren Plätze, wo sie stärker von der Norm abwichen. Künstler, Text und alles andere blieben identisch, aber der Song war erfolgreicher in dem Genre, in welchem der Text ungewöhnlicher war.*

Abweichung stand für Erfolg.

---

* Man könnte sich fragen, ob von der Norm abweichende Songs deshalb beliebter zu sein schienen, weil wir nur auf die Songs mit einem Mindestmaß an Erfolg schauten. Womöglich findet man auch unter den besonders unbeliebten Songs besonders viele von der Norm abweichende Texte. Um diese Möglichkeit zu testen, betrachteten wir eine Matched-Pair-Kontrollgruppe. Für jeden Song, der es in die

Die Korrelation zwischen Abweichung von der Norm und Erfolg hilft also zu erklären, wie »Old Town Road« – der chartstürmende Hit von Lil Nas X – so erfolgreich werden konnte.

Der Song weist viele Country-Elemente auf. Er beginnt mit einer Banjo-Instrumentaleinlage. Der erste Teil des Songtextes handelt von einer typischen Country-Thema, dem Reiten von Pferden (*Yeah, I'm gonna take my horse to the old town road/I'm gonna ride 'til I can't no more*).

Im weiteren Verlauf des Textes begegnen wir lauter Country-Klassikern wie Cowboystiefeln und -hüten, Wrangler-Jeans und Bullenreiten. Lil Nas X selbst klassifizierte den Song bei seiner Veröffentlichung als Country, die Country-Legende Billy Ray Cyrus erscheint auf dem Remix, und als der Song erstmals in den *Billboard*-Charts auftauchte, geschah dies auf der Liste »Hot Country Songs«.

Hört man aber genauer hin, so wird klar, dass »Old Town Road« weit entfernt ist von einer typischen Country-Nummer. Neben Pferden und Cowboystiefeln ist da von Porsches, Schlanksein und Ärschen die Rede. Der Remix mit Billy Ray erwähnt Maseratis und Fendi-Sport-BHs. Und der Cowboyhut? Statt von Stetson ist er von Gucci.

Ähnliches gilt für die Musik. Zwar gibt es ein Banjo, aber zugleich sind die ganze Zeit 808s [elektronische Percussion-Samples, die von der Roland TR-808 Drum Machine erzeugt werden, Anm. d. Red.] und Bass zu hören, wie es eher im Hip-Hop als im Country üblich ist. Und während »Old Town Road« zuerst in den *Billboard*-Country-Charts erschien, wechselte der Song bereits in der nächsten Woche in die »Hot Rap Songs«-Charts.

Nennen Sie es Country Trap, Hick-Hop oder was Sie wollen – »Old Town Road« ist und bleibt untypisch. Dieser den Genres spot-

---

Charts schaffte, wählten wir zufällig einen anderen Song desselben Künstlers aus demselben Album aus, der es niemals in die Charts geschafft hatte. Diese gepaarten Nicht-Hits wichen jedoch im Schnitt weniger von der Norm ab, was unsere Vermutung bestätigte, dass Abweichung von der Norm mit Erfolg korreliert.

tende, Grenzen sprengende Song entzieht sich der Klassifizierung. Zu sehr Rap, um als Countrysong durchzugehen, und zu sehr Country, um ein Rapsong zu sein, vermischt er Elemente verschiedener Genres, um etwas Neues und anderes zu erschaffen.

Aber so untypisch dieser Song auch war, die Gründe für seinen Erfolg waren alles andere als das. Ganz im Gegenteil, sein Erfolg war absolut vorhersehbar. Seine ungewohnte Art war genau das, was ihn zum Hit machte.*

Wann Ähnlichkeit gut ist und wann Unterschiede besser sind

So interessant die Ergebnisse der Musikstudie auch sein mögen – vor dem Hintergrund der E-Mail-Studie ergeben sich aus ihr einige wichtige Fragen. Die Verwendung einer ähnlichen Sprache scheint sich im Büro auszuzahlen, wohingegen eine abweichende Sprache Songs erfolgreicher macht. Wann also ist Ähnlichkeit gut und wann ist Verschiedenheit besser?

Es ist leicht, sich auf etwas zu fokussieren, das für die speziellen Bereiche charakteristisch ist. Die Sprache beispielsweise, die in E-Mails zur Anwendung kommt, zeichnet sich durch Formelhaftigkeit aus, während Musiktexte ausdrucksstärker sind. E-Mails werden häufiger für einen kleinen Adressatenkreis geschrieben, während sich Musiktexte an ein größeres Publikum richten.

---

* Während untypische Songs beliebter waren, könnte man argumentieren, dass ein höheres Maß an typischen musikalischen Elementen helfen könnte, einen Song in seinem Genre zu lokalisieren. Die gezupften Seiten zum Beginn von »Old Town Road« beispielsweise lassen unmittelbar an einen Countrysong denken. Ähnliche Klänge und ein ungewöhnlicher Text können den optimalen Mix von neu und alt bieten: ähnlich genug, um die Wärme der Vertrautheit zu erzeugen, und abweichend genug, um aufregend und neu zu wirken.

Aber im Kern liegt der Unterschied in dem, was Ähnlichkeit und Verschiedenheit hervorrufen oder transportieren kann und was in dem betrachteten Kontext besser ist.

Sprachliche Ähnlichkeit hat eine Reihe von Vorteilen. Um eine ähnliche Sprache verwenden zu können, müssen wir zuerst hinhören, was ein anderer sagt. Folgerichtig stellen wir fest, dass die Verwendung einer ähnlichen Sprache mit besseren Dates oder erfolgreicheren Verhandlungen einhergeht.[59] Eine solche Form der Übereinstimmung kann den Menschen, wie gesagt, das Gefühl geben, dass sie sich im selben Team befinden oder Teil desselben Stammes sind, was Sympathie, Vertrauen und Verbundenheit fördert. Und wirklich: Freunde neigen dazu, mit Sprache ähnlich umzugehen, und Menschen, die Sprache in ähnlicher Weise verwenden, freunden sich mit größerer Wahrscheinlichkeit an. Wie ein gemeinsamer Geburtstag oder der Besuch derselben Schule kann auch die ähnliche Art, mit Sprache umzugehen, ein Signal sein, dass zwei Personen etwas gemeinsam haben und »auf der gleichen Wellenlänge« sind.

Dennoch hat auch die Verschiedenheit Vorteile. Nur immer dasselbe Gespräch zu führen, würde schnell langweilig werden, und früher oder später werden die Menschen es müde, immer denselben Song zu hören. Sie haben ein angeborenes Bedürfnis nach Abwechslung und Stimulation und wissen Neues unter anderem deshalb zu schätzen, weil es dieses Bedürfnis befriedigt. Anstatt immer wieder dasselbe zu tun, halten sie nach Neuem Ausschau, das ihnen attraktiv und spannend erscheint.

Verschiedenheit ist zudem mit Kreativität und Erinnerbarkeit verbunden. Kreative Menschen springen gedanklich eher zwischen verschiedenen Ideen und Slogans, und Filmzitate, die sich deutlicher von anderen unterscheiden (wie *May the Force be with you* – »Möge die Macht mit dir sein« – oder *Frankly, Scarlett, I don't give a damn* – »Offen gesagt, Scarlett, ist mir das egal«) prägen sich besser ein.[60]

In der Summe können wir somit sagen: Ähnlichkeit und Verschiedenheit haben beide ihre Vor- und Nachteile. Ähnlichkeit suggeriert

Vertrautheit und Sicherheit, kann aber auch langweilig sein. Verschiedenheit ist spannend und anregend, kann aber auch riskant sein.

Ob Ähnlichkeit oder Verschiedenheit besser ist, hängt also davon ab, was in einem gegebenen Kontext stärker gefragt ist.

In den meisten Büros sind Mitarbeiter gefragt, die gut ins Umfeld passen. Mögen die Unternehmen auch behaupten, sie legten Wert auf Innovation und Kreativität, so wünschen sie sich doch in erster Linie von ihren Mitarbeitern, dass sie Anweisungen befolgen und die anliegende Arbeit erledigen. Die Mitarbeiter sollen sich einfügen und gute Teammitglieder sein. Eine gruppenkonforme Sprache ist da ein nützliches Signal. Mag es auch Gelegenheiten geben, in denen Verschiedenheit gefragt ist, so wird doch im Allgemeinen der Ähnlichkeit der Vorzug gegeben.

Bei neuen Songs suchen die Menschen jedoch den Reiz des Neuen, und somit ist hier die Verschiedenheit besser. Untypische Filme sind ebenfalls erfolgreicher, und dasselbe gilt für andere Kulturerzeugnisse wie zum Beispiel Musicals. Ein Grund, warum *Hamilton* ein so großer Hit wurde, war, dass sein Stil so sehr von dem abwich, was Theaterbesucher zu sehen gewohnt waren.

Während im Allgemeinen Songs, die von der Norm abweichen, erfolgreicher sind, gilt für Popmusik das Gegenteil. Das leuchtet ein, denn Popmusik lebt definitionsgemäß von Ähnlichkeit und nicht von Verschiedenheit. Farblos und formelhaft, wie sie häufig daherkommt, will sie auch gar nicht Avantgarde sein, sondern den Mainstream bedienen. So überrascht es nicht, dass in einem Bereich, der Wert auf Vertrautheit legt, ähnliche Songs erfolgreicher sind.

Arbeiten Sie in einem Bereich, in dem Kreativität, Innovation oder Stimulation hoch im Kurs stehen? Dann mag sprachliche Verschiedenheit von Vorteil sein. Arbeiten Sie in einem Bereich, in dem es mehr um Vertrautheit, Anpassung und Sicherheit geht? Dann sind Sie mit sprachlicher Ähnlichkeit vermutlich besser beraten.

Was ähnelt einer Grapefruit am meisten?

Die erwähnten Studien zu Bieren, E-Mails und Musiktexten untersuchten allesamt Ähnlichkeiten zwischen verschiedenen Dingen oder Personen: zwischen einzelnen Nutzern und den übrigen Mitgliedern einer Nutzergemeinschaft, zwischen Mitarbeitern und ihrer Kollegenschaft, zwischen Songs und ihrem Genre.

Es zeigt sich jedoch, dass Ähnlichkeit auch noch in einem anderen Sinn eine Rolle spielt: zwischen Teilen ein und derselben Sache (wie beispielsweise den Abschnitten ein und desselben Buches).

Selbst wenn Sie noch nicht von *Verblendung* gehört haben, befindet sich unter Ihren Bekannten höchstwahrscheinlich jemand, der den Psychothriller kennt. Das erste Buch der Millennium-Trilogie des schwedischen Autors Stieg Larsson führt die Leser in die Welt von Lisbeth Salander ein, einer brillanten, aber mit Problemen kämpfende Computerhackerin. Das Buch wurde, nachdem es in Schweden Lobeshymnen geerntet hatte, in viele Sprachen der Welt übersetzt und erreichte eine Gesamtauflage von mehr als 100 Millionen Exemplaren. Es zählt zu den 100 wichtigsten Büchern des 21. Jahrhunderts.

Viele Faktoren tragen zum Erfolg eines Buches bei. Es muss ein interessantes Thema haben, die Charaktere müssen ansprechend sein und es muss über eine gute Handlung verfügen. Aber wann ist eine Handlung gut?

Einen Anhaltspunkt liefern hier die emotionalen Entwicklungslinien, über die wir im fünften Kapitel gesprochen haben. Aber das ist noch nicht alles.

Rezensenten von Büchern wie *Verblendung* verwenden häufig wiederkehrende Formulierungen: »Die Story entwickelt sich rasch«, »Sie ist fesselnd und hat keine Hänger« oder »Sie bewegt sich flott und nimmt den Leser mit.« Häufig wird die zügige Entwicklung der Handlung als eines der Argumente angeführt, warum ein Buch gut zu lesen ist. Aber was bedeutet es für eine Handlung, sich zügig zu entwickeln? Und ist es immer gut, wenn eine Handlung sich zügig entwickelt?

Um diese Frage zu beantworten, müssen wir zuerst die Beziehung, oder Ähnlichkeit, zwischen Worten verstehen.

Was ist einer Grapefruit am ähnlichsten: eine Kiwi, eine Orange oder ein Tiger?

Die Antwort auf diese Frage scheint einfach zu sein. Und wenn Sie ein Mensch oder zumindest ein Mensch von mindestens drei Jahren sind, werden Sie damit keine Schwierigkeit haben. (Eine Orange.)

Aber um Ähnlichkeiten zwischen Tausenden von Begriffen zu ermitteln – und das auch noch schnell –, benötigen wir einen Computer. Und dabei zeigt sich, dass die Beantwortung von Fragen wie diesen für Computer erstaunlich schwierig sein kann.

Maschinenlernen basiert auf der Vorstellung, dass Computer aus Daten lernen können. Sie können in den verfügbaren Informationen Muster erkennen und sogar Entscheidungen treffen, ohne dass Menschen in größerem Umfang eingreifen.

Denken Sie an die Empfehlungen von Amazon oder Netflix. Sie werden nicht von Menschen oder Elfen erstellt, die das Netz nach Informationen durchforsten, sondern von Maschinen. Algorithmen verfolgen, was Sie sich angesehen oder gekauft und was andere sich angesehen oder gekauft haben, und schlussfolgern daraus, was Sie vielleicht sonst noch interessieren könnte.

Haben Sie sich in letzter Zeit ein Hemd für die Arbeit oder eine Kaffeemaschine für die Küche zugelegt? Amazon schlägt ihnen dann vielleicht ähnliche Hemden oder neue Küchengerätschaften vor, für die Menschen Interesse zeigten, die zuvor dieselben Produkte erwarben wie Sie. Haben Sie kürzlich *Die Bourne Identität* gesehen? Netflix schlägt Ihnen dann möglicherweise einen James-Bond- oder einen ähnlichen Actionfilm vor.

Um solche Empfehlungen geben zu können, die sich nach Möglichkeit auch noch mit den bewussten oder unbewussten Wünschen und Bedürfnissen der Adressaten decken, muss der Algorithmus Beziehungen beobachten: Menschen, die *x* kauften, finden häufig auch Gefallen an *y*. Wenn Sie also *x* gekauft haben, könnte *y* für Sie eine geeignete Empfehlung sein.

Die Textvervollständigung auf Ihrem Smartphone funktioniert ähnlich. Wenn Sie (im Englischen) den Buchstaben *d* tippen, schlägt Ihnen Ihr Gerät möglicherweise das Wort *do* vor. Wenn Sie diesen Vorschlag akzeptieren oder das Wort selbst zu Ende tippen, schlägt Ihnen der Algorithmus anschließend vielleicht Wörter wie *we, need, more* und *milk* vor. Auf der Grundlage von Wörtern und Wortfolgen, die Sie (oder andere) bereits geschrieben haben, versucht er zu erraten, was Sie wohl diesmal sagen wollen.

Die Entscheidung, ob eine Grapefruit eher einer Kiwi oder einer Orange ähnelt, fällt einem Computer hingegen schwerer, weil sich deren Beziehungen nicht so leicht beobachten lassen. Menschen kaufen Grapefruits für gewöhnlich nicht auf Amazon, und selbst wenn sie sie im Supermarkt kaufen, sind die Daten nicht besonders wertvoll. Manche kaufen Grapefruits, andere Kiwis und wieder andere Orangen, aber die Kaufmuster liefern kaum Erkenntnisse zur Ähnlichkeit zwischen den Artikeln. Wer Grapefruits kauft, kauft vielleicht auch Brot, Fisch oder diverse andere Dinge. Dass also bestimmte Dinge häufig zusammen gekauft werden, bedeutet nicht viel. Vielleicht werden Grapefruits häufig zusammen mit Hüttenkäse gekauft, ohne dass zwischen beidem große Ähnlichkeiten bestehen.

Während also Daten zum Einkaufsverhalten kaum auf Ähnlichkeiten zwischen den gekauften Artikeln schließen lassen, besitzen Daten zu unserer Alltagssprache sehr wohl einen Aussagewert.

Jeden Tag schreiben Milliarden von Menschen Billionen Wörter im Internet: Nachrichtenartikel, Onlinebewertungen und anderes. Jeder einzelne Artikel und jede einzelne Bewertung geben für sich genommen vielleicht nicht viel her, aber in der Summe liefern sie ein umfassendes Bild von den Beziehungen zwischen diversen Konzepten und Ideen.

Nehmen Sie einen Satz wie »Der Arzt betrat den Operationssaal und streifte sich Handschuhe über«. Oberflächlich betrachtet mag er einfach sein, aber für einen Computer, der zu verstehen versucht, in welcher Beziehung Wörter und Konzepte zueinander stehen, hält er viele nützliche Informationen bereit. Aus ihm geht hervor, dass etwas namens »Arzt« in etwas namens »Operationssaal« geht und sich etwas namens »Handschuhe« überstreift.

Ähnlich dem Ansatz, mit dessen Hilfe wir Themen von Songs identifizierten, liefert ein Blick auf viele Sätze, in denen immer wieder dieselben Begriffe vorkommen, einen Eindruck davon, in welcher Beziehung verschiedene Wörter, Konzepte oder Ideen zueinander stehen. Wenn »Ärzte« häufig »Operationssäle« betreten oder verlassen, sich »Handschuhe« überstreifen oder mit »Patienten« sprechen, kann man ein Gespür dafür entwickeln, was ein »Arzt« ist und tut.

So lernen Kinder. Wenn ein Kind von 15 Monaten Sie das erste Mal auf das Ding in der Mitte Ihres Gesichtes zeigen und »Nase« sagen sieht, hat es keine Idee, worüber Sie sprechen. Für das Kind ist eine Nase ebenso neu und fremdartig wie Demokratie oder Antidisestablishmentarianismus. Aber nachdem es Sie wiederholt »Nase« hat sagen hören, während Sie auf Ihre oder seine Nase oder das Bild einer Nase in einem Buch gezeigt haben, weiß es irgendwann, was eine Nase ist.

Maschinen lernen genauso. Indem Computer beispielsweise alle Artikel auf Wikipedia studieren oder alles, was auf Google News erscheint, können sie lernen, was verschiedene Wörter bedeuten und in welcher Beziehung sie zueinander stehen.

Wenn zum Beispiel »Hunde« häufig als »freundlich« beschrieben werden, beginnen Leser (und Maschinen) möglicherweise, beide Konzepte miteinander zu assoziieren und ihnen eine stärkere Beziehung zuzuschreiben. Und wenn »Katzen« häufiger als »unnahbar« beschrieben werden, kann auch das die Beziehung zwischen diesen beiden Konzepten stärken.

Begriffe müssen nicht gemeinsam in Erscheinung treten, um solche Verbindungen entstehen zu lassen. Wenn Formulierungen wie »Hunde sind Tiere« und »Tiere sind freundlich« häufig genug auftauchen, kann der Computer »Hunde« mit »freundlich« assoziieren, selbst wenn von Hunden nicht ausdrücklich gesagt wird, dass sie freundlich sind.

Der britische Linguist J. R. Firth bemerkte einmal: »Man erkennt ein Wort an dem Umfeld, in dem es sich gern aufhält.« Oder anders formuliert: Was Begriffe bedeuten und welche Beziehungen zwischen ihnen bestehen, wird deutlich, wenn wir uns anschauen, in welchem Kontext sie erscheinen und welche anderen Begriffe in ihrem Umfeld auftauchen. Wie wir aus der Tatsache, dass Menschen Zeit miteinander verbringen, auf eine erhöhte Wahrscheinlichkeit schließen, dass sie miteinander befreundet sind, so ist die Tatsache, dass Wörter häufig nah beieinander auftauchen, ein Indiz dafür, dass zwischen ihnen eine Verbindung besteht.

Im Sinne dieser Idee verwendet einen Technik namens Worteinbettung die Beziehungen zwischen Wörtern, um sie in einem multidimensionalen Raum zu verorten. Wenn Menschen in ein neues Haus oder eine neue Wohnung ziehen und ihre neue Küche einrichten, verstauen sie ähnliche Dinge häufig an einem gemeinsamen Ort: die Löffel kommen in die Besteckschublade, das Gemüse in den Kühlschrank und die Reinigungsmittel unter die Spüle.

Worteinbettung macht etwas Ähnliches mit Wörtern: Je stärker die Beziehung zwischen zwei Wörtern ist, desto näher werden sie verortet. Die Wörter »Hund« und »Katze« beispielsweise befinden sich vermutlich nahe beieinander, weil es sich bei beiden um Haustiere handelt. Gemäß der oben erwähnten Assoziationen befindet sich das Wort »Hund« aber möglicherweise näher zum Wort »freundlich«, während das Wort »Katze« näher beim Wort »unnahbar« angesiedelt ist.

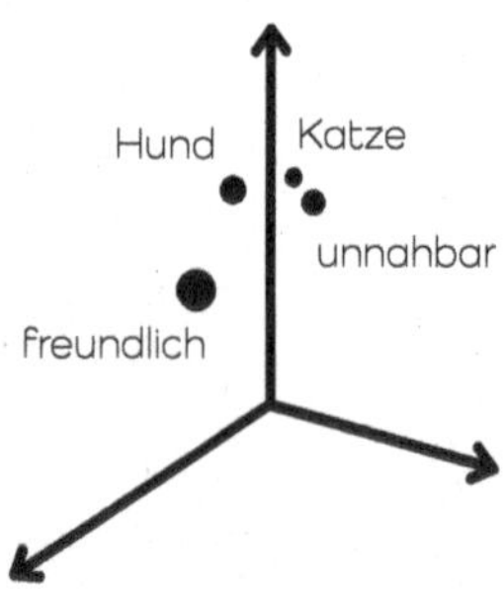

Diese Technik verwendet häufig nicht nur zwei oder drei, sondern viele Hundert Dimensionen.

Und weil miteinander in Beziehung stehende Wörter näher beieinanderstehen, lässt sich die Ähnlichkeit zwischen Wörtern anhand der Entfernung zwischen ihnen messen. Das Wort »Grapefruit« beispielsweise befindet sich näher beim Wort »Orange« als beim Wort »Kiwi«, was zeigt, dass sie einander ähnlicher sind. Und alle diese Obstbegriffe befinden sich selbstverständlich in ziemlicher Entfernung vom Wort »Tiger«.

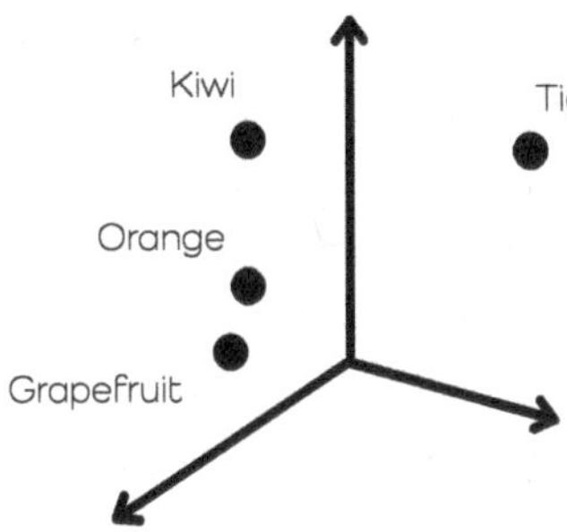

Den Ablauf richtig planen

Worteinbettung ist eine bemerkenswerte Technik. Und wie wir im abschließenden Kapitel sehen werden, lässt sich damit alles Mögliche, von Geschlechtervorurteilen und Rassismus bis zur Gedankenevolution, studieren.

Um aber zu verstehen, ob Bücher und Filme erfolgreicher sind, wenn die Handlung zügiger voranschreitet, beschlossen einige meiner Kollegen und ich, dieselbe Idee auf einen größeren Textkomplex (Sätze und Absätze) anzuwenden. Wie zwei Begriffe einander ähnlicher oder weniger ähnlich beziehungsweise stärker oder schwächer miteinander verbunden sein können, so können zwei Teile eines Buches, eines Films oder eines anderen Textprodukts mehr oder weniger Ähnlichkeit zueinander aufweisen.

Stellen Sie sich ein Geologielehrbuch vor, wie man es in einer Schule verwenden könnte. Es enthält unter anderem Kapitel zur Erdkruste, zu Erdbeben, zum Wetter und sogar zum Sonnensystem.

Wenn wir uns den ersten Teil beispielsweise des Kapitels über Erdbeben anschauen, werden wir feststellen, dass es enge Beziehungen zum nächsten Teil desselben Kapitels aufweist. Das Kapitel beginnt möglicherweise mit einer Definition von Erdbeben, um dann zu beschreiben, wie Erdbeben entstehen. Für beides werden ähnliche Begriffe, Formulierungen und Konzepte verwendet (wie »Erdbeben«, »Verwerfung« und »Plattentektonik«).

Aber während aufeinanderfolgende Teile eines Kapitels ziemlich ähnlich sind, pflegen weiter entfernt stehende Teile des Lehrbuchs weniger Beziehungen aufzuweisen. Das Kapitel über Erdbeben beispielsweise verwendet ganz andere Konzepte, Ausdrücke und Ideen als das Kapitel über das Sonnensystem.

Dieselbe Idee lässt sich auf Romane, Filme und andere Textprodukte anwenden. Eine Szene über eine Hochzeit beispielsweise weist vermutlich stärke Ähnlichkeiten zu einer weiteren Szene über dieselbe Hochzeit auf. Die Protagonisten sind dieselben, die Kulisse ist dieselbe und die Menschen tun höchstwahrscheinlich Dinge, die miteinander in Beziehung stehen.

Die Hochzeitsszene hat jedoch vermutlich weniger Ähnlichkeiten mit einer Szene, in der es um eine außerirdische Invasion, Sporttauchen oder die Reparatur eines Autos geht. Selbst wenn dieselben Personen beteiligt sind, unterscheiden sich immer noch die beteiligten Orte und Gegenstände.

Während die aufeinanderfolgenden Teile eines Buches oder Filmes für gewöhnlich Bezüge zueinander aufweisen, können diese Bezüge unterschiedlich stark sein. Die Teile können sich mehr oder weniger ähneln.

Indem wir die Abstände zwischen den aufeinanderfolgenden Teilen einer Geschichte maßen, bestimmten wir, wie rasch sich die Handlung entwickelte.[61] Wenn beispielsweise auf die Beschreibung einer Hochzeit unmittelbar die Schilderung einer außerirdischen Invasion folgte, sagten wir, dass sich die Handlung zügiger entwickelte, als wenn auf die Beschreibung des ersten Teils einer Hochzeit die Beschreibung ihres zweiten Teils folgte. Wie ein Auto schneller fährt, wenn es in derselben Zeit eine größere Distanz zurücklegt, entwickelt sich eine Handlung schneller, wenn sie zwischen weniger stark zueinander in Beziehung stehenden Ideen wechselt.

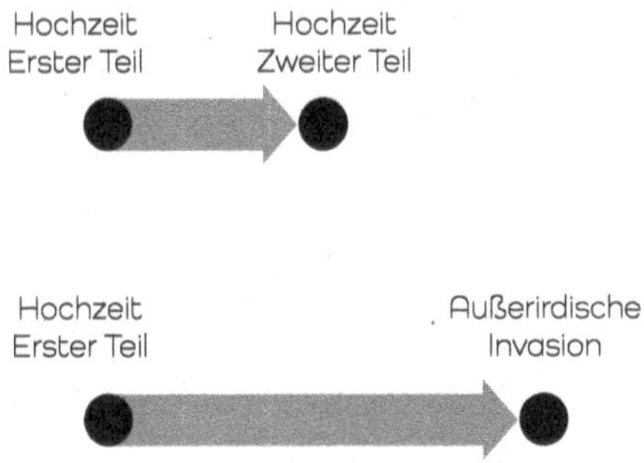

Anschließend untersuchten wir die Beziehung zwischen Entwicklungstempo der Handlung und Erfolg, indem wir Zehntausende von Büchern, Filmen und TV-Shows von Klassikern wie Charles Dickens oder Jack Kerouac bis hin zu jüngeren Büchern wie *High Fidelity* von Nick Hornby oder *Im sicheren Hafen* von Danielle Steel sowie Filme wie *Star Wars* (»Krieg der Sterne«) oder *Pulp Fiction* und Serien wie *I Love Lucy*, *South Park* oder *Friday Night Lights* unter die Lupe nahmen.

In der Summe stellten wir fest, dass Tempo gut war. Bücher, Filme und TV-Shows, deren Handlungen sich zügiger entwickelten, fanden mehr Zuspruch.

Wie der untypische Text einen Song interessanter macht, so macht eine raschere Entwicklung der Handlung eine Geschichte spannender. Der schnellere Wechsel zwischen Themen und Ideen wirkt stimulierend und das Publikum bewertet die entsprechenden Bücher, Filme und Shows positiver.

Abgesehen davon fanden wir heraus, wann die Handlung innerhalb der Geschichten schneller voranschreiten sollte und wann ein langsameres Tempo angebracht war.[62]

Zu Beginn eines Buches oder Films ist die Leinwand leer. Das Publikum weiß nicht, wer die Protagonisten sind, in welchem Umfeld sie sich bewegen und wie alles miteinander in Beziehung steht. Der Beginn einer Geschichte schafft also die Voraussetzungen und damit gewissermaßen das Sprungbrett für den weiteren Verlauf der Handlung.

Ein langsamer Start ist entscheidend. Die Zuschauer müssen zuerst verinnerlichen, wer die Protagonisten sind, in welcher Beziehung sie zueinander stehen und so weiter. Wenn die Handlung zu Beginn zu schnell fortschreitet, verwirrt das möglicherweise das Publikum. Wenn in einem Staffellauf der zweite Läufer zu früh startet, hat der erste Läufer kaum eine Chance, ihn noch rechtzeitig einzuholen, um ihm den Stab zu überreichen. So ähnlich ist es auch in einer Geschichte: Wenn die Handlung zu schnell voranschreitet, kann es leicht passieren, dass das Publikum den Anschluss verpasst.

Und genau das haben wir festgestellt: Am Anfang war zu viel Tempo ungünstig. Das Publikum fand mehr Gefallen an Geschichten, die langsam begannen.

Und tatsächlich: Anstatt voranzustürmen, wiederholen berühmte Volksmärchen und Kindergeschichten zu Beginn häufig ähnliche Konzepte. In *Die drei kleinen Schweinchen* zum Beispiel baut das erste Schwein ein Haus aus Stroh, und der Wolf bläst es um. Anschließend ergeht es einem zweiten Schweinchen sehr ähnlich.

Das Gleiche gilt für Witze. Comedy folgt häufig der Dreierregel, bei der mehreren Personen nacheinander Ähnliches widerfährt: Ein Priester betritt eine Bar, und es passiert etwas. Anschließend betritt eine Nonne eine Bar, und es widerfährt ihr das Gleiche.

Aber nachdem mithilfe der Ähnlichkeit die Grundlage geschaffen wurde, muss die Handlung fortschreiten. Wenn dem dritten Schweinchen oder dem Rabbi, der anschließend die Bar betritt, ebenfalls das Gleiche widerführe, würde die Geschichte oder der Witz rasch langweilig. Nachdem mithilfe der Ähnlichkeit also der Boden bereitet und

Erwartungen erzeugt wurden und das Publikum die Protagonisten kennengelernt und den Kontext verstanden hat, ist es an der Zeit, das Erzähltempo anzuziehen.

Mit fortschreitender Handlung erzeugt Tempo den umgekehrten Effekt. Während das Publikum es gern sieht, wenn die Handlung langsam einsetzt, möchte es, dass der Handlungsverlauf früher oder später an Tempo zulegt. Geschichten, die gegen Ende hin ein flottes Tempo zeigen, werden vom Publikum bevorzugt.

Das Tempo von Geschichten ist wichtig, aber ob ein schnelles oder ein langsames Tempo besser ist, hängt davon ab, an welchem Punkt des Erzählverlaufs wir uns befinden. Die besten Handlungsverläufe beginnen langsam. Sobald jedermann eingestiegen ist, nehmen sie Tempo auf und fesseln die Zuschauer mit raschen Szenenwechseln.

Zusammengenommen haben diese Ergebnisse weitreichende Implikationen: nicht nur, wie wir Geschichten erzählen, sondern wie wir generell kommunizieren sollten. Wenn das Ziel die Unterhaltung ist, ist Tempo gut. Indem wir rasch voranschreiten, halten wir die Spannung aufrecht. Der Anfang einer Schilderung sollte jedoch langsamer erfolgen, um alle Zuhörer mitzunehmen. Anschließend kann die Geschichte dann Fahrt aufnehmen.

Wenn das Ziel hingegen in der Information besteht, ist möglicherweise eine andere Entwicklungskurve besser. Als wir uns den Erfolg akademischer Arbeiten anschauten, bei denen der Informationswert wichtiger ist als der Unterhaltungswert, stellten wir fest, dass Tempo von Nachteil war. Mag der rasche Wechsel zwischen den Ideen auch stimulierend sein, so erschwert er zugleich das Verstehen. Besonders wenn Sie komplexe Ideen präsentieren möchten und Ihr Hauptanliegen die Information ist, sollten Sie also ein langsameres Tempo wählen.*

---

* Wir maßen auch den breiteren Fortgang der Geschichten. Man sagt, Geschichten »legen einen weiten Weg zurück« oder »drehen Schleifen«. Ersteres steht für das

Volumen einer Geschichte, während Letzteres als ihre Weitläufigkeit beschrieben werden kann.

Was das Volumen betrifft, so könnte »Vier Kilometer in 25 Minuten laufen« bedeuten, dass wir viermal eine Runde von einem Kilometer oder einmal eine Runde von vier Kilometern drehen. Bei Letzterem würden wir mehr Weg zurücklegen.

Dasselbe gilt für Geschichten oder Erzählungen. Manche legen einen weiten Weg zurück und streifen eine Vielzahl von unterschiedlichen Themen, die ziemlich weit voneinander entfernt sind. Andere sind lokaler und verweilen bei einer kleinen Gruppe von miteinander verbundenen Ideen. Um dies einzufangen, wickelten wir die Punkte in jeder Geschichte in Klarsichtfolie und maßen das darin enthaltende Volumen.

Volumen half auch, die Gründe für den Erfolg genauer herauszuarbeiten. Einen weiten Weg zurückzulegen, war beispielsweise gut für Filme, aber nachteilig für TV-Shows. Der Grund mag in dem liegen, was die Zuschauer suchen, wenn sie die verschiedenen Medien konsumieren. Während Betrachter von Filmen häufig daran interessiert sind, etwas zu erleben, eine andere Denkweise kennenzulernen oder in eine andere Welt einzutauchen, dienen TV-Shows eher der schnellen Zerstreuung. Zu viele unzusammenhängende Ideen in Folge machen die Dinge verwirrend und vermindern den Genuss.

Wir maßen auch die Weitläufigkeit oder ob Geschichten geradlinig verliefen oder eher einen kurvigen Verlauf nahmen. Ein gewundener Erzählstrang mag wie eine schlechte Sache erscheinen. Aber das traf nicht auf alle Fälle zu. Weitläufigkeit war in akademischen Arbeiten in der Tat hilfreich. Anstatt zentrale Konzepte nur einmal zu präsentieren, kann eine wiederholte, zunehmend tiefere und komplexere Darstellung mit wechselnden Anwendungsbeispielen hilfreich sein, um den Adressaten die Kernkonzepte verständlich zu machen und den Lernprozess zu intensivieren.

SO ERZEUGEN SIE MAGIE

Häufig fokussieren wir uns so sehr darauf, *was* wir kommunizieren wollen, dass wir nicht darauf achten, *wie* wir es kommunizieren. Und sprachliche Ähnlichkeit haben wir mitunter erst gar nicht auf dem Radar.

Das bedeutet jedoch nicht, dass Ähnlichkeit nicht wichtig wäre, spielt sie doch bei so vielem eine entscheidende Rolle: dabei, wer befördert oder entlassen wird, oder dabei, welche Songs, Bücher und Filme die Charts stürmen. Folgendes können Sie tun, um von dieser Erkenntnis zu profitieren:

1. **Signalisieren Sie Ähnlichkeit.** Wenn Vertrautheit nützlich ist oder das Ziel in der Anpassung besteht, kann eine ähnliche Sprache helfen. Indem wir beispielsweise vermehrt darauf achten, wie unsere Kollegen mit Worten umgehen, und uns einige ihrer Manierismen zu eigen machen, sollten wir unseren Erfolg im Büro steigern können.
2. **Heben Sie Unterschiede hervor.** Ähnlichkeit ist jedoch nicht immer gut. Auch die Verschiedenheit hat ihre Vorteile. Insbesondere dann, wenn Sie eine Arbeit verrichten, bei der Kreativität, Innovation oder Stimulation hoch im Kurs stehen, ist es möglicherweise besser, sich von anderen abzuheben.
3. **Planen Sie den Ablauf.** Wenn Sie Präsentationen vorbereiten, Geschichten verfassen oder andere Texte entwerfen, sollten Sie sich die Abfolge der Ideen genau überlegen. Beginnen Sie langsam, um sicherzustellen, dass Sie die Zuhörer mitnehmen, bevor Sie das Tempo anziehen und die Spannung steigern – besonders wenn es auf den Unterhaltungswert ankommt. Wenn Sie aber in erster Linie informieren wollen, ist es besser, wenn Sie Tempo herausnehmen und stärker in die Breite gehen.

Indem wir anfangen zu verstehen, was sprachliche Ähnlichkeit ist, und lernen, sie zu erkennen, können wir effektiver kommunizieren, bessere Texte verfassen und besser erkennen, warum manche Dinge gelingen und andere scheitern.

7

Was Sprache verrät

Am 13. Dezember 1727 hatte am Theatre Royal in London ein Schauspiel namens *Double Falsehood* Premiere. Autor dieser Mischung aus Tragödie und Komödie war ein gewisser Lewis Theobald. Es war die Geschichte zweier junger Damen – einer von hoher und einer von niederer Herkunft – und zweier Herren – eines Edelmannes und eines Schurken – mit ihren verwickelten Beziehungen, Familiendynamiken, Konfrontationen und Versöhnungen.

Das Spannendste an diesem Stück war jedoch seine Herkunft. Auf der Titelseite hieß es, eigentlicher Urheber sei kein Geringerer als William Shakespeare persönlich. Theobald erklärte, er habe ein bislang unbekanntes Shakespeare'sches Manuskript gefunden, das er mühevoll restauriert und in die nunmehr präsentierte Fassung gebracht habe.

Aber stammte das Stück wirklich von Shakespeare? Und wie ließ sich diese Frage mit hinreichender Sicherheit beantworten, nachdem Shakespeare nun schon über 100 Jahre tot war?

Forensische Linguistik

Fragen Sie Menschen nach den größten Dramatikern der Geschichte, und Sie werden stets dieselben Namen zu hören bekommen: Oscar Wilde schrieb *Ernst sein ist alles* und *Das Bildnis des Dorian Gray* und ist einer der beliebtesten Autoren aller Zeiten. Tennessee Williams ist für Stücke wie *Endstation Sehnsucht* und *Die Katze auf dem heißen Blechdach* bekannt und Arthur Miller verfasste amerikanische Klassiker wie *Tod eines Handlungsreisenden* und *Hexenjagd*.

Ein Name jedoch taucht in der Regel ganz oben auf der Liste auf: Shakespeare. Der häufig als Englands Nationaldichter bezeichnete »Barde von Avon« gilt weithin als größter Dichter englischer Sprache. Er ist der geniale Schöpfer von Komödien wie *Ein Sommernachtstraum* und *Der Kaufmann von Venedig* und von Tragödien wie *Romeo und Julia* und *Macbeth*, die in alle größeren Sprachen übersetzt wurden. Seine Werke werden häufiger aufgeführt als die Werke irgendeines anderen Dramatikers und gehören zum Standardrepertoire von Theatern in aller Welt.

In Anbetracht dieses Ruhmes würde man erwarten, dass es eine leicht zugängliche Liste aller seiner Werke gäbe. Wenn wir bei Oscar Wilde, Tennessee Williams oder Arthur Miller nachschauen, haben wir schließlich keine Mühe, eine klar definierte Liste alles dessen zu finden, was sie geschrieben haben.

Bei Shakespeare ist die Situation jedoch komplizierter. Geschriebenes unterlag damals noch keinem Urheberrechtsschutz, und so vermied es der Autor, seine Texte in Umlauf zu bringen – aus Sorge, andere könnten sie stehlen. Das führte dazu, dass die Menschen von den Shakespeare'schen Theaterstücken Gedächtnisniederschriften anfertigten und in Umlauf brachten. Er veröffentlichte zu Lebzeiten auch keine offizielle Liste seiner Stücke, was zusätzlich zur Verwirrung beitrug. Und so ist in Aufzählungen häufig von »ungefähr« 39 dramatischen Werken die Rede, die Shakespeare geschrieben habe, ohne dass die exakte Zahl bekannt wäre.

Ein solches fragliches Werk ist *Double Falsehood.* Theobalds Behauptung, es handele sich um ein Werk Shakespeares, klingt plausibel. Schließlich war Theobald ein begieriger Sammler von Manuskripten, der bereits viele Werke Shakespeares veröffentlicht hatte. So konnte es gut sein, dass er ein bis dahin unveröffentlichtes Juwel aufgespürt hatte.

Aber Theobalds Originalmanuskript fiel einem Bibliotheksbrand zum Opfer, weshalb sich seine Behauptung nur schwer verifizieren lässt. Angesichts des Shakespeare'schen Berühmtheitsgrades waren zudem viele Beobachter skeptisch. Sie äußerten die Vermutung, Theobald sei ein Schwindler gewesen, der versucht habe, Werke eines weniger bekannten Dramatikers Shakespeare unterzuschieben, um ihnen mehr Aufmerksamkeit zu sichern und mehr Eintrittskarten zu verkaufen.

In den nachfolgenden Jahrhunderten blieb die Urheberschaft des Stückes weiter umstritten. Einige Gelehrte führten Belege dafür an, dass das Stück von Shakespeare war, während andere vermuteten, dass es von Theobald stammte. Die Komplexität der Angelegenheit wurde noch dadurch gesteigert, dass 150 Jahre zuvor in London ein thematisch ähnliches Stück präsentiert worden war, das Shakespeare und einem Co-Autor namens John Fletcher zugeschrieben wurde.

Wer also hat das Stück geschrieben? Shakespeare, Theobald, Fletcher oder etwa alle drei in Kombination? In Anbetracht dessen, dass alle infrage kommenden Autoren schon lange tot sind, schien es, als würde sich die Frage niemals lösen lassen.

Im Jahr 2015 jedoch hatten einige Verhaltenswissenschaftler eine Idee, wie sie das Puzzle lösen könnten.[63] Sie durchstöberten keine historischen Dokumente und befragten keine Archive. Weder sprachen sie mit Shakespeare-Experten noch brüteten sie über einzelnen Wörtern oder Wendungen. Sie warfen noch nicht einmal einen Blick in *Double Falsehood*, um ihre Schlussfolgerungen zu ziehen.

Das Einzige, was sie taten, war, einen Computer mit dem Stück zu füttern.

Stellen Sie sich vor, Sie wollten einem Kleinkind beibringen, verschiedene Tiere zu erkennen: Kühe, Hühner, Ziegen und andere Lebewesen, die wir auf einem Bauernhof erwarten würden.

Sie könnten ihm zuerst ein Bild von einer Kuh zeigen und dazu mehrmals das Wort »Kuh« sagen. Anschließend könnten Sie ihm ein Bild von einem Huhn zeigen und dazu das Wort »Huhn« sagen. Zuletzt könnten Sie dasselbe mit dem Bild einer Ziege wiederholen.

Ein Durchgang wäre jedoch vermutlich nicht genug. Ein 15 Monate altes Kind, das niemals zuvor eine Kuh gesehen hat, wird sie vermutlich nicht gleich nach dem ersten Mal wiedererkennen können.

Sie müssten also wahrscheinlich ein wenig üben. Sie würden erst ein Buch mit Bildern von Bauernhoftieren mehrere Male durchgehen, um anschließend vielleicht zu einem anderen Buch zu greifen. Das Kind erkennt, dass eine Kuh nicht einfach nur ein Bild in einem bestimmten Buch ist, sondern mehr als das. Es kann unterschiedliche Kühe in unterschiedlichen Büchern als die gleiche Sache erkennen und vielleicht sogar neue Bilder von Tieren als Kühe erkennen – auch in Büchern, die es noch nie zuvor gesehen hat.

Kurz gesagt: Es hat das Konzept einer Kuh verstanden.

Das Erkennen, ob etwas eine Kuh ist oder nicht, ist ein Beispiel für das Klassifizieren – etwas, das sich auch einer Maschine beibringen lässt. Ein Algorithmus, dem wir eine Reihe von Bildern vorlegen und sie mit Etiketten versehen (indem wir zum Beispiel sagen, was eine Kuh ist und was nicht), kann lernen, diese Unterscheidungen selbst zu treffen. Wenn dem Algorithmus anschließend ein Bild von einer Kuh gezeigt wird, das er womöglich noch nie zu sehen bekommen hat, kann er aufgrund dessen, was er aus den anderen Bildern gelernt hat, korrekt angeben, ob es sich bei diesem neuen Gegenstand um eine Kuh handelt oder nicht.

Texte lassen sich in derselben Weise klassifizieren. Algorithmen, die anhand relevanter Beispiele trainiert wurden, können lernen, »Hate Speech« in sozialen Medien zu erkennen oder zu entscheiden, in welche Rubrik einer Zeitung ein bestimmter Artikel gehört.

Einen ähnlichen Ansatz machten sich die Forschenden zunutze, um zu bestimmen, wer *Double Falsehood* geschrieben hatte. Sie identifizierten sämtliche Werke, von denen bekannt war, dass sie von den einzelnen infrage kommenden Verfassern stammten. Anschließend gaben Sie sie in ein Textanalyseprogramm ein, um für Hunderte von Begriffskategorien zu ermitteln, wie häufig sie in den einzelnen Texten vorkamen: wie viele Pronomen (zum Beispiel »ich« und »du«) sie enthielten, ob sie viele gefühlsbeladene Wörter verwendeten oder ob sie eher zu längeren oder zu kürzeren Wörtern tendierten.

Zwar waren nicht alle Stücke ein und desselben Autoren identisch in diesen Dimensionen, aber indem die Wissenschaftler Dutzende von Stücken verglichen, begann sich für jeden Autor eine linguistische Signatur herauszuschälen. Indem sie diese Signaturen dann mit der in *Double Falsehood* verwendeten Sprache verglichen, konnten sie bestimmen, wer das Stück geschrieben hatte.

Die Analyse ergab, dass *Double Falsehood* keine Fälschung war. Die ersten drei Akte stammten ganz offensichtlich aus Shakespeares Feder und die letzten mit großer Wahrscheinlichkeit von Shakespeares früherem Co-Autor John Fletcher. Und passend zu Theobalds Ruf als jemandem, der sich nicht scheute, an die von ihm herausgegebenen Stücke noch einmal selbst Hand anzulegen, wies der Text auch Spuren von Theobalds Handschrift auf.

Zwei Verhaltenswissenschaftler hatten ein jahrhundertealtes literarisches Mysterium aufgelöst, ohne das Stück selbst dazu lesen zu müssen.

Was Sprache verrät

Die ersten sechs Kapitel dieses Buches drehten sich um die Wirkung von Sprache: wie wir mithilfe von magischen Worten, Sätzen und linguistischen Stilen glücklicher, gesünder und erfolgreicher sein können; wie Sprache Kollegen, Freunde und Kunden beeinflusst.

Wie der Fall von *Double Falsehood* illustriert, erfüllt Sprache jedoch eine doppelte Funktion. Worte beeinflussen nicht nur die Menschen, die sie hören oder lesen, sondern *verraten* auch etwas *über* die Personen, die sie hervorbringen.

Shakespeare beispielsweise pflegte vergleichsweise wenige Worte zu verwenden, die mit Gefühlen zu tun haben, während sie bei Theobald häufig vorkommen. Theobald nutzte zudem viele Präpositionen (wie *of*, *in* und *from*) und Artikel (*the* und *an*), während wir bei Fletcher vermehrt Hilfsverben und Adverbien finden. Unterschiedliche Autoren neigen zu unterschiedlichen Schreibstilen.

So wird Sprache zu einer Art Fingerabdruck. Sie hinterlässt Spuren oder Signale der Person oder der Personen, die sie erzeugen.

Und weil ähnliche Menschen sich häufig auch einer ähnlichen Sprache bedienen, können wir aus der Sprache, die jemand von sich gibt, viel darüber lernen, wer er ist. Ältere Menschen sprechen anders als jüngere, Demokraten anders als Republikaner und Introvertierte anders als Extrovertierte.[64] Sie verwenden nicht komplett andere Worte und es gibt sicherlich Überschneidungen, aber die Kenntnis dessen, was jemand gesagt hat, hilft uns sicherlich bei der akkuraten Bestimmung seines Alters, seiner politischen Ansichten und seiner Persönlichkeit.

Und der prädiktive Wert der Sprache hört hier noch nicht auf. Anhand der Worte, die jemand verwendet, können Sie vorhersagen, ob er lügt. Und aus dem Bewerbungsaufsatz eines College-Aspiranten lässt sich erkennen, ob er ein guter Schüler sein wird.[65] Ob eine Gebärende an postpartaler Depression leiden wird, lässt sich aus ihren Facebook-Posts herauslesen[66], wie sich auch bei einem romantischen Paar allein schon aus ihren Beiträgen in den sozialen Medien (selbst wenn es darin überhaupt nicht um Beziehungen geht) erkennen lässt, ob ihnen ein Trennungsprozess bevorsteht.[67]

Menschen nutzen Sprache, um sich auszudrücken, mit anderen zu kommunizieren und bestimmte Ziele zu erreichen, und deshalb erzählt uns die verwendete Sprache viel darüber, wer sie sind, wie sie sich fühlen und was sie in der Zukunft wohl tun werden. Selbst wenn Menschen nicht strategisch kommunizieren oder bewusst versuchen, auf die eine oder andere Weise zu sprechen, verraten die Worte, deren sie sich bedienen, viele interessante und wichtige Dinge über sie.

Etwa, wie wahrscheinlich es ist, dass jemand seinen Bankkredit nicht zurückzahlen wird.

Die Zukunft vorhersagen

Stellen Sie sich vor, Sie müssten entscheiden, ob Sie einer oder zwei fremden Personen ein Darlehen gewähren wollen. Beide bitten Sie um 2000 Euro, um ihr Dach zu reparieren, und beide weisen identische demografische und finanzielle Parameter auf. Sie sind gleichen Alters, gleicher ethnischer Herkunft und gleichen Geschlechts, leben in der gleichen Gegend und haben das gleiche Einkommensniveau und die gleiche Schufa-Bewertung. Der einzige Unterschied sind die Worte, die sie in ihrem Darlehensantrag verwenden.

Erste Person	Zweite Person
Ich bin ein hart arbeitender Mensch, bin seit 25 Jahren verheiratet und habe zwei wunderbare Jungen. Lassen Sie mich bitte erklären, warum ich Hilfe benötige. Ich würde das Darlehen über 2000 Euro nutzen, um unser Dach zu reparieren. Besten Dank, Gott segne Sie, und ich verspreche, das Geld zurückzuzahlen.	Während die vergangenen Jahre in unserem neuen Zuhause mehr als großartig waren, leckt nunmehr das Dach und ich muss mir zur Deckung der Reparaturkosten 2000 Euro leihen. Ich bezahle alle meine Rechnungen (wie Autokredit, TV, Strom, Wasser) stets pünktlich.

Wer von beiden, glauben Sie, wird das Geld mit größerer Wahrscheinlichkeit zurückzahlen?

Darlehensgeber, die entscheiden müssen, ob sie jemandem Geld leihen wollen, schauen häufig in erster Linie auf die Fähigkeit des potenziellen Darlehensnehmers, das Geld auch wieder zurückzuzahlen. So einfach diese Frage klingen mag – ihre Beantwortung erweist sich am

Ende häufig als ziemlich komplex. Darlehen haben lange Rückzahlungsfristen und in der Zwischenzeit können viele unvorhergesehene Dinge geschehen. Banken und andere Finanzinstitutionen verwenden deshalb häufig Tausende von Datenpunkten, um die Risiken der Darlehensvergabe abzuschätzen.

Die elementarste Kategorie ist die Finanzkraft des potenziellen Darlehensnehmers. Die Kredithistorie dokumentiert, wie häufig jemand Kredite (Hypothekendarlehen, Bankkredite, Kreditkartenkonten) in Anspruch genommen hat, ob er seine Rechnungen pünktlich bezahlt oder ob bei ihm schon einmal der Pfänder vor der Tür gestanden hat. Kreditscores wie Schufa oder Fico, die unter Umständen auch das Einkommensniveau und den Verschuldungsgrad berücksichtigen, kommen ebenfalls zur Anwendung. So könnte beispielsweise jemandem, der überschuldet ist oder bereits in der Vergangenheit Konkurs angemeldet hat, ein erhöhtes Ausfallrisiko unterstellt werden.

Neben der Finanzkraft spielt möglicherweise auch die Demografie eine Rolle. Auch wenn beispielsweise in den USA der Equal Credit Opportunity Act und der Fair Housing Act die Berücksichtigung demografischer Variablen wie Rasse und Geschlecht bei der Entscheidung über die Vergabe von Darlehen untersagen, stützen sich einige Darlehensgeber bei ihren Entscheidungen möglicherweise auf damit zusammenhängende Faktoren.

Und schließlich kommen auch Aspekte des Darlehens selbst ins Spiel. Je größer das beantragte Darlehen und je höher der Zinssatz, desto größer ist möglicherweise die Wahrscheinlichkeit eines Kreditausfalls.

Sosehr alle diese Informationen helfen mögen, das Risiko vorherzusagen – sie sind nicht wirklich diagnostisch. Ein Kreditscore beispielsweise liefert einen Schnappschuss von dem, was sich in der Vergangenheit abgespielt hat, lässt aber häufig wichtige Faktoren wie Gesundheitszustand und Beschäftigungsdauer außer Acht, die größere Relevanz für die Zukunft haben. Persönlichkeit und emotionale Verfassung beeinflussen ebenfalls das finanzielle Verhalten, werden aber von den rein finanziellen Metriken nicht erfasst.

Könnten die Worte der Menschen hier vielleicht zusätzliche Erkenntnisse liefern?

Crowdfunding und Social-Lending-Plattformen spielen im heutigen Kreditmarkt eine große Rolle. Anstatt eine größere Bank um einen Kredit zu bitten, können Verbraucher posten, was sie benötigen, und individuelle Investoren oder potenzielle Kreditgeber können entscheiden, wem sie Geld leihen wollen. Investoren erhalten so oft höhere Renditen als über andere Investitionsformen, und Kreditnehmer bekommen häufig günstigere Konditionen geboten als bei einer traditionellen Bank. Prosper beispielsweise hat mehr als einer Million Menschen einen Kredit vermittelt, ob für die Ablöse von College-Krediten oder die Verbesserung des eigenen Heims.

Neben den quantitativen Angaben wie Kreditsumme und Kreditscore liefern die potenziellen Kreditnehmer in der Regel auch noch eine kurze schriftliche Begründung – eine kurze Beschreibung dessen, was sie mit dem Geld vorhaben und warum ein Kreditgeber es gerade ihnen gewähren möge. Jemand könnte angeben, dass er sein Geschäft zu erweitern und von dem Geld mehr Produkte einzukaufen gedenkt. Ein anderer könnte sagen, dass er das Geld braucht, um sein Dach zu reparieren oder mehr Materialien für seinen Klassenraum anzuschaffen.

Nicht nur die Beweggründe unterscheiden sich, sondern auch die verwendete Sprache. Die beiden Personen in dem Beispiel oben, die um Geld bitten, um ihre Dächer zu reparieren, verwendeten dazu ganz unterschiedliche Worte. Einer beschrieb sich als »hart arbeitende« Person, während der andere angab, »alle seine Rechnungen pünktlich zu bezahlen«. Der eine erwähnte seine Familie (»seit 25 Jahren verheiratet, zwei wunderbare Jungen«), der andere nicht.

Man könnte diese Beschreibungen leicht als nicht verifizierbares »Geschwätz« abtun. Dass jemand erzählt, dass er »den Kredit definitiv zurückzahlen« wird, ist schließlich noch lange keine Garantie, dass er es auch wirklich tun wird. Und als glaubwürdig und zuverlässig kann sich jeder bezeichnen, ob er es ist oder nicht.

Um jedoch herauszufinden, ob dieses scheinbar beiläufige Geschwätz vielleicht doch etwas über das Kreditausfallrisiko aussagt, analysierten die Forschenden mehr als 120 000 Kreditanträge.[68] Neben finanziellen und demografischen Angaben wie Wohngegend, Geschlecht und Alter analysierten sie auch die von den Kreditinteressierten in ihren Anträgen mitgelieferten Texte: von potenziell relevanten Dingen wie dem beabsichtigten Verwendungszweck (zum Beispiel Dachreparatur oder Wareneinkauf) bis zu scheinbar unmaßgeblichen Dingen wie die Erwähnung von Familie oder Religion.

Wie man vermuten würde, spielten finanzielle und demografische Angaben eine wichtige Rolle. Allein anhand dieser Variablen ließ sich das Kreditausfallrisiko bereits ziemlich gut abschätzen.

Die Analyse der Texte ermöglichte es jedoch, die Genauigkeit dieser Vorhersage weiter zu steigern. Im Vergleich zur ausschließlichen Verwendung der finanziellen und demografischen Angaben steigerte die Einbeziehung der aus den Texten gewonnenen Erkenntnisse die Investitionsrendite der Kreditgeber um fast sechs Prozent.

Die Texte allein waren bereits nahezu ebenso aussagekräftig wie die gewöhnlichen finanziellen und demografischen Angaben, auf die sich Banken in der Regel verlassen. Während die Kreditnehmer natürlich an dem Geld interessiert waren, ließen ihre Worte, ohne dass ihnen das bewusst war, erkennen, ob sie das Geld am Ende tatsächlich zurückzahlen würden.

Die Forscher identifizierten auch die Begriffe und Formulierungen, an denen sich am besten erkennen ließ, ob jemand zur Gruppe der Rückzahler oder der Nichtrückzahler gehörte. Rückzahler verwendeten häufiger Begriffe und Formulierungen, die sich auf ihre finanzielle Situation bezogen (wie »Zinsen« und »Steuern«) oder auf Verbesserungen ihrer Finanzkraft (wie »Bildungsabschluss« oder »Beförderung«). Sie verwendeten auch Begriffe und Formulierungen, die ihre finanzielle Vorbildung erkennen ließen (wie »Reinvestition« oder »Mindestraten«) und erwähnten häufiger Themen wie Beschäftigung und Schule, Zinssatzsenkungen und monatliche Zahlungen.

Nichtrückzahler verwendeten demgegenüber eine ganz andere Sprache. Sie nutzten häufiger Begriffe und Formulierungen, die sich auf finanzielle Engpässe bezogen (wie »Überbrückungskredit« oder »Refinanzierung«) oder allgemein auf Notlagen (wie »Stress« oder »Scheidung«) und Begriffe und Formulierungen, mit denen sie ihre Situation zu erklären versuchten (wie »erklären, warum«), oder sprachen über ihre Arbeitssituation (wie »harte Arbeit« oder »Arbeiter«). Auch schlugen sie häufiger einen flehenden Ton an (»benötige Hilfe« oder »bitte helfen Sie«) oder appellierten an religiöse Gefühle.

Während bei Menschen, die das Wort »Reinvestition« – oder »reinvestieren« – verwendeten, die Wahrscheinlichkeit, dass sie ihren Kredit vollständig zurückzahlten, fast fünfmal so hoch war, war ein Kreditausfall bei denen, die das Wort »Gott« verwendeten, doppelt so häufig wie bei denen, die dies nicht taten.

In anderen Fällen sprachen Zurückzahler und Nichtzurückzahler über ähnliche Themen, aber auf unterschiedliche Weise. Beide verwendeten beispielsweise Zeitbegriffe, aber die Nichtrückzahler schienen sich mehr auf die nahe Zukunft zu fokussieren (zum Beispiel den nächsten Monat), während die Rückzahler eher die weitere Zukunft im Blick hatten (zum Beispiel das nächste Jahr). Wenn sie beide über Personen sprachen, dann sprachen die Rückzahler eher über sich selbst (zum Beispiel »ich werde« und »ich bin«), während Nichtrückzahler dazu tendierten, über andere zu sprechen (zum Beispiel »Gott«, »er« oder »Mutter«). Und wenn Nichtrückzahler sich selbst berücksichtigten, dann häufiger in der Form von »wir« als von »ich«.

Viele Aspekte des Schreibstils der Nichtzurückzahler ähneln interessanterweise dem von Lügnern und Extrovertierten. Wenngleich es keine offensichtlichen Anzeichen dafür gab, dass die Nichtrückzahler in ihren Anträgen bewusst irreführende Angaben machten, spiegelte ihr Schreibstil möglicherweise Zweifel bezüglich der eigenen Fähigkeit wider, den Kredit am Ende zurückzahlen zu können.

Um auf die zwei Personen zurückzukommen, die sich um einen Kredit für die Reparatur ihrer Dächer bewarben: Beide hatten überzeugende Gründe. Beide schienen freundliche Personen zu sein, die das Geld für einen guten Zweck einzusetzen gedachten.

Erste Person	Zweite Person
Ich bin ein hart arbeitender Mensch, bin seit 25 Jahren verheiratet und habe zwei wunderbare Jungen. Lassen Sie mich bitte erklären, warum ich Hilfe benötige. Ich würde das Darlehen über 2000 Euro nutzen, um unser Dach zu reparieren. Besten Dank, Gott segne Sie, und ich verspreche, das Geld zurückzuzahlen.	Während die vergangenen Jahre in unserem neuen Zuhause mehr als großartig waren, leckt nunmehr das Dach und ich muss mir zur Deckung der Reparaturkosten 2000 Euro leihen. Ich zahle sämtliche Rechnungen (wie Autokredit, TV, Strom, Wasser) stets pünktlich.

Bei der zweiten Person ist die Wahrscheinlichkeit, dass sie das Geld zurückzahlen wird, jedoch größer. Vielleicht klang die erste Person überzeugender, aber das Ausfallrisiko ist bei ihr in Wahrheit achtmal so groß wie bei der zweiten Person.*

Die Worte der Menschen verrieten etwas über ihr zukünftiges Verhalten. Selbst wenn sie verheimlichen wollten, was sie zu tun gedachten, oder sich dessen gar nicht bewusst waren, machte es sich in ihrer Sprache bemerkbar.

* Ähnliche Effekte lassen sich in vielen anderen Bereichen beobachten. Onlinekäufer beispielsweise, die bei der Eingabe von Name und Adresse nur Kleinbuchstaben verwenden, bleiben zweimal so häufig die Bezahlung der bestellten Ware schuldig. Käufer, deren E-Mail-Adresse den Vor- und/oder Nachnamen enthält, haben ein geringeres Ausfallrisiko.

Was uns Sprache über die Gesellschaft verrät

Dass Sprache verrät, wer ein Theaterstück schrieb oder ob jemand sein Bankdarlehen nicht zurückzahlen wird, ist faszinierend. Worte leisten aber in Wahrheit noch viel mehr. Denn Sprache erzählt uns nicht nur etwas über einzelne Personen, sondern auch über die Gesellschaft im Allgemeinen: die Vorurteile und Überzeugungen, die unser Bild von der Welt prägen.

Sexismus ist allgegenwärtig. Von Einstellung und Beurteilung bis zu Anerkennung und Vergütung werden Frauen häufig weniger vorteilhaft wahrgenommen und weniger fair behandelt. Beispielsweise erhalten sie häufig weniger Geld für den gleichen Job, und der gleiche Lebenslauf wird mit einer geringeren Qualifikation gleichgesetzt und erhält ein geringeres Gehaltsangebot, wenn er mit einem weiblichen statt einem männlichen Namen verbunden ist.

Aber woher stammen solche Vorurteile? Und wie lassen sie sich verringern?

Wenn es um Sexismus, Gewaltverbrechen oder so manche andere soziale Missstände geht, geben Kritiker häufig der Kultur die Schuld. Sie argumentieren, dass gewalttätige Videospiele die Menschen verrohen und dass frauenfeindliche Musik die Vorurteile weiter verstärkt.

Und in dieser Vorstellung steckt einige Wahrheit. Songtexte beispielsweise, in denen Frauen schlecht wegkommen, verstärken frauenfeindliche Einstellungen und Verhaltensweisen. Texte hingegen, die der Geschlechtergerechtigkeit das Wort reden, können frauenfreundliches Verhalten fördern. Ein Grund, warum sich Stereotype und Vorurteile so beharrlich halten, könnte folglich sein, dass sie fortlaufend von den Songtexten, Büchern, Filmen und anderen Kulturerzeugnissen verstärkt werden, die wir täglich konsumieren.

Aber während Kulturerzeugnisse ihre Wirkung haben mögen, fällt es schwerer zu erkennen, worauf genau diese Wirkung beruht. Stichwort Musik: Sind die Songtexte tatsächlich Ausdruck einer frauenfeindlichen Einstellung? Und wie haben sich die Texte über die Zeiten verändert?

Um diese Frage zu beantworten, sammelten Reihane Boghrati und ich mehr als eine Viertelmillion Songs aus den Jahren 1965 bis 2018[69]: von den Hits von heute (zum Beispiel von John Mayer und Usher) und berühmten Oldies (wie »Midnight Train to Georgia« von Gladys Knight) bis zu Songs, die Sie niemals gehört haben – Zehntausende von Songs aus Pop, Rock, Hip-Hop, Country, Dance und R&B.

Anstatt Menschen zu bitten, sich sämtliche Songs anzuhören, was zeitaufwendig und subjektiv gewesen wäre, griffen wir zur automatisierten Textanalyse. Ähnlich dem von den Shakespeare-Detektiven genutzten Ansatz fütterten wir einen Algorithmus mit den Texten sämtlicher Songs, um zu verstehen, ob die Songs unterschiedlich über die Geschlechter sprachen: nicht nur, ob die Texte explizit positive oder negative Dinge sagten, sondern ob sie subtilere und potenziell wirksamere Typen von Vorurteilen aufwiesen – ähnlich denen, die sich bei der Auswahl von Jobbewerbern bemerkbar machen.

Stellen Sie sich vor, wir hätten zwei Jobbewerber, Mike und Susan. Beide sind Stars ihres Fachs. Mike ist total fähig und erfahren, und Susan ist superfreundlich und hilfsbereit. Beide kann ich gar nicht genug preisen.

Haben Sie es bemerkt? Vermutlich nicht, denn wir stellen uns unter Vorurteilen meist ziemlich explizite Dinge vor.

Wenn ein Einstellungsbeauftragter Männer und Frauen unterschiedlich behandelt, ist er klar vorurteilsbelastet. Wenn ein Lebenslauf einen anderen Eindruck hinterlässt je nachdem, ob der Kandidat Dylan (ein stereotyp weißer Name) oder DeAndre (ein stereotyp afroamerikanischer Name) heißt, lässt sich der Rassismus dahinter unschwer erkennen.

Es zeigt sich jedoch, dass subtilere Formen der Voreingenommenheit ebenso gefährlich sein können. Denken Sie daran, wie Mike und Susan beschrieben wurden. Vordergründig wurde über beide Positives gesagt. Was sich unterscheidet, ist, in welchem Sinne diese Worte positiv waren.

Passend zu den Worten, mit denen Mike beschrieben wurde (»fähig« und »erfahren«) wird bei Männern häufig ihre Kompetenz herausgestellt: wie klug, intelligent oder erfolgreich sie sind, ob sie strategisch denken können und wie gut sie es verstehen, Probleme zu lösen. Sie brauchen nur nach Bildern kompetenter Menschen zu suchen, und die Ergebnisse zeigen nahezu doppelt so häufig Männer.[70]

Wenn jedoch von Frauen die Rede ist, liegt der Fokus häufig auf anderen Merkmalen. Passend zu den Worten, mit denen Susan beschrieben wurde (»freundlich« und »fürsorglich«), liegt das Augenmerk bei Frauen häufig bei ihrer Herzenswärme: wie fürsorglich, hilfreich und freundlich sie sind und ob sie es verstehen, positive Beziehungen aufzubauen und anderen zu helfen, sich zu entwickeln. Suchen Sie nach Bildern von warmherzigen Menschen, und fast zwei Drittel der Ergebnisse werden Frauen zeigen.

Der Unterschied zwischen Herzenswärme und Kompetenz mag klein erscheinen, hat aber gewaltige Konsequenzen. Einstellung und Beförderung beispielsweise hängen für gewöhnlich – insbesondere wenn es um Führungsrollen geht – davon ab, wie kompetent jemand erscheint. Und weil die Sprache, mit der Frauen beschrieben werden, den Fokus weniger häufig auf ihre Kompetenz legt, sind Frauen hier benachteiligt.

Wir untersuchten, ob sich dieser linguistische Unterschied in der Musik zeigte: ob beispielsweise Songtexte weniger häufig von Kompetenz oder Intelligenz handelten, wenn von Frauen die Rede war, und ob sich das über die Zeiten veränderte.

Die Ergebnisse wiesen deutlich Schwankungen auf. In gewisser Hinsicht haben sich die Dinge verbessert. In den 1970er- und frühen 1980er-Jahren zeugten die Texte von deutlichen Vorurteilen gegenüber Frauen. Wenn darin jemand als intelligent, klug, ambitioniert oder tapfer beschrieben wurde, handelte es sich sehr viel häufiger um einen Mann als um eine Frau. In den späten 1980er- und frühen 1990er-Jahren hingegen entwickelten sich die Dinge mehr in Richtung Geschlechtergerechtigkeit. Ob Pop, Dance, Country, R&B oder sogar Rock, die Beschreibungen wurden ausgewogener und der Unterschied zwischen Frauen und Männern verringerte sich.

In den späten 1990ern jedoch drehte sich der Wind. Die Texte enthielten wieder mehr Vorurteile und tun dies bis heute: nicht in dem Umfang wie in den 1970ern, aber sicherlich mehr als in den frühen 1990ern.*

Diese Veränderungen scheinen im Übrigen vor allem die von Männern verwendete Sprache zu betreffen. Die Sprache der Musikerinnen dagegen hat sich kaum verändert. Schon in den 1970er-Jahren sprachen sie zumeist ähnlich über Männer und Frauen, und dieser Trend hält bis heute an, wohingegen die Sprache der männlichen Musiker einem viel größeren Wandel unterliegt: Nach starken Vorurteilen in den 1970ern verbesserte sich die Situation bis in die frühen 1990er, um sich in den letzten Jahrzehnten wieder zu verschlechtern.

Musik ist nicht das einzige Feld, das solche Geschlechterunterschiede zeigt. In Kinderbüchern dominieren die männlichen Protagonisten, und selbst wenn Tiere verwendet werden, sind sie dreimal so häufig männlich.[71] In Textbüchern sind drei Viertel der erwähnten Personen männlich[72], in Filmen sind nur 30 Prozent der sprechenden Charaktere Frauen und in den Fallstudien der Business Schools sind nur elf Prozent der Protagonisten Frauen.

Und es geht nicht nur darum, wer vorkommt. Es wird auch unterschiedlich über Männer und Frauen gesprochen.[73] Wenn in Zeitungen über Männer und Frauen gesprochen wird, haben Männer häufiger Berufe wie Kapitän oder Chef, während Frauen häufiger Berufe wie Hausfrau oder Empfangsdame haben. In Filmen sprechen Frauen seltener über Dinge, die mit Leistung und Erfolg zu tun haben. Und im Sport werden Tennisspielerinnen doppelt so häufig Fragen gestellt, die keinen Bezug zum Tennis haben (zum Beispiel, wo sie sich ihre Nägel machen ließen).

Leicht könnte man die Schuld für dieses Problem bei Einzelfällen suchen. Schließlich griffen hier einzelne Journalisten einzelne Perso-

---

* Insbesondere der Hip-Hop ist als frauenfeindlich verschrien, und das Genre gewann in den frühen 1990ern an Popularität, was der Entwicklung Vorschub geleistet haben mag. Aber es wäre zu einfach, allein dem Hip-Hop die Schuld zu geben, zeigten doch viele andere Genres ein ähnliches Muster. Im Country beispielsweise nahmen die Vorurteile in den 1990ern ebenfalls zu, wie auch bis zu einem gewissen Grad in R&B und Dance.

nen aus unterschiedlichen Berufsgruppen heraus, und einzelne Reporter stellten einzelnen Tennisspielern und -spielerinnen diese oder jene Fragen.

In der Summe aber verraten diese individuellen Entscheidungen viel über die Gesellschaften, in denen diese Einzelpersonen leben. Denn wenn nur einige wenige Journalisten oder Musiker sexistisch wären, fiele das kaum ins Gewicht. Diese zu Vorurteilen neigenden Einzelfälle würden in der gerechter und fairer eingestellten Mehrheit kaum auffallen.

Dass diese Vorurteile in Hunderten, Tausenden oder gar Millionen von Beispielen überdauern, lässt jedoch darauf schließen, dass es sich um ein tiefer sitzendes Phänomen handelt. Diese linguistischen Brotkrümel geben nicht nur Auskunft über einige wenige Einzelmenschen und ihre individuellen Entscheidungen, sondern zeugen von sehr viel grundsätzlicheren Problemen – von der Existenz von Einstellungen und Umgangsweisen mit unterschiedlichen Gruppen von Menschen, die sich nur sehr viel schwerer ändern lassen.

Und nirgendwo zeigt sich dies deutlicher als beim Thema Rassismus.

Rassismus und Polizeigewalt

Breonna Taylor wurde am 13. März 2020 ermordet. Kurz nach Mitternacht stürmten Polizisten die Wohnung der 26-jährigen chirurgisch-technischen Assistentin. Taylor lag zu dieser Stunde im Bett, und im anschließenden Durcheinander gab die Polizei 32 Schüsse ab, von denen sechs Taylor trafen und sie töteten.

George Floyd wurde am 25. Mai 2020 ermordet. Floyd wollte in einem Kiosk eine Packung Zigaretten mit einem 20-US-Dollar-Schein bezahlen, und weil der Angestellte Falschgeld vermutete, rief er die Polizei. 17 Minuten nach Eintreffen des ersten Polizeiwagens lag Floyd bewusstlos auf dem Boden, festgehalten von drei Polizisten. Weniger als eine Stunde später wurde er für tot erklärt.

Das sind nur zwei Beispiele von Polizeigewalt im Zusammenhang mit Afroamerikanern. Die Vorfälle lösten einen Aufschrei quer durch die Vereinigten Staaten aus, führten zum Wiederaufleben der *Black-Lives-Matter*-Bewegung und gaben Anlass zu landesweiten Debatten über Rasse und Polizeiarbeit.

Was zwischen diesen prominenten Vorfällen häufig übersehen wird, sind die alltäglichen Interaktionen zwischen Polizisten und Bürgern.* Schätzungen zufolge kommen pro Jahr mehr als 25 Prozent der Bevölkerung mindestens einmal in Kontakt mit einem Polizisten – überwiegend im Zusammenhang mit Verkehrskontrollen.

Diese Interaktionen können zudem weitreichende Folgen haben. Jede von ihnen ist eine Gelegenheit, das öffentliche Vertrauen in die Polizei zu stärken oder zu untergraben und Brücken zwischen Polizei und Bürgern zu bauen oder einzureißen.

Aber wie sehen diese alltäglichen Interaktionen aus? Und werden schwarze und weiße Mitbürger unterschiedlich behandelt?

Die Antwort scheint davon abzuhängen, wen Sie fragen. Schwarze Menschen berichten häufiger von negativen Erfahrungen mit der Polizei. Eigenen Angaben zufolge werden sie weniger fair, gröber und mit weniger Respekt behandelt. Mehr als drei Viertel der Afroamerikaner sagen zum Beispiel, dass die Polizei Schwarze weniger fair behandelt als Weiße.[74]

Polizisten sehen das erwartungsgemäß anders. Die meisten weisen den Vorwurf des von Vorurteilen beeinflussten Verhaltens von sich.[75] In ihren Augen handelt es sich bei den Todesfällen unter Schwarzen um Einzelvorkommnisse, die einzelnen schwarzen Schafen oder den Umständen geschuldet waren. Viele glauben, dass die Polizisten lediglich kriminelles Verhalten im Visier haben und dass Unterschiede in der Behandlung nicht auf Vorurteile zurückzuführen sind, sondern auf rassische Unterschiede in der Statistik der Verbrecher.

Wer also hat recht?

---

* Selbstverständlich handelt es sich hier um komplizierte Fragen. Polizisten und Polizistinnen riskieren täglich ihr Leben zum Schutz der Bürger, denen sie dienen, und alle Bürger haben unabhängig von ihrer Rasse oder ethnischen Herkunft ein Recht auf Schutz, Sicherheit und gerechte Behandlung.

Im Jahr 2017 versuchten Wissenschaftler der Stanford Universität, diese Frage zu beantworten.[76] Bei den Interaktionen zwischen Polizisten und Bürgern spielen selbstverständlich viele Faktoren eine Rolle, aber für ein erstes Verständnis fokussierten sich die Forschenden auf die Sprache: wie Polizisten mit weißen und schwarzen Bürgern sprechen.

In Kooperation mit der Stadt Oakland im Bundesstaat Kalifornien untersuchten die Wissenschaftler Körperkamera-Mitschnitte von Tausenden von Routine-Verkehrskontrollen. Sie analysierten Hunderte von Fällen, in denen schwarze Autofahrer angehalten wurden, und eine ähnliche Zahl von Fällen, in denen es sich um weiße Autofahrer handelte.

Solche Interaktionen folgen häufig einem einheitlichen Muster. Ein Autofahrer wird wegen zu schnellen Fahrens oder einer abgelaufenen Registrierung angehalten. Nachdem sich der Polizist einige Notizen gemacht, das Nummernschild überprüft und das Auto flüchtig auf Mängel überprüft hat, geht er zum Fenster auf der Fahrerseite.

Wenn alles gut geht, folgt nun ein Gespräch. Der Polizist erklärt, warum der Autofahrer angehalten wurde, und bittet um Fahrerlaubnis und Fahrzeugschein, um ein paar Hintergrundüberprüfungen durchführen zu können. Der Autofahrer liefert die Informationen und wartet geduldig, bis die Überprüfung beendet ist. Sobald die Situation geklärt ist, trennen sich ihre Wege wieder. Der Autofahrer erhält möglicherweise ein Ticket oder die Anweisung, irgendetwas reparieren zu lassen, aber das erfolgt in freundlicher Atmosphäre.

Nicht alle Gespräche jedoch laufen so glatt, und das kann mehrere Ursachen haben. Vielleicht hat der Polizist Sorge, der Autofahrer könnte bewaffnet oder betrunken sein oder unter Drogeneinfluss stehen. Der Autofahrer ist vielleicht verschreckt oder nervös und schlägt verbal oder auf andere Weise um sich. Rasch kann die Situation außer Kontrolle geraten.

Wenngleich hier offensichtlich beide Seiten eine Rolle spielen, sind die Worte der Polizisten ausschlaggebend. Sie können Respekt und Verständnis oder Verachtung und Geringschätzung vermitteln. Sie können einen verängstigten Autofahrer beruhigen oder seine Angst noch steigern.

Die Forschenden versuchten nun, über die Analyse der von den Polizisten verwendeten Sprache herauszufinden, ob weiße und schwarze Autofahrer mit unterschiedlich viel Respekt behandelt wurden. Sich jede einzelne Aufzeichnung anzuschauen, hätte die Forschenden zu viel Zeit gekostet und hätte die Gefahr eines durch eigene Vorurteile verzerrten Urteils mit sich gebracht. Also ließen sie die Sprache für sich selbst sprechen. Mit computerlinguistischen Methoden unterzogen sie die verwendete Sprache einer objektiven Messung und Quantifizierung.

Die Ergebnisse waren eklatant. Hunderte Stunden von Aufzeichnungen zeigten, dass die gegenüber schwarzen Autofahrern verwendete Sprache weniger höflich, weniger freundlich und weniger respektvoll war.

Wenn die Polizisten beispielsweise mit weißen Autofahrern sprachen, verwendeten sie häufiger formale Anreden (wie *Sir* oder *Ma'am*), äußerten sich beruhigend (*It's okay*, *Don't worry* oder *No problem*) oder schlugen den Autofahrern vor, was sie tun könnten (*You can* ... oder *You could* ...). Sie verwendeten häufiger die Nachnamen der Autofahrer, verwiesen häufiger auf das Thema Sicherheit und verwendeten häufiger positive Worte.

Schwarzen Autofahrern gegenüber hingegen verwendeten die Polizisten häufiger informelle Titel (wie *Dude*, *Bud* oder *Champ*), stellten Fragen oder forderten sie auf, ihre Hände auf dem Lenkrad zu belassen. Kurz: Die Ergebnisse zeigten, dass »die Interaktionen der Polizisten mit schwarzen Bürgern stressbelasteter waren als ihre Interaktionen mit weißen Bürgern«.

Um fair zu sein: Man könnte sich fragen, ob hinter einigen dieser Unterschiede vielleicht etwas anderes steht als Rassismus. Vielleicht waren die Polizisten zu den weißen Autofahrern ja tendenziell höflicher, weil sie im Schnitt älter waren oder einen höheren Anteil von Frauen aufwiesen. Vielleicht waren die Unterschiede aber auch der Schwere der Vergehen geschuldet. Wenn manche Autofahrer wegen kleinerer Dinge (zum Beispiel einem defekten Rücklicht) und andere wegen größerer Vergehen angehalten wurden, sorgte das Vergehen selbst womöglich für die sprachlichen Unterschiede. Oder sie hingen vielmehr von der Hautfarbe des Polizisten ab, der sprach, oder davon, ob eine Durchsuchung durchgeführt wurde.

Aber selbst bereinigt um alle diese Aspekte blieben die Ergebnisse dieselben. Die Polizisten behandelten schwarze Bürger mit weniger Respekt. Selbst wenn Autofahrer gleichen Alters und Geschlechts waren, im selben Stadtviertel wohnten und wegen des gleichen Problems angehalten wurden, war die Sprache der Polizisten respektvoller, wenn es sich um Weiße handelte.

Und der Unterschied beschränkte sich nicht auf ein paar schwarze Schafe unter den Polizisten. Das Muster zeigte sich bei Hunderten von Polizisten, ob weiß, schwarz, hispanisch, asiatisch oder von anderer Herkunft: Schwarzen Autofahrern wurde weniger Respekt entgegengebracht.

Wie ein Forschender anmerkte: »Wenn wir allein aus den von den Polizisten verwendeten Worten auf die Hautfarbe der Angehaltenen schließen, liegen wir in zwei Dritteln der Fälle richtig.«

Während weiße Autofahrer häufig Dinge hören wie: »Alles okay, *ma'am*. Fahren Sie bitte vorsichtig«, oder: »Kein Problem. Vielen Dank, *sir*«, bekommen schwarze Autofahrer in der Regel ganz andere Dinge zu hören: »Kann ich noch einmal den Führerschein sehen?«, oder: »Okay, *man*. Tun Sie mir den Gefallen und lassen Sie Ihre Hände auf dem Lenkrad.«*

Diese scheinbar kleinen Unterschiede summierten sich zu einer deutlichen ethnischen Ungleichbehandlung.

---

* Die Hautfarbe zeigte sich sogar in subtileren Dingen wie dem Tonfall. Gegenüber schwarzen Autofahrern klangen die Polizisten negativer. Sie wirkten angespannter, weniger freundlich und weniger respektvoll. Zu Schwarzen sprachen sie auch eher »von oben herab« als zu Weißen. Wie zu erwarten, hatten diese sprachlichen Unterschiede wichtige Konsequenzen. Der Tonfall, mit dem die Polizisten schwarze Autofahrer ansprechen, reduzierte deren Vertrauen in die Polizei und ließ die Polizisten weniger »bürgernah« erscheinen.

Die Stanford-Studie gibt Anlass zu einigen wichtigen Fragen. Leicht kann man die Polizisten als rassistisch brandmarken oder aus diesen Ergebnissen schließen, dass die Polizei es besonders auf Afroamerikaner abgesehen hat. Und ganz von der Hand zu weisen ist eine solche Schlussfolgerung sicherlich nicht.

Aber die Wahrheit ist vermutlich subtiler und komplexer.

Einige Polizisten mögen Rassisten sein. Und wenn man sich das Verhalten individueller Polizisten in einigen besonders spektakulären Fällen anschaut, lässt sich das kaum leugnen.

Aber auch darüber hinaus behandelt ein großer Teil der Polizisten Weiße und Schwarze unterschiedlich, selbst wenn dahinter keine Absicht steht. Die meisten Polizisten meinen es vermutlich gut und meistern schwierige Situationen so gut sie können. Aber ob sie sich dessen bewusst sind oder nicht und ob sie es mit Absicht tun oder nicht – sie verwenden unterschiedliche Worte. Und das macht es umso schwieriger, das zugrunde liegende Problem zu lösen.

Denn es ist eine Sache, ein paar schwarze Schafe unter den Polizisten zu identifizieren und sich ihrer zu entledigen.

Um jedoch tief sitzende Stereotype, Assoziationen, Gewohnheiten und Reaktionen von Hunderttausenden von Polizisten zu verändern, bedarf es ganz anderer Anstrengungen.*

Die gute Nachricht lautet, dass die Sprache helfen kann. Denn selbst wenn fast alle Polizisten guter Absicht sind und versuchen, das Richtige zu tun, hilft ihre Sprache, Bereiche zu erkennen, wo Verbesserungen möglich sind – Situationen, in denen sie, ohne sich dessen vielleicht bewusst zu sein, die Menschen unterschiedlich behandeln.

---

* Wir finden Vorurteile natürlich nicht nur bei Polizisten oder bei Verkehrskontrollen. Bücher neigen zu Vorurteilen gegenüber Asiaten (die dort beispielsweise überproportional häufig als passiv oder verweichlicht beschrieben werden), Nachrichtenartikel zeugen von einer Voreingenommenheit gegenüber dem Islam (der dort beispielsweise überproportional häufig mit Terrorismus assoziiert wird) und es gibt viele weitere Spielarten von Bias in unseren Kulturen. Aber indem wir uns diese subtilen Voreingenommenheiten bewusst machen, können wir hoffentlich auch beginnen, ihnen zu Leibe zu rücken.

Und indem wir uns unsere Vorurteile – mögen sie auch keiner schlechten Absicht entspringen – bewusst machen, haben wir hoffentlich die Chance, Verbesserungen anzustoßen.

EPILOG

Das ganze Buch über haben wir über die Macht magischer Worte gesprochen: wie die Worte, die wir verwenden, und die Art und Weise, wie wir sie verwenden, unser Glück und unseren Erfolg beeinflussen. Wie wir mit ihrer Hilfe andere überzeugen, menschliche Beziehungen vertiefen und effektiver kommunizieren können.

Zuerst haben wir die Sprache des *Tuns* und des *Seins* betrachtet: wie Worte nicht nur dazu dienen, Bitten oder Informationen zu vermitteln, sondern wie aus ihnen spricht, wer das Sagen hat, wer schuld ist und was es bedeutet, sich an einer bestimmten Handlung zu beteiligen. Wir haben gelernt, warum Substantive (zum Beispiel »ein Helfer sein«) besser als Verben (zum Beispiel »helfen«) geeignet sind, andere zu einem bestimmten Verhalten zu überreden, wie wir mit der richtigen Art, Nein zu sagen (»Ich mache das nicht« statt »Ich kann das nicht machen«), unsere Ziele besser erreichen und wie der Wechsel eines einzigen Wortes in der Frage, die wir uns stellen, wenn wir nicht weiterkommen (»könnte« statt »sollte«), unsere Kreativität steigert. Wir haben gelernt, warum Selbstgespräche hilfreich sein können, um Ängste abzubauen, und uns zu besseren Kommunikatoren machen und warum die Verwendung eines Anredepronomens in manchen Interaktionen nutzt und in anderen schadet.

Als Zweites diskutierten wir die Sprache der Zuversicht und der Selbstüberzeugtheit. Wie Worte nicht nur Fakten und Meinungen vermitteln, sondern auch, wie sicher wir uns dieser Fakten und Meinungen sind. Wir sahen, warum die Art, wie Anwälte sprechen, genauso wichtig sein kann wie die Fakten, die sie präsentieren. Wir haben gelernt, wie man mit Macht spricht und warum wir Vergangenheits- durch Gegenwartsformen ersetzen sollen (warum eine Restaurantempfehlung überzeugender wirkt, wenn darin die Rede davon ist, dass das Essen dort hervorragend »ist« und nicht »war«). Dabei haben wir auch die Wörter und Formulierungen kennengelernt, die uns glaubwürdiger, verlässlicher und berufener erscheinen lassen. Und wir haben erfahren, wann es besser ist, Zweifel einzugestehen, und wann nicht. Wann wir Heckenausdrücke (wie »möglicherweise« oder »Ich denke, ...« und Verzögerungen (wie »ähm« oder »äh«) vermeiden sollten und wann sie weniger schaden.

Drittens haben wir die Sprache der Fragen untersucht. Während wir Fragen häufig lediglich als Mittel sehen, um anderen Informationen zu entlocken, leisten sie weit mehr. Wir haben gelernt, warum andere uns mitunter für kompetenter halten, wenn wir sie um Rat fragen, und warum Partnersuchende mit größerer Wahrscheinlichkeit ein zweites Date bekommen, wenn sie mehr Fragen stellen. Jenseits der Vorteile von Fragen im Allgemeinen haben wir auch gelernt, welche Typen von Fragen am effektivsten sind und wann wir sie am besten stellen sollten, warum Anschlussfragen besonders wirkungsvoll sind, wie wir mithilfe von Fragen den Gesprächsverlauf beeinflussen können, wie wir Fragen stellen, ohne implizite Annahmen zu machen, und wie wir den geselligen Austausch mit Fremden ebenso wie mit Kollegen vertiefen, indem wir die richtigen Fragen in der richtigen Reihenfolge stellen (behutsam beginnen und dann mutiger werden).

Viertens befassten wir uns mit der Sprache der Konkretheit. Ob wir mit Kunden, Kollegen, Familienangehörigen oder Freunden sprechen, wir fallen häufig dem Fluch des Wissens zum Opfer. Wir kommunizieren auf eine hochgestochene Art und Weise, von der wir annehmen, sie sei leicht zu verstehen, während sie völlig über die Köpfe unserer Zuhörer hinweggeht. Eine konkrete Ausdrucksweise kann da helfen. Wir sprachen darüber, wie wir zeigen, dass wir zuhören, warum die Kundenzufriedenheit steigt, wenn wir sagen, dass wir ein Problem »beheben« und nicht »lösen«, und warum es den Umsatz fördert, wenn wir von einem »grauen T-Shirt« statt lediglich von einem »Oberteil« reden. Wir sahen, warum eine konkrete und lebendige Sprache Zuhörbereitschaft signalisiert, Aufmerksamkeit fördert und Ideen leichter verständlich macht. Aber wir haben uns ebenso klargemacht, wann es besser ist, abstrakter zu formulieren, und warum eine abstrakte Sprache Start-ups helfen kann, mehr Geld einzuwerben und Führungspotenzial zu signalisieren.

Fünftens redeten wir über die Sprache der Gefühle. Manchmal denken die Leute, Fakten würden genügen, um Ideen vorzustellen, aber das stimmt häufig nicht. Eine emotionale Sprache kann ein wirkungsvolles Mittel sein, um Aufmerksamkeit zu wecken, ein Publikum zu fesseln und Menschen zu überreden, etwas Bestimmtes zu tun. Wir sahen, was eine gute Story ausmacht und warum Spannungstäler die Spannungshöhepunkte noch wirkungsvoller machen. Aber wir sprachen auch darüber, warum es wichtig ist, den Kontext zu berücksichtigen und über Positivität und Negativität hinauszudenken. Warum »fantastisch« und »perfekt« beides positive Wörter sind, es jedoch vom (hedonischen oder utilitaristischen) Kontext abhängt, welches wir verwenden sollten. Und wie wir Präsentationen, Geschichten und Texte so gestalten, dass sie unabhängig vom Thema das Publikum fesseln.

Sechstens studierten wir die Sprache der Ähnlichkeit (und der Unterschiede) und sahen, dass Menschen, deren Schreibstil dem ihrer Kollegen ähnelt, bessere Beförderungschancen haben und Neubekanntschaften, die einen ähnlichen Sprachstil pflegen, sich mit größerer Wahrscheinlichkeit auf ein zweites Date verabreden. Aber um nicht den Eindruck zu erwecken, Ähnlichkeit wäre in jedem Fall gut, sprachen wir auch darüber, wann und warum Verschiedenheit besser ist, warum beliebte Songs sich in der Regel von ihrem Genre abheben und wir uns Zitate mit ungewohnten Formulierungen leichter merken können. Wir stellten fest, wie Sprache helfen kann, das Tempo von Geschichten zu quantifizieren, wann ein schnelleres Tempo besser ist und wann ein langsameres und wie sich aus Umfang und Weitschweifigkeit von Filmen, TV-Shows und Büchern bereits darauf schließen lässt, ob sie erfolgreich sein werden oder nicht.

So unterschiedlich diese sechs Typen magischer Worte auch sein mögen, sie alle können uns in sämtlichen Bereichen unseres Lebens gute Dienste leisten.

Nachdem sich die ersten sechs Kapitel mit der Wirkung von Sprache beschäftigten und damit, wie Wörter und Formulierungen dazu genutzt werden können, Einfluss auf andere auszuüben, untersuchten wir im letzten Kapitel einen anderen Aspekt, unter dem Worte magisch sein können: was sie über die Menschen und die Gesellschaft aussagen, die sie geschaffen haben. Wie Forschende ein Theaterstück Shakespeare zuschreiben konnten, ohne auch nur eine Zeile davon gelesen zu haben, und warum die Worte, die potenzielle Kreditnehmer in ihren Anträgen verwenden, darauf schließen lassen, wie wahrscheinlich es ist, dass sie ihren Kredit fristgerecht zurückzahlen werden. Wie sich mit der Analyse von Hunderttausenden von Songtexten die uralte Frage beantworten ließ, ob Musik frauenfeindlich ist (und ob sich daran im Laufe der Zeit etwas geändert hat) und was die Sprache von Polizisten uns über unterschwellige rassistische Vorurteile sagen kann.

Mit »magischen Worten« beschreiben wir häufig eine Sprache, mit der sich erstaunliche Wirkungen erzielen lassen. Mit Formeln wie »Abrakadabra!«, »Hokuspokus« oder »Sesam, öffne dich!« konnten Magier und Mystiker scheinbar unmögliche Dinge vollbringen.

Wie wir quer durch das Buch gezeigt haben, liegt in der Verwendung der richtigen Worte zur richtigen Zeit eine immense Kraft. Sie können uns helfen, Kollegen und Kunden von etwas zu überzeugen, Zuhörer zu fesseln und menschliche Kontakte zu pflegen.

Aber so magisch die Wirkung dieser Worte auch erscheinen mag, wir müssen keine Magier sein, um von ihnen zu profitieren. In Wahrheit sind sie keine Zauberformel oder irgendeine Blackbox unbestimmter Herkunft; sie basieren vielmehr auf den Ergebnissen der Wissenschaft vom menschlichen Verhalten.

Wer immer versteht, wie magische Worte funktionieren, kann sich ihre Kraft zunutze machen.

Das Buch begann mit einer Geschichte über Jasper und seine Entdeckung des magischen Wortes *please*. Und es macht Spaß, zu sehen, wie er mit zunehmendem Alter immer wieder neue Wörter mitsamt ihrer Bedeutung für sich entdeckt. Er ist wie ein Schwamm. Eines Tages begann er aus heiterem Himmel *basically* zu sagen – vermutlich, weil er jemand anderen es hat sagen hören. Später begann er dann zu sagen, er bräuchte etwas *immediately* (»unverzüglich«) – auch das wohl aus ähnlichen Gründen.

Es gibt jedoch ein Forschungsergebnis, das mich besonders beschäftigt.

Die Elternrolle fühlt sich häufig ein wenig an wie die eines Hirtenhundes. Wir versuchen, jemanden dazu zu bringen, sich in die richtige Richtung zu bewegen, der jedoch fast immer lieber etwas anderes täte. Wir müssen ihn also überreden, beschwätzen und bugsieren. Wir bitten ihn, sich die Schuhe anzuziehen. Wir ermahnen ihn, nicht seine Schwester zu schubsen. Dann bitten wir ihn erneut, sich die Schuhe anzuziehen, aber diesmal schon etwas strenger.

Lob scheint der viel einfachere Weg zu sein. Wenn Kinder etwas allein herausfinden, uns etwas zeigen, was sie gemalt haben, oder eine Eins im Mathematiktest nach Hause bringen, ist das eine Gelegenheit, um sie für das zu feiern und zu loben, was sie geleistet haben.

Ende der 1990er-Jahre fragten sich zwei Verhaltenswissenschaftler von der Columbia University jedoch, ob es eine Rolle spielte, *wie* wir loben, und insbesondere, ob die motivierende Wirkung auf die Gelobten von der Verwendung bestimmter Worte abhing.[77]

Sie baten eine Gruppe Fünftklässler, einige abstrakte Logikaufgaben zu lösen. Sie sollten beispielsweise von einer Folge geometrischer Formen sagen, welche von mehreren Optionen als nächstes Element der Folge infrage käme.

Die Schüler hatten mehrere Minuten Zeit für die Aufgaben. Anschließend gaben die Forschenden ihnen Feedback, wie gut sie gearbeitet hatten. Allen Schülern wurde gesagt, dass sie es gut gemacht hätten (»Wow, du bist mit diesen Aufgaben gut klargekommen«). Einige Schüler erhielten jedoch zusätzlich noch Lob für ihre Fähigkeiten – in diesem Fall für ihre Intelligenz (»Du scheinst ein Händchen für solche Aufgaben zu haben«).

Die Forschenden entschieden sich für diese Form des Lobes, weil es üblich ist, jemanden für eine gut gelöste Aufgabe in dieser Form zu loben. Wenn Schüler die richtigen Antworten geben oder Mitarbeiter ein schwieriges Problem lösen, loben wir sie häufig für ihre Intelligenz, weil wir denken, dass wir sie damit ermuntern, weiterzulernen, hart zu arbeiten und sich anzustrengen. Aber die Forschenden fragten sich, was wohl passieren würde, wenn die Lobempfänger auf Hindernisse stießen – wenn es schwieriger würde und sie ein wenig ins Straucheln kämen.

Nach dem ersten positiven Feedback erhielten die Schüler deshalb schwierigere Aufgaben. Diesmal wurde ihnen gesagt, dass sie schlecht abgeschnitten (»deutlich schlechter«) und weniger als die Hälfte der bearbeiteten Aufgaben richtig gemacht hätten. Anschließend erhielten alle eine drittes Mal Aufgaben vom Schwierigkeitsgrad der ersten Runde, und die Forschenden beobachteten, wie gut sie darin abschnitten.

Die Schüler, die nicht extra gelobt worden waren, lösten die Aufgaben im Schnitt ebenso gut wie beim ersten Mal. Sie lösten eine ähnliche Zahl von Aufgaben und kamen damit ähnlich gut zurecht.

Die Schüler jedoch, die ausdrücklich auch für ihre Fähigkeit und insbesondere ihre Intelligenz gelobt worden waren, schnitten jetzt schlechter ab. Dass man sie für ihre Intelligenz gelobt hatte, hatte ihre Leistungsfähigkeit nicht gesteigert, sondern geschwächt. Die Schüler, die für ihre Intelligenz gelobt worden waren, lösten weniger Aufgaben als zuvor und machten mehr Fehler als die Schüler, die nicht in dieser Weise gelobt worden waren.

Und es gab noch eine Reihe weiterer negativer Konsequenzen: Nicht nur führte das Lob ihrer Intelligenz dazu, dass die Schüler schlechter wurden, sondern sie verloren auch schneller das Interesse am Lösen solcher Aufgaben.

Mit dem Lob ihrer Fähigkeit veränderte sich die Art und Weise, wie die Schüler die Dinge sahen. Anstatt Spaß am Lösen kniffliger Aufgaben zu habe, sahen sie darin nunmehr lediglich eine Gelegenheit, zu zeigen, wie intelligent sie waren. Intelligenz wurde etwas, das sie hatten oder nicht hatten. Und wenn Erfolg bedeutete, dass sie intelligent waren, bedeutete Misserfolg, dass sie dumm waren – was ihr Interesse minderte, sich anzustrengen, wenn es mühsam wurde.

Aber das bedeutet nicht, dass alles Lob nach hinten losgeht.

Einer anderen Gruppe von Schülern gegenüber formulierten die Forschenden ihr Lob geringfügig anders. Hier lobten sie nicht die Person oder sagten ihnen, wie intelligent sie seien, sondern sie lobten den Prozess oder wie hart sie gearbeitet hatten (»Ihr habt euch bei diesen Problemen offensichtlich viel Mühe gegeben«).

Wie bei vielen Ideen, über die wir in diesem Buch gesprochen haben, mag der Unterschied zwischen diesen Ansätzen überraschend klein erscheinen. Schließlich wurde allen Schülern erzählt, dass sie es gut gemacht hatten, und was dieser Gruppe nun erzählt wurde, unterschied sich davon nur in zwei oder drei Wörtern.

Aber diese zwei oder drei Wörter bewirkten einen großen Unterschied. Anstatt der Motivation einen Dämpfer zu verpassen, bewirkte das Lob des Einsatzes der Schüler im Gegenteil einen Motivationsschub. Sie hatten daraufhin nur noch mehr Spaß daran, knifflige Aufgaben zu lösen. Sie waren mehr daran interessiert zu lernen und weniger, es einfach nur gut zu machen, und diese veränderte Denkweise half ihnen, bessere Ergebnisse zu erzielen.

Jemandem zu erzählen, er sei intelligent, gut in Mathematik oder ein großartiger Vortragender, suggeriert, dass seine Leistung einer feststehenden Eigenschaft geschuldet ist. Wenn er den Test gut bestanden hat, zeigt das, dass er diese Eigenschaft besitzt; besteht er ihn nicht – nun, dann hat er halt Pech gehabt. Es reicht nicht, und dagegen lässt sich auch nicht viel machen.

Indem wir jedoch das Feedback anders formulieren und den Einsatz loben, erzielen wir mit größerer Wahrscheinlichkeit den beabsichtigten Effekt. Indem wir jemandem erzählen, dass er einen Test gut bestanden und eine Präsentation gut gehalten hat, fokussieren wir uns weniger auf feste Eigenschaften und mehr auf den konkreten Fall.* Das bedeutet: Wenn es von Zeit zu Zeit mal nicht so gut läuft, ist das kein Makel und kein Zeichen mangelnder Befähigung. Es ist lediglich ein Unfall und eine Ermahnung, sich das nächste Mal wieder mehr anzustrengen.

Einige wenige (magische) Worte können sehr viel bewirken.

---

* Genauso ist es mit Dingen wie: »Toll gemacht. Du musst dafür richtig hart gearbeitet haben!«, oder: »Du hast richtig gelernt, und deine Fortschritte beweisen das.«

Anhang

Leitfaden für die Nutzung und Anwendung computerlinguistischer Tools

Dieses Buch fokussierte sich über weite Teile auf die Frage, wie jeder Einzelne von uns sich die Erkenntnisse der modernen Sprachwissenschaft zunutze machen und privat und beruflich einflussreicher und erfolgreicher werden kann.

Dieselben hier vorgestellten Tools lassen sich aber auch von Unternehmen und Organisationen nutzen. Hier sind ein paar Beispiele, wie eine solche Anwendung aussehen könnte.

Kundenanalyse

Ein Bereich, in dem viele Unternehmen von den Methoden der Computerlinguistik Gebrauch machen, ist die Kundenanalyse: die Vorhersage und Beeinflussung des zukünftigen Kundenverhaltens auf der Grundlage dessen, was Kunden schreiben oder sagen.

Nehmen Sie zum Beispiel die Segmentierung. Manche Kunden haben möglicherweise Probleme oder Beschwerden, aber wie wissen wir, welche Kunden wir wohin verweisen müssen? Ihre Worte helfen uns zu erkennen, was sie suchen und wer der richtige Ansprechpartner für sie ist. Wir können sogar mithilfe maschinellen Lernens herausfinden, wer sich mit dem Gedanken trägt, den Service zu kündigen, und versuchen, einem solchen Schritt zuvorzukommen.

Dieselben Ideen lassen sich auf potenzielle Kunden anwenden. Daten aus den sozialen Medien liefern einen Schatz an Informationen darüber, wer jemand ist und was ihm wichtig ist. Die Unternehmen nutzen diese Informationen, um zielgerichtete Werbung zu schalten und nach Maßgabe der Konversionswahrscheinlichkeit zu entscheiden, wer welche Botschaft gezeigt bekommen sollte. Look-alike Targeting beispielsweise zielt auf Menschen ab, die den bestehenden Kunden in den beobachtbaren Merkmalen so ähnlich wie möglich sind, um daraus zu schließen, welche potenziellen Kunden möglicherweise das größte Interesse an einem Produkt oder einer Dienstleistung haben.

Unternehmen können Sprache auch nutzen, um zu erkennen, welche Produkte sie auf den Markt bringen oder welche Probleme sie adressieren sollten. Ein Ansatz unter dem Namen »Social Listening« durchkämmt die Daten aus den sozialen Medien danach, wie die Menschen über ein Produkt, eine Dienstleistung oder eine Idee reden. Ein Hotel könnte so beispielsweise lernen, dass sich viele Gäste über die Betten beschweren, und entsprechende Änderungen vornehmen. Ein Pharmaunternehmen könnte so von vermehrt auftretenden Nebenwirkungen und Kundensorgen Kenntnis erhalten.

Dieselben Daten lassen sich alternativ auch für die Entwicklung neuer Produkte nutzen. Indem wir verstehen, welche Kunden mit den bestehenden Produkten und Dienstleistungen nicht zufrieden sind, können wir bestimmen, wie wir neue Produkte und Dienstleistungen am besten auf den Markt bringen. Daten aus der Internetsuche helfen uns in ähnlicher Weise zu erkennen, wo ein Markt Chancen bietet oder wo das Interesse besonders hoch ist.

Gerichtliche Auseinandersetzungen

Sprache lässt sich auch in interessanter Weise für gerichtliche Auseinandersetzungen nutzen. Angenommen, einer Waschmittelmarke wird Greenwashing vorgeworfen. Die Behauptung lautet, die Marke würde sich fälschlicherweise als umweltfreundlich vermarkten. Der Standardansatz könnte lauten, Experten nach ihrer Einschätzung zu befragen. Ein von den Klageführern beauftragter Gutachter könnte beispielsweise auf eine bestimmte Reklame verweisen und argumentieren, dass die Marke damit, dass sie auf der Reklame einen Baum oder die Erde zeigt, sich selbst als umweltfreundlich bezeichnet.

Diese Sichtweise ist zulässig und möglicherweise sogar zutreffend. Das Problem ist nur: Es ist genau das – eine Sichtweise, eine ziemlich subjektive Sichtweise.

Ein Gutachter der Verteidigung könnte eine ganz andere Sichtweise zur selben Reklame vortragen. Er könnte ins Feld führen, dass es hier um Reinigungskraft geht und mit dieser Bildsprache noch lange nicht behauptet wird, das Waschmittel sei umweltfreundlich.

Wer also hat recht?

Anstatt dass beide Seiten Gutachter bemühen, die jeder etwas anderes sagen, kann eine Textanalyse ein genaueres Bild vom wahren Geschehen liefern. Indem wir eine große Anzahl von Reklamen (oder von dieser Marke in den sozialen Medien veröffentlichten Posts) sprachlich analysieren, können wir genauer erkennen, was hier passiert.

Ein erster Schritt könnte schlicht darin bestehen, Wörter zu zählen. Wir könnten eine Liste von Umweltbegriffen (wie Erde, Umwelt, umweltfreundlich et cetera) zur Hand nehmen und zählen, wie häufig diese Wörter vorkommen. Wie groß ist der Anteil der Reklamen oder Posts in den sozialen Medien, in denen mindestens eines dieser Wörter erscheint? Und ist diese Sprache konstant oder erscheint sie nur in einigen wenigen Fällen in bestimmten Gegenden?

Komplexere Techniken können noch mehr Klarheit bringen. Indem wir die von der Waschmittelmarke verwendete Sprache mit der von anderen Marken vergleichen, die entweder als umweltfreundlich bekannt sind (wie Seventh Generation oder Tide purclean) oder als weniger umweltfreundlich (wie Gain oder normales Tide), können wir eine objektivere Antwort erhalten.

Anhand von Daten aus Tausenden von Anzeigen oder Posts von Dutzenden anderer Marken, die sich als umweltfreundlich vermarkten oder nicht, können wir eine Maschine darauf trainieren, den Grad zu ermitteln, wie sehr eine bestimmte Anzeige oder ein Post eine Marke als umweltfreundlich bewirbt. Indem wir anschließend die Maschine mit allen Anzeigen und Posts der betreffenden Marke füttern, können wir ein Gefühl dafür bekommen, inwieweit die Waschmittelmarke sich im Schnitt als umweltfreundlich vermarktet.

Ähnliche Techniken ließen sich nutzen, um zu messen, ob eine Alkoholmarke gezielt Werbung bei Jugendlichen betreibt oder ob ein Politiker mehr wie eine Demokrat oder wie ein Republikaner spricht.

Eine automatisierte Textanalyse ist in diesen und ähnlichen Beispielen besonders nützlich, weil sie es uns erlaubt, in die Vergangenheit zu reisen.

Angenommen, einem Technologieunternehmen wird unlautere Werbung vorgeworfen: Es habe seinen Laptop in einigen Anzeigen als »leicht wie eine Feder« angepriesen und es habe Kunden gegeben, die den Laptop nur dieser irreführenden Behauptung wegen gekauft hätten.

Ein Standardansatz wäre, auf Umfragen zurückzugreifen: Man nehme eine Reihe von Kunden, zeige ihnen die Anzeige und beobachte, ob sie daraufhin stärkeres Interesse am Kauf des Laptops zeigen als Kunden, die die Anzeige nicht gezeigt bekommen haben.

Leider löst das noch nicht das Problem, denn während die Erhebung Hinweise dazu liefert, wie die Kunden reagieren, wenn sie die Anzeige heute sehen, sagt sie wenig darüber aus, wie die Kunden reagierten oder reagiert hätten, wenn sie sie gesehen hätten, als sie vor mehreren Jahren gelaufen ist. Der Kontext verändert sich; eine bestimmte Behauptung, die vor zwei Jahren eine bestimmte Wirkung erzielte haben mag, kann heute einen ganz anderen Effekt haben.

Solange wir also keine Zeitmaschine erfinden, ist es nahezu unmöglich, zu wissen, welchen Eindruck Menschen vor zwei Jahren bekommen hätten.

Textanalyse hingegen leistet genau das.

Indem wir Posts aus den sozialen Medien und Produktbewertungen analysieren, können wir ein besseres Gespür entwickeln, ob so eine Behauptung von den Menschen für bare Münze genommen wurde und möglicherweise Einfluss auf ihre Einstellung zu diesem Laptop hatte. Indem wir beispielsweise Kundenposts zu dem Produkt aus der Zeit vor der Schaltung der Anzeige und danach analysieren, erhalten wir einen Eindruck davon, ob die Anzeige die Einstellung der Kunden zum Produkt positiv verändert hat. Und indem wir tiefer in den Inhalt dieser Posts einsteigen, können wir nicht nur sehen, ob die Kunden sich generell positiver zu dem Produkt äußerten, sondern ob sie dabei Merkmale wie das Gewicht des Laptops explizit erwähnten.

Auch die in den Massenmedien verwendete Sprache kann nützlich sein. Aus der Analyse der in Zeitungsmeldungen zu dem Produkt verwendeten Begriffe können wir erkennen, ob die Medien die von der Marke gemachten Behauptungen tatsächlich aufgriffen.

Zeitreisen sind nach wie vor unmöglich, aber die Textanalyse ermöglicht einen neuen Typ der Archäologie. Wie Fossilien aus einer untergegangenen Zivilisation oder in Bernstein konservierte Insekten verstecken sich in digitalisierter Sprache jahrzehntealte Gedanken, Meinungen und Einstellungen. Eine automatisierte Textanalyse bietet die Tools, um die darin verborgenen Erkenntnisse freizulegen.

Einige leicht zugängliche Tools

Während der Fokus dieses Buches auf den aus der Sprache gewonnen Erkenntnissen liegt, haben Sie möglicherweise auch Interesse an einer Anwendung der beschriebenen Tools. Hier sind zwei Tools, mit denen Sie ohne große Mühe experimentieren können:

- https://liwc.app/: Ein wunderbares Tool, um Texte unter einer Vielzahl psychologischer Aspekte auszuwerten
- http://textanalyzer.org/: Ein nützliches Tool, um Texte unter weiteren Aspekten auszuwerten und aus ihnen die wichtigsten Themen zu extrahieren

Wenn Sie sich für komplexere Tools oder dafür interessieren, wie sie sich in einer Vielzahl von Situationen einsetzen lassen, finden Sie hier zwei Übersichtsartikel, in denen die verschiedenen Methoden besprochen werden:

- Johah Berger und Grant Packard, »Using natural language processing to understand people and culture«, *American Psychologist* 77 (4), S. 525–537.
- Jonah Berger, Ashlee Humphreys, Stephen Ludwig, Wendy Moe, Oded Netzer und David Schweidel, »Uniting the Tribes: Using Text for Marketing Insight«, *Journal of Marketing* 84, Nr. 1 (2020), S. 1–25.

DANKSAGUNG

Dieses Buch wäre nicht möglich gewesen ohne Grant Packard, der mich als Mitarbeiter, Kollege und Freund praktisch alles gelehrt hat, was ich über Sprache weiß. Ich hoffe, dass noch viele Jahre der erfolgreichen Zusammenarbeit auf uns warten. Mein Dank geht an Hollis Heimbouch und James Neidhardt für ihr hilfreiches Feedback, an Jim Levine für seine zuverlässige Anleitung und Unterstützung und an Noah Katz für seine Hilfe bei Zahlen und Quellen. Dank an Maria und Jamie dafür, dass sie mich in eine Welt neuer Sprachpuzzles eingeführt haben, an Jamie Pennebaker für seine faszinierende Arbeit in diesem Bereich und an Lilly und Caroline für ihre Bücherliebe. Und schließlich danke ich Jordan, Jasper, Jesse und Zoe dafür, dass sie Magie in jeden Tag bringen.

ÜBER DEN AUTOR

Jonah Berger ist Marketingprofessor an der Wharton School der University of Pennsylvania und der Autor der Welt-Bestseller *Contagious, Invisible Influence* und *The Catalyst – Der Überzeugungskünstler*. Er ist Experte von Weltruf für Computerlinguistik, Veränderung, gesellschaftlichen Einfluss, Mundpropaganda und die Frage, warum Produkte, Dienstleistungen und Ideen »ankommen«. Berger hat über 70 Beiträge in anerkannten akademischen Zeitschriften veröffentlicht und Zusammenfassungen seiner Arbeiten erscheinen regelmäßig in Publikationen wie der *New York Times*, dem *Wall Street Journal* und dem *Harvard Business Review*. Er berät regelmäßig Unternehmen wie Google, Apple, Nike und die Gates Foundation in Fragen der Sprachnutzung, der Förderung von Veränderungen und der Vermarktung. Für Fast Company gehört er zu den *most creative people in business* und Millionen Exemplare seiner Bücher erschienen in Dutzenden von Sprachen in aller Welt.

ANMERKUNGEN

Einleitung

1 Matthias R. Mehl u. a., »Are Women Really More Talkative than Men?«, *Science* 317, Nr. 5834 (2007), S. 82, https://doi.org/10.1126/science.1139940.

2 Ellen J. Langer, Arthur Blank und Benzion Chanowitz, »The Mindlessness of Ostensibly Thoughtful Action: The Role of ›Placebic‹ Information in Interpersonal Interaction«, *Journal of Personality and Social Psychology* 36, Nr. 6 (1978): S. 635.

1 Tun oder Sein

3 Christopher J. Bryan, Allison Master und Gregory M. Walton, »›Helping‹ Versus ›Being a Helper‹ – Invoking the Self to Increase Helping in Young Children«, *Child Development* 85, Nr. 5 (2014), S. 1836–1842, https://doi.org/10.1111/cdev.12244.

4 Susan A. Gelman und Gail D. Heyman, »Carrot-Eaters and Creature-Believers – The Effects of Lexicalization on Children's Inferences About Social Categories«, *Psychological Science* 10, Nr. 6 (1999), S. 489–493, https://doi.org/10.1111/1467-9280.00194.

5 Gregory M. Walton und Mahzarin R. Banaji, »Being What You Say: The Effect of Essentialist Linguistic Labels on Preferences«, *Social*

Cognition 22, Nr. 2 (2004), S. 193–213, https://doi.org/10.1521/soco.22.2.193.35463.

6 Christopher J. Bryan u. a., »Motivating Voter Turnout by Invoking the Self«, *Proceedings of the National Academy of Sciences of the United States of America* 108, Nr. 31 (2011), S. 12653–12656, https://doi.org/10.1073/pnas.1103343108.

7 Christopher J. Bryan, Gabrielle S. Adams und Benoit Monin, »When Cheating Would Make You a Cheater: Implicating the Self Prevents Unethical Behavior«, *Journal of Experimental Psychology*: General 142, Nr. 4 (2013), S. 1001, https://doi.org/10.1037/a0030655.

8 Vanessa M. Patrick und Henrik Hagtvedt, »›I don't‹ Versus ›I can't‹: When Empowered Refusal Motivates Goal-Directed Behavior«, Journal of Consumer Research 39, Nr. 2 (2012), S. 371–381, https://doi.org/10.1086/663212. Siehe auch Vanessa Patricks wunderbares Buch *The Power of Saying No – The New Science of How to Say No that Puts You in Charge of Your Life*, Sourcebooks, 2023.

9 Ting Zhang, Francesca Gino und Joshua D. Margolis, »Does ›Could‹ Lead to Good? On the Road to Moral Insight«, *Academy of Management Journal* 61, Nr. 3 (2018), S. 857–895, https://doi.org/10.5465/amj.2014.0839.

10 Ellen J. Langer und Alison I. Piper, »The Prevention of Mindlessness«, *Journal of Personality and Social Psychology* 53, Nr. 2 (1987), S. 280, https://doi.org/10.1037/0022-3514.53.2.280.

11 Ethan Kross hat großartige Arbeit auf diesem Gebiet geleistet, siehe sein Buch: *Chatter – The Voice in Our Head, Why it Matters, and How to Harness It*, Crown, 2021.

12 Ethan Kross u. a., »Third-Person Self-Talk Reduces Ebola Worry and Risk Perception by Enhancing Rational Thinking«, *Applied Psychology*: Health and Well-Being 9, Nr. 3 (2017), S. 387–409, https://doi.org/10.1111/aphw.12103; Celina R. Furman, Ethan Kross und Ashley N. Gearhardt, »Distanced Self-Talk Enhances Goal Pursuit to Eat Healthier«, *Clinical Psychological Science* 8, Nr. 2 (2020), S. 366–373, https://doi.org/10.1177/2167702619896366.

13 Antonis Hatzigeorgiadis u. a., »Self-Talk and Sports Performance – A Meta-analysis«, *Perspectives on Psychological Science* 6, Nr. 4 (2011), S. 348–356, https://doi.org/10.1177/1745691611413136.

14 Ryan E. Cruz, James M. Leonhardt und Todd Pezzuti, »Second Person Pronouns Enhance Consumer Involvement and Brand Attitude«, *Journal of Interactive Marketing* 39 (2017), S. 104–116, https://journals.sagepub.com/doi/full/10.1016/j.intmar.2017.05.001.

15 Grant Packard, Sarah G. Moore und Brent McFerran, »(I'm) Happy to Help (You) – The Impact of Personal Pronoun Use in Customer-Firm Interactions«, *Journal of Marketing Research* 55, Nr. 5 (2018), S. 541–555, https://doi.org/10.1509/jmr.16.0118.

2 Zuversicht vermitteln

16 William M. O'Barr, *Linguistic Evidence – Language, Power, and Strategy in the Courtroom*, Academic Press, 2014.

17 Bonnie E. Erickson u. a., »Speech Style and Impression Formation in a Court Setting – The Effects of ›Powerful‹ and ›Powerless‹ Speech«, *Journal of Experimental Social Psychology* 14, Nr. 3 (1978), S. 266–279, https://doi.org/10.1016/0022-1031(78)90015-X.

18 Einige Beispiele für diese Arbeiten: Mark Adkins und Dale E. Brashers, »The Power of Language in Computer-Mediated Groups«, *Management Communication Quarterly* 8, Nr. 3 (1995), S. 289–322, https://doi.org/10.1177/0893318995008003002; Lawrence A. Hosman, »The Evaluative Consequences of Hedges, Hesitations, and Intensifies – Powerful and Powerless Speech Styles«, *Human Communication Research* 15, Nr. 3 (1989), S. 383–406, https://doi.org/10.1111/j.1468-2958.1989.tb00190.x; Nancy A. Burell und Randal J. Koper, »The Efficacy of Powerful/Powerless Language on Attitudes and Source Credibility«, in: Michael Allen und Raymond W Preiss (Hrsg.), *Persuasion: Advances Through Meta-analysis*, Hampton Press, 1988, S. 203–215; Charles S. Areni und John R. Sparks, »Language Power and Persuasion«, *Psychology & Marketing* 22, Nr. 6 (2005), S. 507–525, https://doi.org/10.1002/mar.20071;

John R. Sparks, Charles S. Areni und K. Chris Cox, »An Investigation of the Effects of Language Style and Communication Modality on Persuasion«, *Communications Monographs* 65, Nr. 2 (1998), S. 108–125, https://doi.org/10.1080/03637759809376440.

19 Paul C. Price und Eric R. Stone, »Intuitive Evaluation of Likelihood Judgment Producers – Evidence for a Confidence Heuristic«, *Journal of Behavioral Decision Making* 17, Nr. 1 (2004), S. 39–57, https://doi.org/10.1002/bdm.460.

20 Und wirklich: Forschende, deren Förderanträge weniger zaghafte und mehr selbstsichere Sprache verwenden, bekommen von der National Science Foundation mehr Mittel. Siehe David M. Markowitz, »What Words Are Worth – National Science Foundation Grant Abstracts Indicate Award Funding«, *Journal of Language and Social Psychology* 38, Nr. 3 (2019), S. 264–282, https://doi.org/10.1177/0261927X18824859.

21 Lawrence A. Hosman, »The Evaluative Consequences of Hedges, Hesitations, and Intensifiers – Powerful and Powerless Speech Styles«, *Human Communication Research* 15, Nr. 3 (1989), S. 383–406; James J. Bradac und Anthony Mulac, »A Molecular View of Powerful and Powerless Speech Styles – Attributional Consequences of Specific Language Features and Communicator Intentions«, *Communications Monographs* 51, Nr. 4 (1984), S. 307–319, https://doi.org/10.1080/03637758409390204.

22 Laurie L. Haleta, »Student Perceptions of Teachers' Use of Language – The Effects of Powerful and Powerless Language on Impression Formation and Uncertainty«, *Communication Education* 45, Nr. 1 (1996), S. 16–28, https://doi.org/10.1080/03634529609379029.

23 David Hagmann und George Loewenstein, »Persuasion with Motivated Beliefs«, in: *Opinion Dynamics & Collective Decisions Workshop* (2017).

24 Mohamed A. Hussein und Zakary L. Tormala, »Undermining Your Case to Enhance Your Impact – A Framework for Understanding the Effects of Acts of Receptiveness in Persuasion«, *Personality and Social Psychology Review* 25, Nr. 3 (2021), S. 229–250, https://doi.org/10.1177/10888683211001269.

25 Jakob D. Jensen, »Scientific Uncertainty in News Coverage of Cancer Research – Effects of Hedging on Scientists' and Journalists' Credibility«,

Human Communication Research 34, Nr. 3 (2008), S. 347–369, https://doi.org/10.1111/j.1468-2958.2008.00324.x.

3 Die richtigen Fragen stellen

26 Alison Wood Brooks, Francesca Gino und Maurice E. Schweitzer, »Smart People Ask for (My) Advice – Seeking Advice Boosts Perceptions of Competence«, *Management Science* 61, Nr. 6 (2015), S. 1421–1435, https://doi.org/10.1287/mnsc.2014.2054.

27 Daniel A. McFarland, Dan Jurafsky und Craig Rawlings, »Making the Connection – Social Bonding in Courtship Situations«, *American Journal of Sociology* 118, Nr. 6 (2013), S. 1596–1649.

28 Karen Huang u. a., »It Doesn't Hurt to Ask – Question-Asking Increases Liking«, *Journal of Personality and Social Psychology* 113, Ne. 3 (2017), S. 430, https://doi.org/10.1037/pspi0000097.

29 Klea D. Bertakis, Debra Roter und Samuel M. Putnam, »The Relationship of Physician Medical Interview Style to Patient Satisfaction«, *Journal of Family Practice* 32, Nr. 2 (1991), S. 175–181.

30 Bradford T. Bitterly und Maurice E. Schweitzer, »The Economic and Interpersonal Consequences of Deflecting Direct Questions«, *Journal of Personality and Social Psychology* 118, Nr. 5 (2020), S. 945, https://doi.org/10.1037/pspi0000200.

31 Julia A. Minson u. a., »Eliciting the Truth, the Whole Truth, and Nothing but the Truth – The Effect of Question Phrasing on Deception,« *Organizational Behavior and Human Decision Processes* 147 (2018), S. 76–93, https://doi.org/10.1016/j.obhdp.2018.05.006.

32 Arthur Aron u. a., »The Experimental Generation of Interpersonal Closeness – A Procedure and Some Preliminary Findings«, *Personality and Social Psychology Bulletin* 23, Nr. 4 (1997), S. 363–377, https://journals.sagepub.com/doi/pdf/10.1177/0146167297234003.

33 Elizabeth Page-Gould, Rodolfo Mendoza-Denton und Linda R. Tropp, »With a Little Help from My Cross-Group Friend – Reducing Anxiety in Intergroup Contexts Through Cross-Group Friendship«, *Journal of*

Personality and Social Psychology 95, Nr. 5 (2008), S. 1080, https://doi.org/10.1037/0022-3514.95.5.1080.

4 Konkretes Verhalten wirksam einsetzen

34 Grant Packard und Jonah Berger, »How Concrete Language Shapes Customer Satisfaction«, *Journal of Consumer Research* 47, Nr. 5 (2021), S. 787–806, https://10.1093/jcr/ucaa038.

35 Nooshin L. Warren u. a., »Marketing Ideas – How to Write Research Articles That Readers Understand and Cite«, *Journal of Marketing* 85, Nr. 5 (2021), S. 42–57, https://journals.sagepub.com/doi/10.1177/00222429211003560.

36 Ian Begg, »Recall of Meaningful Phrases«, *Journal of Verbal Learning and Verbal Behavior* 11, Nr. 4 (1972), S. 431–439, https://doi.org/10.1016/S0022-5371(72)80024-0.

37 Jonah Berger, Wendy Moe und David Schweidel, »Linguistic Drivers of Content Consumption«, Arbeitspapier, 2022; Yoon Koh u. a., »Successful Restaurant Crowdfunding – The Role of Linguistic Style«, *International Journal of Contemporary Hospitality Management* 32, Nr. 10 (2020), S. 3051–3066, https://doi.org/10.1108/IJCHM-02-2020-0159.

38 Colin Camerer, George Loewenstein und Martin Weber, »The Curse of Knowledge in Economic Settings: An Experimental Analysis«, *Journal of Political Economy* 97, Nr. 5 (1989), S. 1232–1254. Siehe auch: Chip Heath und Dan Heath, *Made to Stick – Why Some Ideas Survive and Others Die*, Random House, 2007.

39 Laura Huang u. a., »Sizing Up Entrepreneurial Potential – Gender Differences in Communication and Investor Perceptions of Long-Term Growth and Scalability«, *Academy of Management Journal* 64, Nr. 3 (2021), S. 716–740, https://doi.org/10.5465/amj.2018.1417.

40 Cheryl J. Wakslak, Pamela K. Smith und Albert Han, »Using Abstract Language Signals Power«, *Journal of Personality and Social Psychology* 107, Nr. 1 (2014), S. 41, https://doi.org/10.1037/a0036626.

5 Die Rolle der Gefühle

41 Elliot Aronson u. a., »The Effect of a Pratfall on Increasing Interpersonal Attractiveness«, *Psychonomic Science* 4, Nr. 6 (1966), S. 227–228, https://doi.org/10.3758/BF03342263.

42 Siehe auch Andrew J. Reagan u. a., »The Emotional Arcs of Stories Dominated by Six Basic Shapes«, *EPJ Data Science* 5, Nr. 1 (2016), S. 1–12, https://doi.org/10.1140/epjds/s13688-016-0093-1.

43 Peter Sheridan Dodds u. a., »Temporal Patterns of Happiness and Information in a Global Social Network – Hedonometrics and Twitter«, *PLOS ONE*, 7. Dezember 2011, https://doi.org/10.1371/journal.pone.0026752.

44 Erik Lindqvist, Robert Ostling und David Cesarini, »Long-Run Effects of Lottery Wealth on Psychological Well-Being«, *Review of Economic Studies* 87, Nr. 6 (2020), S. 2703–2726, https://doi.org/10.1093/restud/rdaa006.

45 Shane Fredrick und George Loewenstein, in: D. Kahneman, E. Diener und N. Schwarz (Hrg.), *Well-Being – The Foundations of Hedonic Psychology*, Russell Sage, 1999, S. 302–329.

46 Leif D. Nelson, Tom Meyvis und Jeff Galak, »Enhancing the Television-Viewing Experience Through Commercial Interruption«, *Journal of Consumer Research* 36, Nr. 2 (2009), S. 160–172, https://doi.org/10.1086/597030.

47 Bart De Langhe, Philip M. Fernbach und Donald R. Lichtenstein, »Navigating by the Stars – Investigating the Actual and Perceived Validity of Online User Ratings«, *Journal of Consumer Research* 42, Nr. 6 (2016), S. 817–833, https://doi.org/10.1093/jcr/ucv047.

48 Matthew D. Rocklage, Derek D. Rucker und Loran F. Nordgren, »Mass-Scale Emotionality Reveals Human Behaviour and Marketplace Success«, Nature Human Behaviour 5 (2021), S. 1323–1329, https://doi.org/10.1038/s41562-021-01098-5.

49 Weitere Beispiele von Begriffen, die sich in diesen Dimensionen unterscheiden, finden sich auf http://www.evaluativelexicon.com/ (The Lexicon Suite) und in Matthew D. Rocklage, Derek D. Rucker und Lo-

ren F. Nordgren, »The Evaluative Lexicon 2.0 – The Measurement of Emotionality, Extremity, and Valence in Language«, *Behavior Research Methods* 50, Nr. 4 (2018), S. 1327–1344, https://doi.org/10.3758/s13428-017-0975-6.

50 Rocklage u. a., »Mass-Scale Emotionality Reveals Human Behaviour and Marketplace Success«.

51 Jonah Berger, Matthew D. Rocklage und Grant Packard, »Expression Modalities: How Speaking Versus Writing Shapes Word of Mouth«, Journal of Consumer Research, 25. Dezember 2021, https://doi.org/10.1093/jcr/ucab076.

52 Matthew D. Rocklage und Russell H. Fazio, »The Enhancing Versus Backfiring Effects of Positive Emotion in Consumer Reviews, *Journal of Marketing Research* 57, Nr. 2 (2020), S. 332–352«, https://doi.org/10.1177/0022243719892594.

53 Yang Li, Grant Packard und Jonah Berger, »When Employee Language Matters?«, Arbeitspapier.

6 Ähnlichkeiten (und Unterschiede) nutzen

54 Amir Goldberg u. a., »Enculturation Trajectories and Individual Attainment – An Interactional Language Use Model of Cultural Dynamics in Organizations«, in: Wharton People Analytics Conference, Philadelphia (PA), 2016.

55 James W. Pennebaker u. a., »When Small Words Foretell Academic Success – The Case of College Admissions Essays«, *PLOS ONE*, 31. Dezember 2014, e115844, https://doi.org/10.1371/journal.pone.0115844.

56 Siehe beispielsweise Molly E. Ireland u. a., »Language Style Matching Predicts Relationship Initiation and Stability«, *Psychological Science* 22, Nr. 1 (2011), S. 39–44, https://doi.org/10.1177/0956797610392928; Balazs Kovacs und Adam M. Kleinbaum, »Language-Style Similarity and Social Networks«, *Psychological Science* 31, Nr. 2 (2020), S. 202–213, https://doi.org/10.1177/0956797619894557.

57 Jonah Berger und Grant Packard, »Are Atypical Things More Popular?«, *Psychological Science* 29, Nr. 7 (2018), S. 1178–1184, https://doi.org/10.1177/0956797618759465.

58 David M. Blei, Andrew Y. Ng und Michael I. Jordan, »Latent Dirichlet Allocation«, *Journal of Machine Learning Research* 3 (2003), S. 993–1022, https://www.jmlr.org/papers/volume3/blei03a/blei03a.pdf.

59 Ireland u. a., »Language Style Matching Predicts Relationship Initiation and Stability«; Paul J. Taylor und Sally Thomas, »Linguistic Style Matching and Negotiation Outcome«, *Negotiation and Conflict Management Research* 1, Nr. 3 (2008), S. 263–281, https://doi.org/10.1111/j.1750-4716.2008.00016.x.

60 Kurt Gray u. a., »›Forward Flow‹ – A New Measure to Quantify Free Thought and Predict Creativity«, *American Psychologist* 74, Nr. 5 (2019), S. 539, https://doi.org/10.1037/amp0000391; Cristian Danescu-Niculescu-Mizil u. a., »You Had Me at Hello – How Phrasing Affects Memorability«, *Proceedings of the ACL*, 2012.

61 Olivier Toubia, Jonah Berger und Jehoshua Eliashberg, »How Quantifying the Shape of Stories Predicts Their Success«, *Proceedings of the National Academy of Sciences of the United States of America* 118, Nr. 26 (2021), e2011695118, https://doi.org/10.1073/pnas.2011695118.

62 Henrique L. Dos Santos und Jonah Berger, »The Speed of Stories – Semantic Progression and Narrative Success«, *Journal of Experimental Psychology: General* (2022) 151 (8): S. 1833–1842, https://pubmed.ncbi.nlm.nih.gov/35786955/.

7 Was Sprache verrät

63 Ryan L. Boyd und James W. Pennebaker, »Did Shakespeare Write Double Falsehood? – Identifying Individuals by Creating Psychological Signatures with Text Analysis«, *Psychological Science* 26, Nr. 5 (2015), S. 570–582, https://doi.org/10.1177/0956797614566658.

64 Die Sprachennutzung unterscheidet sich beispielsweise nach Geschlecht (Mehl & Pennebaker 2003; Welch, Perez-Rosas, Kummerfeld, & Mihalcea

2019), Alter (Pennebaker & Stone 2002; Morgan-Lopez u. a., 2017; Sap u. a., 2014), Rasse (Preotiuc-Pietro & Ungar, 2018) und politischer Zugehörigkeit (Preotiuc-Pietro u. a., 2017; Sterling, Jost & Bonneau, 2020).

65 James W. Pennebaker u. a., »When Small Words Foretell Academic Success – The Case of College Admissions Essays«, *PLOS ONE*, 31. Dezember 2014, e115844, https://doi.org/10.1371/journal.pone.0115844; Matthew L. Newman u. a., »Lying Words – Predicting Deception from Linguistic Styles«, *Personality and Social Psychology Bulletin* 29, Nr. 5 (2003), S. 665–675, https://doi.org/10.1177/0146167203251529.

66 Die Sprachnutzung ist zudem mit einer Reihe von Gesundheitsresultaten assoziiert (siehe auch Sinnenberg u. a., 2017), wie beispielsweise psychischer Gesundheit (de Choudhury, Gamin, Counts und Horvitz, 2013; Eichstaedt u. a., 2018; Guntuku u. a., 2017; siehe auch Chancellor und de Choudhury 2020), ADHD (Guntuku u. a., 2019) und Herzkrankheit (Eichstaedt u. a., 2015). Häufig stellt sie einen zuverlässigeren Prädiktor dar als Selbsteinschätzungen oder der sogenannte sozioökonomische Status.

67 Sarah Seraj, Kate G. Blackburn und James W. Pennebaker, »Language Left Behind on Social Media Exposes the Emotional and Cognitive Costs of a Romantic Breakup«, *Proceedings of the National Academy of Sciences of the United States of America* 118, Nr. 7 (2021), e2017154118, https://doi.org/10.1073/pnas.2017154118.

68 Oded Netzer, Alain Lemaire und Michal Herzenstein, »When Words Sweat – Identifying Signals for Loan Default in the Text of Loan Applications«, *Journal of Marketing Research* 56, Nr. 6 (2019), S. 960–980, https://doi.org/10.1177/0022243719852959.

69 Reihane Boghrati, »Quantifying 50 Years of Misogyny in Music«, Risk Management and Decision Processes Center, 27. April 2021, https://riskcenter.wharton.upenn.edu/lab-notes/quantifying-50-years-of-misogyny-in-music/.

70 Jahna Otterbacher, Jo Bates und Paul Clough, »Competent Men and Warm Women – Gender Stereotypes and Backlash in Image Search Results«, *CHI 17: Proceedings of the 2017 CHI Conference on Human Factors in Computing Systems*, Mai 2017, S. 6620–6631, https://doi.org/10.1145/3025453.3025727.

71 Janice McCabe u. a., »Gender in Twentieth-Century Children's Books – Patterns of Disparity in Titles and Central Characters«, *Gender & Society* 25, Nr. 2 (2011), S. 197–226, https://doi.org/10.1177/0891243211398358; Mykol C. Hamilton u. a., »Gender Stereotyping and Under-representation of Female Characters in 200 Popular Children's Picture Books – A Twenty-First Century Update«, *Sex Roles* 55, Nr. 11 (2006), S. 757–765, https://doi.org/10.1007/s11199-006-9128-6.

72 Rae Lesser Blumberg, »The Invisible Obstacle to Educational Equality – Gender Bias in Textbooks«, *Prospects* 38, Nr. 3 (2008), S. 345–361, https://doi.org/10.1007/s11125-009-9086-1; Betsey Stevenson und Hanna Zlotnik, »Representations of Men and Women in Introductory Economics Textbooks«, *AEA Papers and Proceedings* 108 (Mai 2018), S. 180–185, https://doi.org/10.1257/pandp.20181102; Lesley Symons, »Only 11 Percent of Top Business School Case Studies Have a Female Protagonist«, *Harvard Business Review*, 9. März 2016, https://hbr.org/2016/03/only-11-of-top-business-school-case-studies-have-a-female-protagonist.

73 Nikhil Garg u. a., »Word Embeddings Quantify 100 Years of Gender and Ethnic Stereotypes«, *Proceedings of the National Academy of Sciences of the United States of America* 115, Nr. 16 (2018), E3635–E3644, https://doi.org/10.1073/pnas.1720347115; Anil Ramakrishna u. a., »Linguistic analysis of differences in portrayal of movie characters«, *Proceedings of the 55th Annual Meeting of the Association for Computational Linguistics* 1 (2017), S. 1669–1678, https://doi.org/10.18653/v1/P17-1153; Liye Fu, Cristian Danescu-Niculescu-Mizil und Lillian Lee, »Tie-Breaker – Using Language Models to Quantify Gender Bias in Sports Journalism«, 13. Juli 2016, *arXiv*, https://doi.org/10.48550/arXiv.1607.03895.

74 »Racial Divide in Attitudes Towards the Police«, The Opportunity Agenda, https://transformingthesystem.org/criminal-justice-policy-solutions/public-opinion-report-a-new-sensibility/racial-divide-in-attitudes-towards-the-police/.

75 Perry Bacon, Jr., »How the Police See Issues of Race and Policing«, *FiveThirtyEight*, https://fivethirtyeight.com/features/how-the-police-see-issues-of-race-and-policing/.

76 Rob Voigt u. a., »Language from Police Body Camera Footage Shows Racial Disparities in Officer Respect«, *Proceedings of the National Academy of Sciences of the United States of America* 114, Nr. 25 (2017): S. 6521–6526, https://doi.org/10.1073/pnas.1702413114.

77 Claudia M. Mueller und Carol S. Dweck, »Praise for Intelligence Can Undermine Children's Motivation and Performance«, *Journal of Personality and Social Psychology* 75, Nr. 1 (1998), S. 33, https://doi.org/10.1037/0022-3514.75.1.33.

Das Kommunikationsseminar in Buchform

Barack Obama, Martin Luther King oder Steve Jobs sind allesamt einflussreiche Persönlichkeiten, die durch ihr rhetorisches Geschick von sich reden machten. Fakt ist: Wer erfolgreich und charismatisch kommunizieren kann, hält den Schlüssel zu Erfolg und Macht in seinen Händen.
Der Kommunikationscoach Benedikt Held zeigt, wie jeder zum Rhetorikprofi werden kann. Basierend auf seinem Seminar und seiner Kommunikationsplattform Redefabrik.de bietet er einen umfassenden Kommunikationskurs in einem Buch. Mit psychologisch fundiertem Fachwissen für die Praxis, Tools für den perfekten Auftritt, Techniken gegen Lampenfieber und rhetorischen Spezialeffekten: Ein Workbook für all diejenigen, die endlich mit Redebrillanz und Charisma von sich überzeugen wollen!

240 Seiten
Hardcover
24,99€ (D) | 25,70€ (A)
ISBN 978-3-86881-761-4

www.redline-verlag.de

REDLINE | VERLAG

Haben Sie Interesse an unseren Büchern?

Zum Beispiel als Geschenk für Ihre Kundenbindungsprojekte?

Dann fordern Sie unsere attraktiven Sonderkonditionen an.

Weitere Informationen erhalten Sie bei unserem Vertriebsteam unter **+49 89 651285-252**

oder schreiben Sie uns per E-Mail an:
vertrieb@m-vg.de

REDLINE | VERLAG